Ernst • Die Objektivität der Moral

Gerhard Ernst

Die Objektivität der Moral

2., unveränderte Auflage

mentis
Paderborn

Gedruckt mit Hilfe der Geschwister Boehringer Ingelheim Stiftung für Geisteswissenschaften in Ingelheim am Rhein.

Bibliografische Information Der Deutschen Nationalbibliothek

Die Deutsche Nationalbibliothek verzeichnet diese Publikation in der Deutschen Nationalbibliografie; detaillierte bibliografische Daten sind im Internet über http://dnb.d-nb.de abrufbar.

Schulze-Delitzsch-Str. 19, D-33100 Paderborn
www.mentis.de

Gedruckt auf umweltfreundlichem, chlorfrei gebleichtem und alterungsbeständigem Papier ISO 9706
Printed in Germany

Einbandgestaltung: Anne Nitsche, Dülmen (www.junit-netzwerk.de)
Druck: AZ Druck und Datentechnik GmbH, Kempten

ISBN: 978-3-89785-234-1

Vorwort

Das vorliegende Buch ist die überarbeitete Fassung meiner Arbeit »Die Natur der Moral«, die im Juli 2004 von der Fakultät für Philosophie, Wissenschaftstheorie und Religionswissenschaft der Ludwig-Maximilians-Universität München als Habilitationsschrift angenommen wurde. Für die Unterstützung, die ich bei meiner Habilitation erfahren habe, möchte ich mich herzlich bedanken: zunächst und vor allem bei Ulises Moulines, der mir sowohl in philosophischer wie auch in sonstiger Hinsicht immer ein hilfreicher Ansprechpartner war. Weiterhin danke ich Wilhelm Vossenkuhl, in dessen Oberseminaren ich mein Interesse für die praktische Philosophie entdeckte. Ulises Moulines, Wilhelm Vossenkuhl und Verena Mayer danke ich für ihre spontane und unkomplizierte Bereitschaft, das Fachmentorat für meine Habilitation zu übernehmen.

Seit Abgabe der Habilitationsschrift habe ich einzelne Argumente in folgenden Aufsätzen weiterentwickelt: »Das Gebot der Vernunft« (in: Ammereller, Erich; Vossenkuhl, Wilhelm (Hrsg.): *Rationale Motivation*, Paderborn: mentis, 2005, S. 12-28), »Das Amoralistenargument« (in: *Deutsche Zeitschrift für Philosophie* 54 (2006) 2, S. 245-260), »Das semantische Problem des moralischen Relativisten« (in: *Zeitschrift für philosophische Forschung* 60 (2006) 3, S. 337-357) und »Moralische Erkenntnis« (in: Bohse, Helen; Walter, Sven (Hrsg.): *Sektionsvorträge der GAP 6*, Paderborn: mentis, 2007, S. 850-862). Ich danke dem Akademie-Verlag, dem Klostermann-Verlag und dem mentis-Verlag für die Erlaubnis, Material aus diesen Texten im vorliegenden Buch zu integrieren. Der Geschwister Boehringer Ingelheim Stiftung für Geisteswissenschaften danke ich für einen großzügigen Druckkostenzuschuss.

Ich habe die hier entwickelte Theorie in zahlreichen Vorträgen sowie in Vorlesungen an den Universitäten Göttingen, München und Hamburg zur Diskussion gestellt. Für die vielen hilfreichen Fragen und Anmerkungen möchte ich mich bei allen Zuhörern ganz herzlich bedanken. Für Kritik an früheren Versionen des Textes beziehungsweise Teilen davon danke ich insbesondere Heinrich Dietz, Oswald Hanfling (†), Manfred Harth, Susanne Kiefer, Angela Matthies, Verena Mayer, Erasmus Mayr, Ulises Moulines, Peter Schaber, Thomas Schmidt, Christian Seidel, Klaus Staudacher und Wilhelm Vossenkuhl.

Mein ganz besonderer Dank gilt Erich Ammereller, der mir mit seiner Kritik ebenso wie mit seiner Zustimmung in allen Phasen der Entstehung dieses Buches weitergeholfen hat. Schließlich danke ich Matthias Moser und vor allem natürlich Moritz, Antonia und Karin.

München, im August 2007 Gerhard Ernst

Inhaltsverzeichnis

Was heißt hier »Moral«? 9

1. Teil: Das Rätsel der Moral

1.1. Das Problem moralischer Erkenntnis 19
1.2. Der Anspruch auf Objektivität 29
1.3. Die Eigentümlichkeiten der Moral 40
1.4. Das Trilemma der Moral 65

2. Teil: Das Problem des Vergleichsobjekts

2.1. Vorbemerkung 75
2.2. Ist die Moral objektiv? 81
2.3. Unterscheidet sich die Moral von der Wissenschaft? 116
2.4. Ist nur die Wissenschaft objektiv? 143

3. Teil: Vergleichsobjekt Wissenschaft

3.1. Vorbemerkung 169
3.2. Wissenschaftliche Wahrheit 175
3.3. Interne Rationalität 194
3.4. Die Natur moralischer Erkenntnis 208

Ein neues Rätsel der Moral? 223

Literaturverzeichnis 231
Personenregister 242
Sachregister 245

Was heißt hier »Moral«?

Kaum eine philosophische Frage ist so naheliegend wie die nach der Objektivität der Moral. Während sich die wenigsten Menschen jemals darüber Gedanken machen, ob vielleicht ein böser Dämon sie täuscht und sie daher all das, was sie zu wissen glauben, tatsächlich gar nicht wissen, und erst recht nicht darüber, ob etwa Eigennamen vermöge einer kausalen Beziehung zum Träger des Namens referieren oder auf andere Weise, fragen sich viele irgendwann einmal, was es mit ihren moralischen Überzeugungen auf sich hat: Spiegeln diese die Wahrheit in Sachen Moral wider? Gibt es eine solche Wahrheit überhaupt? Oder sind moralische Überzeugungen eher das Produkt unserer Interessen und Neigungen, Ausdruck unserer Wünsche oder Mittel der Machtausübung, das bloße Ergebnis unserer Erziehung, unseres sozialen Umfelds oder gar eine List der Evolution? Ist es eine Illusion, wenn man glaubt, echte moralische Erkenntnisse gewinnen zu können?

Solche und ähnliche Fragen betreffen nicht den *Inhalt* der Moral. Es geht hier nicht darum, ob diese oder jene moralische Überzeugung richtig oder falsch ist, nicht einmal darum, welche moralischen Wahrheiten grundlegend sind und welche nicht, oder wie man die Antwort auf irgendeine spezielle moralische Frage finden kann. Es geht hier vielmehr um den *Status* der Moral überhaupt. Haben wir es hier mit einem Bereich zu tun, der, ähnlich wie die Wissenschaft, Objektivität beanspruchen kann? Oder ist die Moral doch eher den Bereichen des reinen Geschmacks oder der Konvention vergleichbar, Bereichen also, in denen wir keinen Anspruch auf Objektivität erheben zu können glauben?

Fragen, die den Inhalt der Moral betreffen, bezeichnet man gewöhnlich als Fragen der *normativen* Ethik oder einfach als Fragen erster Stufe. Fragen, die den Status der Moral betreffen, gehören dagegen zur sogenannten *Metaethik*; es sind Fragen zweiter Stufe, weil hier die Antworten auf Fragen erster Stufe – also die Ergebnisse der normativen Ethik – selbst noch einmal zum Untersuchungsgegenstand werden. Tatsächlich ist die Frage nach der Objektivität der Moral nicht nur eine Frage der Metaethik unter anderen. Es handelt sich, wie wir noch sehen werden, vielmehr um *die* zentrale Frage dieser philosophischen Disziplin. Das Ziel der vorliegenden Untersuchung ist es, eine Antwort auf diese Frage vorzuschlagen.

Dazu gehe ich in drei Schritten vor: Im ersten Teil dieser Arbeit möchte ich klären, warum uns der Status der Moral überhaupt problematisch erscheint. Wie sich zeigen wird, liegt der Frage nach der Objektivität der Moral ein Rätsel zugrunde, das sich in der Form eines Trilemmas formulieren lässt. Ein Trilemma lässt sich nur auflösen, indem man (mindestens) eine von drei zum Widerspruch führenden Thesen zurückweist. Dementsprechend gibt es drei prinzipiell mögliche Strategien zur Auflösung des Rätsels der Moral. Im zweiten Teil werde ich diese drei Strategien diskutieren. Mein Ziel dabei ist es nicht, eine umfassende Kritik aller bisher vorgeschlagenen Lösungsversuche vorzulegen. Vielmehr möchte ich den argumentativen Hintergrund für meinen eigenen Ansatz vor Augen führen. Diesen werde ich dann vor allem im dritten Teil der Arbeit darlegen. Meine Hauptthese ist, dass die Moral in genau der gleichen Weise wie die (Natur-) Wissenschaft Objektivität beanspruchen kann. Zur Verteidigung dieser These sind insbesondere eine Reihe von Überlegungen zur Natur der Wissenschaft in Erinnerung zu rufen. Was ich unter »Objektivität« verstehe, werde ich im Kapitel 1.2 genauer beschreiben. Im Folgenden möchte ich erläutern, was in dieser Arbeit mit »Moral« gemeint ist.

Eine erste Charakterisierung meines Untersuchungsgegenstandes könnte folgendermaßen lauten: Die Moral sagt uns, was zu tun richtig ist. Da die Beantwortung der Frage, was zu tun richtig ist, davon abhängt, wie die entsprechenden Handlungsmöglichkeiten zu bewerten sind, kann man auch sagen: Die Moral sagt uns, wie Handlungsoptionen zu bewerten sind. Und da, wie ich später noch genauer erläutern werde,[1] eine Antwort auf die Frage, was unter bestimmten Umständen zu tun richtig ist, immer zugleich eine Antwort auf die Frage ist, was wir unter diesen Umständen tun sollen, kann man die Moral auch so beschreiben: Die Moral beantwortet

1 Vgl. S. 40-44.

die Frage »Was soll ich tun?« Gegenstand der vorliegenden Untersuchung ist somit der Status von Antworten auf die Fragen: Welche Handlung ist die richtige? Wie gut ist diese oder jene Handlungsmöglichkeit? Was soll ich tun? Meine zentrale These lautet, dass Antworten auf diese Fragen in gleicher Weise objektiv sind wie Antworten auf wissenschaftliche Fragen.

Man sollte sich klar machen, dass ich damit einen sehr weiten Begriff der Moral zugrunde lege. Zwar folge ich dem (philosophischen) Sprachgebrauch, indem ich annehme, dass sich die Moral in erster Linie mit (möglichen oder tatsächlichen) *Handlungen* beschäftigt.[2] Aber eine Frage wie »Soll ich lieber den Vanillepudding oder doch besser das Erdbeertörtchen als Nachtisch nehmen?« würden wir normalerweise nicht als eine moralische Frage bezeichnen, obwohl es sich nach meiner Charakterisierung der Moral um eine solche handelt: Schließlich geht es auch hier darum, was zu tun richtig ist – auch wenn vermutlich nicht viel davon abhängt, ob ich die richtige oder falsche Wahl treffe, und es gut sein kann, dass sogar beide Handlungsoptionen gleich gut sind (und damit jede Wahl richtig ist). Entsprechend würden wir normalerweise bei diesem Beispiel die falsche Entscheidung (wenn es eine gibt) nicht »moralisch falsch« nennen. Wenn Hans lieber Vanillepudding als Erdbeertörtchen isst und andere Aspekte, wie etwa der Preis, gesundheitliche Rücksichten etc. keine Rolle spielen, dann wäre es sicherlich falsch von Hans, das Erdbeertörtchen zu wählen. Aber wir würden nicht sagen, dass er sich einer moralischen Verfehlung schuldig macht, wenn er nicht den Pudding nimmt, sondern dass er unklug handelt. Von einer moralischen Verfehlung sprechen wir nur dann, wenn eine Handlung in ganz bestimmten Hinsichten schlecht ist. Wenn sich beispielsweise Hans das Erdbeertörtchen aneignet, ohne es zu bezahlen, dann verletzt er durch seine Handlung die Besitzrechte einer anderen Person. Und das würden viele als moralische Verfehlung ansehen. Es ginge dann um das, was ich die *Moral im engeren Sinn* nennen möchte.[3]

---

2 Vgl. beispielsweise Birnbacher *Analytische Einführung in die Ethik*, S. 12ff.

3 Wie die Moral im engeren Sinn *genau* zu charakterisieren ist beziehungsweise ob eine scharfe Charakterisierung überhaupt möglich ist, spielt, wie wir gleich sehen werden, für meine Untersuchung keine Rolle.

Was ich unter »Moral« verstehe – und was ich gelegentlich zur Verdeutlichung als *Moral im weiteren Sinn* bezeichnen werde –, ist in doppelter Hinsicht umfassender: Zum einen geht es dabei auch um Handlungsentscheidungen, bei denen keine im engeren Sinn moralischen Aspekte eine Rolle spielen, wie etwa bei der Pudding-Törtchen-Entscheidung. Zum anderen geht es auch bei den Handlungsentscheidungen, bei denen moralische Aspekte im engeren Sinn eine Rolle spielen, nicht nur um diese. Die Moral im hier verwendeten Sinn soll uns die Frage beantworten, was wir *alles in allem betrachtet* tun sollen, nicht nur, was wir unter im engeren Sinn moralischer Rücksicht tun sollen. Meine Unterscheidung zwischen Moral im engeren und Moral im weiteren Sinn entspricht also dem, was Gibbard im Sinn hat, wenn er schreibt:

> In the history of philosophy, there seem to be at least two sharply different conceptions of what morality is. On the broadest of conceptions, morality is simply practical rationality in the fullest sense […] On a narrow conception of morality, in contrast, moral considerations are just some of the considerations that bear on what it makes sense to do.[4]

Man kann natürlich durchaus der Ansicht sein, dass das, was im engeren Sinn moralisch richtig ist, auch immer alles in allem betrachtet richtig ist oder sogar dass es in Hinblick auf die Richtigkeit einer Handlung gar nichts mehr zu betrachten gibt, sobald die Frage der im (im engeren Sinn) moralischen Richtigkeit erst geklärt ist. Das hängt davon ab, was genau man unter der Moral im engeren Sinn versteht und welche Rolle man ihr innerhalb der Moral im weiteren Sinn zubilligt.

Dabei geht es dann allerdings um Fragen, die den Inhalt der Moral (im weiteren Sinn), nicht deren Status betreffen.[5] Und zu

---

4 Vgl. Gibbard »Wise Choices, Apt Feelings«, S. 180. Für eine verwandte Unterscheidung zwischen »Moral im weiteren Sinn« und »Moral im engeren Sinn« vgl. auch Bayertz *Warum überhaupt moralisch sein?*, 2. Kapitel (wobei ich mit »Moral im weiteren Sinn« eher das meine, was Bayertz »Ethik« nennt).

5 Man könnte einwenden, dass die Frage danach, was man unter der Moral im engeren Sinn versteht, streng genommen keine normative Frage ist, sondern eine Frage zweiter Stufe. Dabei ist allerdings zu be-

solchen möchte ich mich hier nicht äußern. Ich werde dementsprechend keinerlei Behauptungen darüber aufstellen, was zu tun richtig oder falsch ist, welche Handlungen gut und welche schlecht sind oder was man tun und was man unterlassen sollte. Insbesondere werde ich nicht diskutieren, welche Rolle die Moral im engeren Sinn innerhalb der Moral im weiteren Sinn spielt oder spielen sollte. Meine Überlegungen sollten vielmehr mit (nahezu) *beliebigen* Vorstellungen vom Inhalt der Moral verträglich sein. Egal, ob jemand der Ansicht ist, dass man stets etwas tun sollte, was im Einklang mit dem kategorischen Imperativ steht, oder das, woran man als erstes gedacht hat, oder auch, dass es stets gleichgültig ist, wie man sich entscheidet etc.: Meine Ausführungen sollen die richtige Antwort auf die Frage nach der Objektivität *all dieser Ansichten* liefern. Anders gesagt: Meine metaethische Theorie soll mit (nahezu) beliebigen normativen Ansätzen, insbesondere aber mit den tatsächlich vertretenen Positionen wie Utilitarismus, Vertragstheorien, Pflicht- und Tugendethik verträglich sein. Ich behaupte, dass all diese Theorien gleichermaßen objektiv sind, und zwar ebenso objektiv wie wissenschaftliche Theorien.

Damit sollte klar sein, dass die Frage nach der Objektivität einer moralischen Überzeugung nicht mit der Frage danach verwechselt werden darf, ob die Überzeugung richtig ist. Eine objektiv falsche moralische Überzeugung ist ebenso objektiv wie eine objektiv wahre. Natürlich werde ich meine Thesen zum Status der Moral gelegentlich anhand konkreter Beispiele diskutieren, von denen ich hoffe, dass sie auch inhaltlich einleuchten. Sollte das aber nicht der Fall sein, so kann sie der Leser stets durch Beispiele ersetzen, die seinen eigenen moralischen Vorstellungen entsprechen. All das heißt allerdings nicht, dass die Klärung des Status der Moral für die Moral selbst irrelevant ist. Wie ich im ersten Kapitel des ersten Teils zeigen möchte, sind es vor allem auch moralische Fragen, die uns zu einer Beschäftigung mit der Frage nach der Objektivität der Moral bewegen.

---

denken, dass die Abgrenzung der Moral im engeren Sinn vor allem dann von Interesse ist, wenn man der Ansicht ist, dass das im engeren Sinn moralisch Richtige stets Vorrang hat, also immer das alles in allem Richtige ist. Die Frage nach der Natur der Moral im engeren Sinn fällt unter dieser Vorgabe jedoch mit der Frage zusammen, welche Gründe stets Vorrang haben. Und das ist eine normative Frage.

Indem ich unter »Moral« nicht nur die Moral im engeren Sinn verstehe, weiche ich vom gewöhnlichen Sprachgebrauch ab. Dafür habe ich mehrere Gründe. (1) Für das, was ich hier »Moral« nenne, scheint es keinen gebräuchlicheren Namen zu geben. Am nächsten kommt dem vielleicht noch die Bezeichnung »Ethik im antiken Sinn«. Auch die antike Ethik beschäftigte sich nicht nur (aber auch) mit Fragen, die wir der Moral im engeren Sinn zuordnen würden. Allerdings würde die Verwendung dieses Begriffs zum einen vielleicht auch gewisse *inhaltliche* Vorstellungen nahelegen, was ich nicht möchte – etwa dass die normativen Ansichten des Aristoteles eher richtig sind als die Kants. Zum anderen müssten wir tatsächlich immer von »Ethik im antiken Sinn« sprechen, da der antike Begriff der Ethik nicht unser heutiger ist. Im Alltag verwenden wir heute das Wort »Ethik« im Wesentlichen synonym mit dem Wort »Moral«. Und in der Philosophie bezeichnen wir mit »Ethik« zumeist die philosophische Theorie der Moral, also die Moralphilosophie.[6] Mir geht es aber nicht um die Objektivität der Moralphilosophie, sondern um die Objektivität der Moral (im engeren und im weiteren Sinn).[7]

(2) Natürlich könnte man in einer solchen Situation ein mehr oder weniger suggestives Kunstwort einführen. Oder man könnte etwa von der »allgemeinen Lehre vom richtigen Handeln« sprechen. Dagegen spricht meines Erachtens aber die folgende Überlegung: Die Fragen, bei denen die Objektivität der Moral für uns wirklich zum Problem wird, betreffen vor allem die Moral *im engeren Sinn*. Es dürfte ein vergleichsweise geringes Bedürfnis bestehen, die Objektivität der Antwort auf die Frage, ob Hans den Pudding oder das Törtchen nehmen soll, zu klären. Interessant wird es, wenn es um moralische Ansichten im engeren Sinn geht. Deren Objektivität erscheint uns in erster Linie klärungsbedürftig und klärungswürdig. Insofern benenne ich den Gegenstand meiner Untersuchung nach dem Teilaspekt, der für die meisten entscheidend sein wird. Natürlich könnte man jetzt fragen, warum ich dann nicht nur diesen entscheidenden Teil der Moral (im weiteren Sinn)

---

6 Vgl. Birnbacher *Analytische Einführung in die Ethik*, S. 2.

7 Je nachdem, was man unter »Moralphilosophie« versteht, kann die Frage nach der Objektivität der Moral und die nach der Objektivität der Moralphilosophie allerdings ganz oder teilweise zusammenfallen. Jedenfalls geht es mir hier nicht um die Objektivität der Metaethik.

betrachte. Der Grund dafür ist nicht allein, dass ich eine solche Beschränkung für *unnötig* (und damit für methodisch unangebracht) halte; in bestimmten Zusammenhängen erweist es sich, wie wir sehen werden, vielmehr als *irreführend*, wenn man nur die Moral im engeren Sinn im Blick hat.[8]

(3) Schließlich kann man darauf verweisen, dass auch meine Verwendung des Wortes »Moral« im gewöhnlichen Sprachgebrauch wurzelt. Wir würden ja der zu Beginn gegebenen Charakterisierung, dass die Moral uns sagt, was zu tun richtig ist, spontan zustimmen. Erst wenn wir mit dem Törtchen-Pudding-Beispiel konfrontiert werden, drängt es uns dazu, Einschränkungen zu machen. Aber selbst bei einem solchen Beispiel können wir unsere sprachlichen Intuitionen etwas dehnen. Denn falls es wirklich falsch ist, das Törtchen zu nehmen, wenn man lieber den Pudding mag, dann liegt das doch vermutlich daran, dass es falsch (weil unklug) ist, sich selbst ohne Grund Freuden vorzuenthalten. Verletzt man hier also nicht gewisse (wenn auch vielleicht nur sehr unwichtige) Pflichten gegenüber sich selbst? Und geht es so gesehen nicht doch schon fast wieder um eine moralische Frage?

Ziel meiner Untersuchung ist es also, den Status (nicht den Inhalt) der Moral im weiteren (nicht nur im engeren) Sinn zu klären. Dabei werde ich weniger kritisch als konstruktiv vorgehen: Es geht mir nicht in erster Linie darum, bisherige Ansätze der Metaethik zu kritisieren – auch wenn ich natürlich klar machen werde, warum ich es überhaupt für nötig halte, eine eigene Theorie zu entwickeln –, sondern darum, einen neuen Ansatz zur Lösung metaethischer Probleme vorzuschlagen.

---

8 Vgl. dazu vor allem S. 136-140.

1. Teil
Das Rätsel der Moral

1.1. Das Problem moralischer Erkenntnis

Die Frage nach der Objektivität der Moral, so hatte ich gesagt, ist naheliegend. Warum eigentlich? Meines Erachtens ist der Ausgangspunkt für eine Beschäftigung mit dem Status der Moral für viele Menschen die Frage nach der Möglichkeit moralischer Erkenntnis. Mit dieser möchte auch ich meine Überlegungen beginnen.

Im Alltag sind wir beständig gezwungen, Handlungen oder Handlungsmöglichkeiten zu bewerten. Vor dieser Aufgabe stehen wir vor allem angesichts der vielfältigen Entscheidungen, die wir zu treffen haben. Diese sind von ganz unterschiedlicher Tragweite: Soll ich jetzt noch eine Tasse Tee trinken? Soll ich heute Abend meinen kranken Großvater besuchen oder lieber ins Kino gehen? Soll ich im Sommer nach Frankreich ans Meer fahren? Soll ich Pharmazie studieren oder doch lieber Kunstgeschichte? Soll ich Zisterziensermönch werden oder Susi heiraten? Weiterhin müssen wir nicht nur als Einzelpersonen Entscheidungen fällen. Sollen wir uns ein neues Klavier kaufen? Das fragen sich etwa meine Frau und ich. Sollen wir uns mit dem Schachclub Schwarzstadt zusammenschließen? Das fragen sich die Vorstandsmitglieder des Schachclubs Weißenheim. Sollen wir Forschung an Stammzellen unter Strafe stellen? Das fragen sich die Mitglieder des Bundestages stellvertretend für ein ganzes Land. In der Regel haben wir die Wahl zwischen einer ganzen Reihe von alternativen Handlungsmöglichkeiten. Wir müssen uns nicht nur zwischen einer Handlung und ihrer Unterlassung entscheiden, sondern zwischen dieser und jener Handlung. Als vernünftige Menschen wollen wir die richtige (oder eine der richtigen) Handlungsalternative(n) wählen,[9]

9 Dass es sich hierbei um eine begriffliche Wahrheit handelt, werde ich später weiter erläutern. Vgl. Kapitel 1.3.

und das heißt: die unter den gegebenen Umständen beste (beziehungsweise eine der besten[10]).[11] Dementsprechend müssen wir herausfinden, welche Handlungsmöglichkeiten wie gut sind. Aber wie macht man das? Auf welche Weise kommt man zur richtigen Bewertung von Handlungsmöglichkeiten und dadurch zur richtigen Entscheidung? Anders gesagt: Wie können wir (im weiteren und im engeren Sinn) moralische Erkenntnisse gewinnen?

Die richtige Bewertung von Handlungsmöglichkeiten interessiert uns vor allem, aber nicht nur in Bezug auf unsere eigenen Entscheidungen. Vielfach urteilen wir auch über die möglichen oder bereits vollzogenen Handlungen anderer. Wir urteilen darüber, was unser Nachbar, der Trainer von Schalke 04 und der amerikanische Präsident tun sollten. Wir bewerten die Taten Mutter Theresas und die Taten Caligulas. Wir urteilen sogar über die bloß fiktiven Taten von Roman- und Filmfiguren. In manchen Fällen bewerten wir, um einen Rat erteilen zu können. Aber weder der Trainer von Schalke 04 noch der amerikanische Präsident fragen uns nach unserem Rat (obwohl beide ihn vielleicht bitter nötig hätten). Und für Handlungen, die bereits vollzogen (oder bloß fiktiv) sind, kommt sowieso jeder Rat zu spät. Dass wir uns dennoch für die Bewertung dieser Handlungen interessieren, ist teilweise damit zu erklären, dass wir doch einen zumindest indirekten Bezug zu unseren eigenen Entscheidungen herstellen können: Wir richten unsere eigenen Handlungen am (positiven wie negativen) Vorbild der Handlungen anderer aus, und wir machen unsere Reaktion auf die Taten unserer Mitmenschen davon abhängig, ob wir diese Taten

10 Das ist hier so zu verstehen, dass keine Alternative besser als die gewählte sein soll. Damit sind zwei Möglichkeiten abgedeckt: Entweder es gibt mehrere gleich gute Handlungsoptionen oder aber verschiedene Optionen sind inkommensurabel. (Zwei Optionen gelten als inkommensurabel, wenn keine besser als die andere ist, sie aber auch nicht gleich gut sind.) Zwar glaube ich, dass es keine inkommensurablen Optionen gibt. Ich möchte die Möglichkeit jedoch an dieser Stelle nicht ausschließen. Zum Problem der Inkommensurabilität vgl. etwa Chang *Incommensurability, Incomparability, and Practical Reason*.

11 Die zweitbeste Alternative kann bereits katastrophal sein. Man denke beispielsweise an die Situationen, in denen wir typischerweise sagen, wir hätten keine Wahl, obwohl wir tatsächlich wählen können, etwa wenn man uns vor die Alternative »Geld oder Leben« stellt.

als gut oder schlecht ansehen.[12] Auch hier stellt sich die Frage: Wie kommt man zur richtigen Bewertung einer Handlung? Oder wiederum: Wie können wir moralische Erkenntnisse gewinnen?

Die Frage nach der Möglichkeit moralischer Erkenntnis ergibt sich aus der ganz alltäglichen Frage danach, wie Handlungen zu bewerten sind. Es ist aber keineswegs so, dass wir im Alltag tatsächlich häufig auf die Frage stoßen, wie wir moralische Erkenntnisse gewinnen können. Die Frage ist naheliegend, aber nicht *so* naheliegend. Wir müssen also zunächst etwas genauer klären, unter welchen Umständen moralische Erkenntnis zum Problem wird. Nehmen wir an, ich stehe vor der Entscheidung, ob ich eine Blinddarmoperation über mich ergehen lassen soll oder nicht. Da der Blinddarm entzündet ist, fällt mir die Entscheidung leicht: In dieser Situation ist es offensichtlich richtig, eine Operation vornehmen zu lassen. (Ich nehme an, dass es nicht andere gewichtige Gründe gibt, die gegen diese Entscheidung sprechen.) Diese Erkenntnis ist für mich nicht weiter problematisch, weil sie auf einer Reihe von Überzeugungen beruht, die ich ihrerseits für unproblematisch halte, etwa der Überzeugung, dass Blinddarmoperationen nicht weiter gefährlich sind, wohl aber entzündete Blinddärme, und dass es richtig ist, Gefahren für das eigene Leben nach Möglichkeit abzuwehren. Bei der zuletzt genannten Überzeugung handelt es sich um eine (jedenfalls im weiteren, vielleicht sogar im engeren Sinn) moralische Überzeugung, jedoch um eine, deren Status als moralische Erkenntnis mir (unter normalen Umständen) völlig unproblematisch erscheint: Wer wollte schon bestreiten, dass die eigene Gesundheit ein Gut ist, das man möglichst schützen sollte?

Die überwiegende Mehrzahl der Entscheidungen, vor der wir im Alltag stehen, lässt sich durch den Rückgriff auf solche (scheinbar) unproblematischen moralischen Erkenntnisse treffen. Dabei greifen wir natürlich nicht immer auf (mehr oder minder) elementare Wertüberzeugungen, wie etwa der Überzeugung vom Wert des eigenen Lebens zurück. Die meisten Entscheidungen fällen wir vielmehr innerhalb stabiler Rahmenbedingungen sozialer und individueller Art. Wir übernehmen etwa bestimmte gesellschaftli-

Viele Entscheidungen gar keine echten moral. Entscheidungen -> elementare Wertüberzeugungen

---

[12] Eine genauere Deutung dieser Praxis werde ich später vorlegen. Vgl. S. 216-221.

che Rollen und wir verfolgen unsere individuellen Lebenspläne.[13] Nicht bei jeder kleinen Entscheidung stellen wir dann den Wert eines ganzen Projektes in Frage. Wenn sich der Schuster überlegt, welches Leder er nehmen soll, wird er sich in der Regel keine Gedanken darüber machen, ob es überhaupt richtig ist, Schuhe herzustellen – im Allgemeinen und für ihn im Besonderen. Diese Überlegungen hat er (vielleicht) irgendwann einmal zu Beginn seiner Ausbildung angestellt. Bei der Wahl des Leders kommt es auf viel speziellere Wertvorstellungen an, etwa auf die Überzeugung, dass es richtig ist, ein Leder zu wählen, das haltbar und flexibel ist. Indem wir unser Leben in vielfacher Weise strukturieren, kommen zu den grundlegenden moralischen Überzeugungen (im engeren und im weiteren Sinn), die wir als unproblematisch ansehen, eine Vielzahl von speziellen moralischen Überzeugungen (im engeren und im weiteren Sinn) hinzu, die uns gleichfalls nicht weiter beunruhigen. Aus diesem Grund sind wir im Alltag mit dem Problem moralischer Erkenntnis gewöhnlich nicht konfrontiert.

Etwas anders sieht es aus, wenn wir bei unseren Entscheidungen nicht auf solche unproblematischen Erkenntnisse zurückgreifen können. Nehmen wir als Beispiel die Frage, ob überhaupt und wenn ja unter welchen Bedingungen Abtreibungen erlaubt sein sollten. Sehr vereinfacht gesagt, scheinen sich hier zwei grundlegende Werte unversöhnlich gegenüber zu stehen: das Selbstbestimmungsrecht der Frau und das Lebensrecht des Kindes. Angesichts solcher Fragen ist vielen von uns (jedenfalls auf Anhieb und vielleicht auch auf Dauer) keineswegs klar, welche Bewertung und dementsprechend welche Entscheidung die richtige ist.[14] Und die meisten von uns stehen tatsächlich irgendwann einmal vor Fragen dieser Dimension, etwa wenn es darum geht, ein eigenes Le-

---

13 Vgl. dazu etwa Bratman *Intention, Plans, and Practical Reason* sowie Nida-Rümelin *Strukturelle Rationalität.*

14 In der angewandten Ethik, einem Teil der normativen Ethik, hat man es fast immer mit solchen schwer zu entscheidenden Fällen zu tun. Die Schwierigkeit besteht hier gerade darin, dass es keine anerkannten moralischen Grundsätze gibt, um einen Einzelfall zu entscheiden, oder dass nicht klar ist, wie die allgemein anerkannten moralischen Grundsätze auf den Einzelfall angewendet werden sollen.

bensprojekt zu entwerfen und sich dafür zu entscheiden.[15] Angesichts *solcher* Entscheidungen drängen sich Fragen wie diese auf: Wie soll ich entscheiden, was hier das Richtige ist? Woher soll ich wissen beziehungsweise wie kann ich erkennen, welche Werte Vorrang haben beziehungsweise was überhaupt einen Wert hat und was nicht? Hier zeigt sich das Problem moralischer Erkenntnis, das vor allem dann besonders beunruhigend ist, wenn es um Entscheidungen geht, die das eigene Leben betreffen. Und je weitreichender die Entscheidungen sind, desto beunruhigender wird das Problem.

Häufig genügt es nicht, wenn wir für uns selbst zur Bewertung einer Handlungsalternative und zu einer Entscheidung kommen. Wir müssen vielmehr andere von der Richtigkeit unserer Bewertung und Entscheidung überzeugen. Auch das ist unproblematisch, solange wir auf moralische Überzeugungen zurückgreifen können, die wir mit unserem Diskussionspartner teilen. Wenn ich zeigen kann, dass eine Handlungsweise (das unter den Umständen geeignetste) Mittel zu einem Zweck ist, den auch derjenige als wertvoll ansieht, den ich von der Richtigkeit der Handlung überzeugen will, dann entsteht kein Problem. Schwierig wird es erst dann, wenn wir keine gemeinsame Wertgrundlage finden. Um bei dem obigen Beispiel zu bleiben: Wenn der eine davon überzeugt ist, dass Abtreibung grundsätzlich falsch ist, sein Gegenüber diese Meinung jedoch nicht teilt, dann ist es unklar, wie sie ihren Konflikt lösen können. In diesem Fall kann man nicht unbedingt darauf hoffen, dass sich eine geteilte moralische Überzeugung findet, die den Fall entscheidet, oder dass weitere empirische Erkenntnisse erweisen werden, wer von beiden unrecht hat. Aber nicht beide Parteien können, so scheint es jedenfalls, recht haben. Wiederum stellt sich die Frage: Wie kann man herausfinden, welches die richtige Bewertung ist?

Die Beantwortung dieser Frage wird umso drängender, je wichtiger die zu treffende Entscheidung und je tiefer die Kluft zwischen

---

15 Womit nicht behauptet werden soll, dass wir es hier typischerweise mit *einer* Entscheidungssituation zu tun haben, in der dann das Lebensprojekt ein für allemal festlegt wird. Es gibt aber doch im Leben der meisten »Schlüsselentscheidungen«, die auch als solche wahrgenommen werden. Nicht zufällig drängen sich uns bestimmte philosophische Fragen, unter anderem eben die nach der Objektivität der Moral, erstmals in der Pubertät auf.

den moralischen Überzeugungen der Konfliktparteien ist. Besonders drastisch wird das Problem, wenn sich die Wertungen von Menschen ganz unterschiedlicher Herkunft in Fragen gegenüberstehen, die für das Schicksal dieser Menschen entscheidend sind. Unterschiedliche Kulturen haben, wie es scheint, oft ganz unterschiedliche moralische Vorstellungen. Unter diesen Umständen wird es schwer, eine Grundlage gemeinsamer Wertüberzeugungen zu finden. Dennoch sind wir manchmal dazu gezwungen, Entscheidungen zu fällen, die kulturübergreifend akzeptabel sein sollen.

Die Möglichkeit moralischer Erkenntnis wird also vor allem bei interner Unentschiedenheit über moralische Fragen oder angesichts konfligierender moralischer Überzeugungen zum Problem. Diese glücklicherweise nicht allzu häufig auftretenden Fälle lassen dann aber auch die üblicherweise als unproblematisch angesehenen Bewertungen plötzlich problematisch erscheinen. Denn auch hier *kann* man natürlich nachfragen, wie wir zu den entsprechenden moralischen Erkenntnissen gekommen sind. Auch wenn es niemand bestreitet: Woher weiß ich letztlich, dass es falsch ist, Kinder zu quälen?

Solange man zeigen kann, dass eine Handlung (das unter den gegebenen Umständen geeignetste) Mittel zu einem als wertvoll (genauer gesagt: als unter den gegebenen Umständen am wertvollsten) erkannten Zweck ist, kann man die Frage, woher man weiß, dass die Handlung die richtige ist, beantworten. Aber auf diese Weise verschieben wir das eigentliche Problem nur. Denn auch bezüglich des Zwecks stellt sich erneut die Frage, woher wir wissen, dass dieser wertvoll ist. Der Versuch, den Zweck seinerseits als ein Mittel zu einem weiteren wertvollen Zweck aufzuweisen, hilft natürlich nicht weiter. Wir geraten auf diese Weise im Prinzip nur in einen infiniten Regress. Tatsächlich ist dieser Regress allerdings nur allzu finit. Schon nach wenigen Schritten fällt uns meistens kein weiterer Zweck mehr ein. Wir kommen dann entweder auf Zwecke zurück, die wir vorher bereits irgendwann als Mittel angeführt haben, das heißt wir argumentieren zirkulär.[16] Oder wir bleiben einfach irgendwann bei Zwecken stehen, deren Wert wir nicht mehr

---

16 »Wozu möchtest Du denn so viel Geld verdienen?« – »Um mir Häuser kaufen zu können, die ich vermieten kann.« – »Und wozu ist das gut?« – »Um viel Geld zu verdienen.« – »Und was machst Du dann mit dem Geld?« – »Na, Häuser kaufen natürlich.«

durch den Hinweis auf weitere Zwecke verständlich machen können. Offensichtlich bringt uns keine der drei Möglichkeiten – Regress, Zirkel oder Abbruch – unserem Ziel näher, die Möglichkeit moralischer Erkenntnis zu klären. Wir stehen vor einem *Trilemma der Zwecke*.

Ein ähnliches Trilemma ist uns aus der allgemeinen Erkenntnistheorie gut bekannt. Dort ergibt sich das Problem folgendermaßen: Der klassischen Definition von Wissen zufolge kann man dann und nur dann davon sprechen, dass eine Person S weiß, dass p, (1) wenn es tatsächlich der Fall ist, dass p, (2) wenn die Person S davon überzeugt ist, dass p, und (3) wenn die Person S dazu in der Lage ist, ihre wahre Überzeugung, dass p, durch Gründe zu untermauern.[17] Die Begründung für die im vorliegenden Zusammenhang entscheidende dritte Bedingung lautet: Jemand, der nicht in der Lage dazu ist, seine wahre Überzeugung, dass p, durch entsprechende Gründe zu untermauern, ist letztlich nur zufälligerweise im Besitz dieser wahren Überzeugung. Und bei zufälligerweise wahren Überzeugungen sprechen wir nicht von Wissen. Man denke etwa an einen Wahrsager, der ausnahmsweise einmal recht hat: Er hat dann eine wahre Überzeugung. Wir würden ihm aber kein Wissen zuschreiben, weil er seine Überzeugung nicht (befriedigend) begründen kann. Wenn aber für Wissen die Kenntnis von Gründen notwendig ist, dann stellt sich bezüglich der Gründe erneut die Frage, ob die Person S wirklich weiß, dass diese vorliegen. Wenn sie nicht *weiß*, dass entsprechende Gründe vorliegen, dann kann man wiederum nicht sagen, dass sie das *weiß*, wofür die Gründe sprechen. Aber um zu wissen, dass die Gründe vorliegen, müsste die Person Gründe für die Gründe kennen. Auf diese Weise ergibt sich erneut ein Trilemma: Entweder die Person gerät bei dem Versuch, ihre ursprüngliche Überzeugung zu begründen, in einen infiniten Regress. Oder sie kommt irgendwann auf Gründe zurück, die sie im Verlauf der Begründung bereits angeführt hat, das heißt, sie argumentiert zirkulär. Oder aber die Person bricht ihren Begründungsversuch irgendwann (frustriert und) dogmatisch ab. In keinem Fall

---

17 Die Auffassung von Wissen als wahre, gerechtfertigte Meinung geht mindestens bis auf Platon zurück. Innerhalb der analytischen Philosophie wurde sie im Anschluss an Gettiers Aufsatz »Is Justified True Belief Knowledge?« viel diskutiert. Vgl. etwa meine *Einführung in die Erkenntnistheorie*, 5. Kapitel.

wird verständlich, wie wir jemals zu Wissen kommen können. Man bezeichnet dieses Problem als das *Agrippa-Trilemma*.

Auf den ersten Blick scheinen das Agrippa-Trilemma und das Trilemma der Zwecke eine ganz ähnliche Schwierigkeit vor Augen zu führen: Der Versuch, verständlich zu machen, wie Wissen (empirisches beziehungsweise moralisches) möglich ist, führt zu einem Regress, zu Zirkularität oder zu Dogmatismus. Das sollte jedoch nicht darüber hinwegtäuschen, dass das Trilemma in den beiden Fällen aus ganz unterschiedlichen Gründen auftritt. Beim Agrippa-Trilemma geht es darum, wie es möglich ist, dass unsere wahren Überzeugungen jemals zu Wissen werden, mit anderen Worten: wie es möglich ist, zu *gerechtfertigten*, wahren Überzeugungen zu kommen. Wir wissen nicht, wie Wissen möglich ist, weil wir nicht wissen, wie wir die Rechtfertigung jemals abschließen können. Es handelt sich hierbei um ein Problem, das sich letztlich aus dem Begriff des Wissens beziehungsweise dem Begriff der Rechtfertigung ergibt. Insofern taucht es bei *jeder* Art von Wissen auf, bei empirischem ebenso wie bei moralischem. Die Untersuchung dieser Schwierigkeit ist darum die Aufgabe der allgemeinen Erkenntnistheorie.[18]

Beim Trilemma der Zwecke dagegen besteht das Problem darin, dass wir das Objekt des Wissens und unseren Zugang zu diesem nicht verstehen. Solange wir zeigen können, dass etwas ein Mittel zu einem als wertvoll erkannten Zweck ist, wissen wir sowohl was das Mittel wertvoll *macht* – nämlich dass es einen instrumentellen Wert in Hinblick auf einen wertvollen Zweck hat[19] – als auch worin unser Zugang zum Wert des Mittels besteht – nämlich vermittelt durch unsere (empirische) Erkenntnis des Zweck-Mittel-Zusammenhangs und unser Wissen um den Wert des Zwecks. Aber nicht alles kann nur deshalb gut sein, weil es zu etwas Gutem gut ist. Das Trilemma stellt uns daher insbesondere vor die Fragen, was es heißt, dass etwas *intrinsisch* wertvoll ist, worin also die Wahrheit

[18] Vgl. dazu beispielsweise meine *Einführung in die Erkenntnistheorie*. Meinen eigenen Lösungsvorschlag für das Problem beschreibe ich ausführlich in *Das Problem des Wissens*, 3. Teil.

[19] Man beachte: Wenn der Zweck nicht wertvoll ist, ist auch das Mittel dazu nicht wertvoll. Um hohe Beträge zu pokern ist ein gutes Mittel, um sich zu ruinieren, aber um hohe Beträge zu pokern ist deshalb nicht gut (sondern schlecht).

von Bewertungsurteilen besteht, wenn es nicht um die Zuschreibung instrumentell vermittelten Werts geht, und welchen Zugang wir zu *solchen* Wahrheiten haben.

Das ist nicht bei jeder Art von Wissen ein Problem. Wir haben eine recht klare Vorstellung davon, was es bedeutet, dass unsere empirischen Überzeugungen wahr sind: Sie sind wahr, wenn sie widerspiegeln, was in der Welt tatsächlich vorgeht. Was unsere Überzeugungen wahr macht, ist die von unseren Überzeugungen unabhängige Welt selbst.[20] Und wir wissen recht genau, welchen Zugang zu dieser Wahrheit wir haben, woher wir also wahre Überzeugungen über die Welt beziehen: aus der Erfahrung. Wir sehen, hören, riechen, fühlen und schmecken, wie es in der Welt zugeht. Wenn uns unsere Sinne nicht täuschen, dann gelangen wir durch sie zu wahren Überzeugungen über die Welt. (Wie es möglich ist, durch die Erfahrung zu *Wissen* zu kommen, ist dann die Frage, vor die uns das Agrippa-Trilemma stellt.)

Natürlich verschwindet die Selbstverständlichkeit solcher Erklärungen unter dem Blick des grübelnden Philosophen. Was es *letztlich* bedeutet, dass wir überhaupt Überzeugungen haben, dass diese wahr sind und dass es eine von unseren Überzeugungen unabhängige Welt gibt, auf die sie sich beziehen, ist Gegenstand vielfältiger philosophischer Überlegungen. Der entscheidende Unterschied zum Fall moralischer Erkenntnis besteht jedoch darin, dass wir dort auf Anhieb *überhaupt keine* Vorstellung davon haben, woher unsere wahren moralischen Überzeugungen kommen sollen. Wir verfügen beispielsweise nicht über ein Sinnesorgan, mit dem wir moralische Beobachtungen anstellen könnten, und dementsprechend ist uns ganz unklar, wie unser Zugang zu moralischen Wahrheiten aussehen könnte. Zudem haben wir größte Schwierigkeiten, uns vorzustellen, welcher Art die Tatsachen sein könnten, mit denen uns eine solche Beobachtung in Kontakt bringen würde.

---

[20] Genau genommen müsste man hier natürlich einige Sonderfälle ausnehmen: So hängt beispielsweise die Wahrheit der Überzeugung, dass ich der Überzeugung bin, dass p, vom Vorliegen einer Überzeugung ab, der Überzeugung, dass p, nämlich. Wir selbst (mit unseren Überzeugungen) sind eben auch Teil der Welt.

Was sollte das sein: eine von uns unabhängig existierende moralische Welt, die moralische Überzeugungen wahr macht?[21]

Während also das Agrippa-Trilemma die allgemeinere Frage aufwirft, wie wir jemals zu *gerechtfertigten*, wahren (moralischen und nicht-moralischen) Überzeugungen kommen können, konfrontiert uns das Trilemma der Zwecke mit der spezielleren Frage, was wir im Bereich der Moral eigentlich unter *wahren Überzeugungen* zu verstehen haben und wie wir gegebenenfalls zu solchen kommen können. Gibt es im Bereich der Moral überhaupt so etwas wie eine (von uns unabhängige) Wahrheit, die man (wie?) erkennen kann? Die Frage nach der Möglichkeit moralischer Erkenntnis führt uns somit zur Frage nach der Objektivität der Moral.

① Agrippa-Trilemma bezieht sich auf jegliche Art von Wissen
↳ wie wir jemals zu wahren, gerechtfertigten Überzeugungen kommen können

② Trilemma der Zwecke bezieht sich nur auf moral. Wissen
↳ wie wir im Bereich d. Moral zu wahren Überzeugungen kommen und was das sind

⇒ Frage nach der Möglichkeit moral. Erkenntnis führt uns zur Frage nach der Objektivität der Moral

[21] Ich werde auf diese Punkte später genauer zurückkommen. Vgl. Kapitel 1.3.

1.2. Der Anspruch auf Objektivität

Angesichts der Schwierigkeit, zu klären, wie moralische Erkenntnis möglich ist, wird deutlich, dass der Bereich der Moral uns überhaupt rätselhaft ist. Aber worin genau besteht das Rätsel?

Zunächst einmal kann man festhalten, dass es kein Problem der moralischen Erkenntnis gäbe, wenn wir nicht davon überzeugt wären, dass es in moralischen Fragen tatsächlich etwas zu erkennen gibt. Wir sind anscheinend der Ansicht, dass es so etwas wie richtige (oder falsche) Entscheidungen und dementsprechend so etwas wie die richtige (oder falsche) Bewertung einer Handlungsoption gibt.[22] Dass die meisten von uns dieser Ansicht sind, zeigt sich in der Art und Weise, wie wir über Fragen der Moral sprechen: Wenn jemand beispielsweise sagt, die Abschaffung der Sklaverei sei falsch gewesen, dann sprechen wir davon, dass er eine *Behauptung* aufgestellt hat, der man *widersprechen* kann und der wir widersprechen werden.[23] Wir sagen, er habe *unrecht*; was er sagt, würden wir als »*falsch*« bezeichnen. Wenn die Person ihre Behauptung mit dem entsprechenden Nachdruck aufrecht erhält und wir nicht an ihrer Aufrichtigkeit zweifeln, werden wir ihr eine *Überzeugung* zuschreiben: Wir könnten sagen, dass die Person *glaubt* (nicht etwa nur *vermutet* oder einfach in den Raum stellt), es sei falsch gewesen, die Sklaverei abzuschaffen. Und darum werden wir versuchen, ihr mit *Gründen* deutlich zu machen, dass nicht ihre Meinung, sondern die unsere richtig ist. Wir sagen und glauben, dass die Person sich *täuscht*; sie befindet sich im *Irrtum*. Und darum werden wir vielleicht einen *Streit* mit ihr anfangen. Natürlich werden wir einräumen, dass auch wir uns in moralischen Fragen täuschen können, das heißt, dass Werturteile *fallibel* sind. Aber wir gehen eben davon aus, dass wir es in diesem Fall besser *wissen*. Wir haben offensicht-

---

22 Das schließt natürlich nicht aus, dass wir häufig mit Handlungsoptionen konfrontiert sind, die gleich gut sind, bei denen also jede Wahl (gleich) richtig ist. Umstritten ist die Frage, ob es auch Entscheidungssituationen gibt, in denen jede Wahl falsch ist, anders gesagt: ob es genuine moralische Dilemmata gibt. Vgl. dazu Gowans *Moral Dilemmas* sowie Mason *Moral Dilemmas and Moral Theory*.

23 Wer dem nicht zustimmen kann, möge mein Beispiel durch eines ersetzen, das ihm plausibler erscheint (oder besser: seine moralischen Grundsätze überdenken).

lich etwas *erkannt*, was diese Person erst noch zu *lernen* beziehungsweise *einzusehen* hat. Auch sie ist zwar vielleicht überzeugt davon, recht zu haben. Aber das bedeutet nicht, dass es sich *tatsächlich* so verhält, wie sie glaubt. »In *Wirklichkeit*«, so könnten wir sagen, »war es natürlich richtig, die Sklaverei abzuschaffen. Die *Wahrheit* ist: Man hätte sie gar nicht erst einführen dürfen.«

Die verschiedenen Ausdrücke, die ich hier zusammengetragen habe, (und einige verwandte, die man noch hätte hinzufügen können) hängen eng miteinander zusammen: Wenn man bezüglich eines bestimmten Gegenstandsbereichs von Falschheit sprechen kann, dann kann man auch von Wahrheit sprechen, wenn man von Behauptungen sprechen kann, kann man auch von Überzeugungen sprechen, wenn man von Wissen sprechen kann, kann man auch von Irrtum sprechen etc. Wir haben es hier mit einem ganzen Netz von Begriffen zu tun, für das gilt: Wenn einer der Begriffe aus dem Netz auf einen Bereich anwendbar ist, dann sind sie es im Prinzip alle. Bei meinen späteren Überlegungen werden (stellvertretend für alle) vor allem drei dieser Begriffe im Mittelpunkt stehen: der Begriff der Wahrheit (oder Tatsache), der Begriff der Überzeugung und der Begriff der Erkenntnis.[24] Und wenn man bezüglich eines bestimmten Gegenstandsbereichs von Wahrheit, von Überzeugungen und von Erkenntnis sprechen kann, dann werde ich im Folgenden abkürzend sagen: *Dieser Bereich kann Objektivität beanspruchen.* Die oben angeführten sprachlichen Beobachtungen erlauben es somit, unsere gewöhnliche Einstellung zur Moral auf die folgende Formel zu bringen: *Wir glauben, dass die Moral Objektivität beanspruchen kann.* Dass damit nicht einfach eine willkürliche Redeweise eingeführt ist, sondern dass unsere Vorstellung von Objektivität tatsächlich eng mit den drei genannten Begriffen (und dem dahinter stehenden Begriffsnetz) verbunden ist, möchte ich nun deutlich machen, indem ich die Moral mit einer Reihe

---

24 Man erkennt in den drei Begriffen natürlich sofort Repräsentanten für die grundlegenden Bereiche der theoretischen Philosophie: Der Begriff der Wahrheit (oder Tatsache) repräsentiert die Metaphysik/Ontologie, der Begriff der Überzeugung die Philosophie des Geistes und der Begriff der Erkenntnis die Erkenntnistheorie. Warum man meines Erachtens nicht noch einen Begriff hinzunehmen muss, der die Sprachphilosophie repräsentiert, werde ich später erläutern. Vgl. S. 75, 76.

Aussagen über Gefühle + Wünsche sind wahr od. falsch
Gefühle + Wünsche an sich können nicht wahr od. falsch sein

von anderen Bereichen vergleiche. Es wird sich, so hoffe ich, zeigen, dass wir einen Bereich umso eher als objektiv betrachten, je eher wir auch glauben, in dem Bereich von Wahrheit, Überzeugung und Erkenntnis sprechen zu können.

Betrachten wir zunächst einen Bereich, in dem offensichtlich weder die Rede von Objektivität noch die Rede von Wahrheit, Überzeugung und Erkenntnis angemessen ist: den Bereich der Gefühle und der Wünsche. Natürlich kann es wahre oder falsche Überzeugungen und auch Erkenntnisse *über* Gefühle und Wünsche geben. Wenn ich etwa sage, dass Peter in Heidi verliebt ist und sich wünscht, mit ihr auf der Alm zu wandern, dann kann das wahr oder falsch sein, ich bringe damit eine Überzeugung zum Ausdruck etc. Aber die Gefühle und Wünsche selbst können nicht wahr oder falsch sein; es handelt sich bei ihnen gerade nicht um Überzeugungen und entsprechend schon gar nicht um Erkenntnisse. Man kann zwar von seinen »wahren Gefühlen und Wünschen« sprechen, aber damit meint man dann nicht das Gegenteil von seinen falschen Gefühlen und Wünschen, sondern man meint seine wirklichen, echten oder eigentlichen Gefühle und Wünsche. Und vielleicht kann man auch *durch* Gefühle (und eventuell Wünsche) etwas erkennen. Sie selbst sind aber noch nicht diese Erkenntnisse. Kurzum: Unser Begriffsnetz kommt in diesem Bereich nicht zum Einsatz, und auch die Rede von Objektivität hat hier keinen Platz. Die Moral unterscheidet sich damit prima facie grundlegend von diesem Bereich.

Vom Bereich der reinen Geschmacksurteile glauben wir, wiederum im Unterschied zum Bereich der Moral, ebenfalls nicht, dass er Anspruch auf Objektivität erheben kann, und wir würden hier auch nicht von Wahrheit, Überzeugung und Erkenntnis sprechen wollen. Wenn beispielsweise jemand sagt: »Kuchen schmeckt gut«, dann möchte er damit in der Regel keine »kulinarische Wahrheit« verkünden, sondern lediglich mitteilen, dass *ihm* Kuchen gut schmeckt. Dementsprechend würde man dieser Person nicht widersprechen, wenn man behaupten würde, Kuchen schmecke schlecht. Man würde nur zu erkennen geben, dass man selbst nicht gerne Kuchen isst. Um zu widersprechen, müsste man eher so etwas sagen wie »Nein, Kuchen schmeckt *dir* doch überhaupt nicht gut«. (Für solche Äußerungen haben wir allerdings wenig Verwendung. Nur sehr selten haben wir Gelegenheit, unsere Mitmenschen über *deren* Geschmack zu belehren.) Die Frage, ob Kuchen »an sich« gut oder schlecht schmeckt, hat so gesehen keine Antwort. Man kann diesbezüglich streng genommen keine Überzeugung haben und kein Wissen erwerben: Der eine mag Kuchen eben, der andere nicht. Über die Frage, ob Kuchen gut oder schlecht schmeckt, lässt sich insbesondere nicht streiten. Und man kann sich zwar darüber täuschen, ob jemand Kuchen gerne isst oder nicht, nicht aber darüber, ob er an sich gut oder schlecht schmeckt.

Ganz anders verhält es sich im Bereich der Moral: Jemand, der sagt, es sei immer falsch, Menschen zu foltern, bringt gerade nicht nur zum Ausdruck, dass *ihm* das Menschenfoltern nicht zusagt. Und das hat nichts damit zu tun, dass hier ein im engeren Sinn moralischer Wert (das menschliche Leben) im Spiel ist. Jemand, der sagt, es sei falsch, nicht zu essen, was einem schmeckt, will auch nicht nur deutlich machen, dass *er* sich daran stört, wenn eine Person isst, was sie nicht mag. Das (im weiteren Sinn) moralische Urteil hat demnach einen ganz anderen Status als das Geschmacksurteil, auch wenn, wie in diesem Beispiel, Geschmacksurteile natürlich durchaus für moralische Urteile relevant sein können. (Die Tatsache, dass man bestimmte Dinge mag, kann wie alle anderen Tatsachen auch Grundlage eines moralischen Urteils sein.[25])

Es ist allerdings nicht einfach, eindeutige Beispiele für *reine* Geschmacksurteile zu finden. Das sieht man beispielsweise daran, dass wir uns tatsächlich über beinahe alle Geschmacksfragen streiten. Die Frage, ob Kuchen gut schmeckt, ist vermutlich selten Anlass für Auseinandersetzungen. Aber auch hier kann man sich Gegenbeispiele vorstellen. Nehmen wir an, zwei Bäcker veranstalten einen Wettstreit darüber, wer den besten Kuchen backen kann. Beiden schmeckt Kuchen schon lange nicht mehr. Wenn jetzt der Bäcker A zu Bäcker B sagt: »Dein Kuchen schmeckt nicht gut«, dann will er damit gerade nicht sagen, was hier nicht zur Debatte steht, nämlich, dass er diesen Kuchen nicht gerne isst. Er will sagen, dass der Kuchen nicht gut gemacht ist. Und damit erhebt er wiederum Anspruch auf Objektivität. (Dementsprechend kann Bäcker B *widersprechen*, indem er sagt, der Kuchen schmecke fabelhaft. Er glaubt, dass Bäcker A sich *täuscht*, dass seine eigene *Über-*

---

[25] Wie sich die »Grundlagen« zum moralischen Urteil selbst verhalten, werde ich später genauer diskutieren. Vgl. S. 49-51.

zeugung richtig ist etc.) Fraglich ist, ob unsere kulinarischen Urteile jemals ganz frei von einem solchen Objektivitätsanspruch und damit *reine* Geschmacksurteile sind. Immerhin: Kulinarische Urteile sind vermutlich die besten Beispiele. Nicht zufällig spricht man schließlich von *Geschmacks*urteilen.

Geschmacksurteile beinhalten eine (versteckte) Relativierung auf denjenigen, der das Urteil äußert.[26] Indem moralische Urteile Objektivität beanspruchen, unterscheiden sie sich jedoch nicht nur von Geschmacksurteilen, sondern auch von Urteilen, die auf eine größere Personengruppe hin relativiert zu verstehen sind. Wenn ich sage, es sei unhöflich, beim Essen zu schmatzen, dann mache ich damit deutlich, dass es nicht den hier herrschenden Benimmregeln entspricht, bei Tisch zu schmatzen. Wenn ich dagegen sage, dass es verwerflich sei, Menschen zu foltern, möchte ich nicht nur zum Ausdruck bringen, dass es den bei Menschen meiner Herkunft oder Kultur etc. geltenden Regeln zuwider läuft, Menschen zu foltern. Das ist natürlich auch der Fall. Aber entscheidend ist, dass meinem Urteil zufolge diejenigen, die diese Regeln nicht akzeptieren, trotzdem etwas falsch machen, wenn sie andere foltern. Demgegenüber würde derjenige, der beim Essen schmatzt, in einer Gesellschaft, in der das Schmatzen zum guten Ton gehört, gerade nichts falsch machen. Anders als die Frage, ob man an sich Menschen nicht foltern darf, hat die Frage, ob man an sich beim Essen nicht schmatzen soll, keine Antwort. *Darüber* kann man sich nicht täuschen, auch wenn man sich natürlich leicht darüber täuschen kann, was die Regeln des guten Benehmens vorschreiben. Moralische Regeln unterscheiden sich demnach, zumindest prima facie, von bloßen Benimmregeln.[27]

Was für Benimmregeln (oder allgemein: Bräuche) gilt, gilt in ähnlicher Weise auch für andere Konventionen, beispielsweise für bestimmte rechtliche Regelungen. Auch bei diesen geht es häufig nicht darum, was zu tun an sich richtig oder falsch ist. Man

---

26 Auf die semantische Struktur von Geschmacksurteilen werde ich später zurückkommen. Vgl. S. 103ff.

27 Ob bei genauerer Betrachtung moralische Regeln doch Regeln der Etikette gleichen, wie das beispielsweise Philippa Foot behauptet (vgl. Foot »Morality as a System of Hypothetical Imperatives«), wird noch zu diskutieren sein. Vgl. dazu Kapitel 2.2, wo ich mich unter anderem mit relativistischen Deutungen der Moral auseinandersetzen werde.

denke etwa an die Vorschrift, die besagt, dass man auf der rechten Straßenseite zu fahren hat. Die Engländer machen offensichtlich nichts falsch, weil sie diese Regel nicht einführen. Sie haben es nicht versäumt, eine Wahrheit des Straßenverkehrs zu erkennen. Es ist vielmehr eine bloße Frage der Konvention, auf *welche* Straßenseite man sich einigt. *Ob* man sich auf eine Straßenseite einigt oder nicht, ist allerdings alles andere als eine Frage der Konvention. Die Regel rettet schließlich unzählige Menschenleben. Es ist darum sicherlich ein Gebot der Moral (sogar im engeren Sinn), eine solche Regel einzuführen und sich dann daran zu halten. So verhält es sich mit vielen Regeln: *wie* sie aussehen, ist eine Frage der Konvention, *dass* es sie gibt (und dass wir uns an sie halten, wenn es sie erst gibt), ein Gebot der Moral. Moral und Konvention sind, wie es scheint, von ganz verschiedener Art.[28]

Deutlich weniger Geschmacksache als Fragen des Geschmacks und auch nicht Sache bloßer Konvention sind nach Ansicht vieler Menschen Urteile darüber, was lustig ist. Zwar räumen wir auch hier bezüglich vieler Fälle ein, dass das, was der eine (oder die eine Gruppe) lustig findet, eben nicht dem Humor des anderen (oder der anderen Gruppe) entspricht und die Frage, ob »an sich« ein Witz vorliegt oder nicht, keine Antwort hat. Wir belehren aber beispielsweise Kinder mit den Worten: »Das ist nicht lustig, wenn jemand auf einer Bananenschale ausrutscht und sich verletzt. Was im Film lustig ist, ist in der Wirklichkeit häufig alles andere als lustig.« Und damit meinen wir nicht, dass das Kind das eigentlich nicht lustig findet, und auch nicht nur, dass wir selbst das nicht lustig finden, sondern dass es da »objektiv betrachtet« nichts zu lachen gibt. Es kommt auch vor, dass wir in Bezug auf einzelne Witze einräumen, uns über ihre Witzigkeit getäuscht zu haben. (»Ja, eigentlich ist das wirklich nicht lustig. Ich weiß auch nicht mehr, was ich daran so witzig fand.«) Und umgekehrt können wir lernen, Witze aus anderen Kulturkreisen zu verstehen und darüber zu lachen. Allerdings hat der Anspruch auf Objektivität auch hier seine Grenzen. Man erkennt das beispielsweise daran, dass wir im Bereich des Humors eine universelle Täuschung wohl kaum für möglich halten: Könnte uns beispielsweise ein alberner Dämon täuschen? Ist

[28] Analog zum Bereich der Konventionen in Hinblick auf Objektivität verhält sich nach einer Deutung auch der Bereich des Fiktiven. Vgl. dazu Harth *Wert und Wahrheit*, 2. Teil, Kapitel III.1.

es möglich, dass also all das, worüber wir so herzlich gelacht haben, tatsächlich gar nicht witzig ist? Kaum. Im Unterschied dazu scheint die Möglichkeit, dass all unsere Entscheidungen tatsächlich falsch sind, dass wir uns darüber täuschen, was wirklich gut und richtig ist, (leider) durchaus gegeben zu sein.

Noch mehr Anspruch auf Objektivität als Urteile über das Lustige haben nach Ansicht vieler unsere Urteile über Kunst. Der versöhnlichen These, dass Kunst eben Geschmackssache sei, steht die Tatsache gegenüber, dass wir offensichtlich meinen, sehr gut über Kunst streiten zu können.[29] Wir räumen vielleicht ein, dass Kunst etwas mit Geschmack zu tun hat. Aber wir neigen dann dazu, den Geschmack selbst nicht mehr als Geschmackssache zu behandeln. Vielmehr kritisieren wir gerade den schlechten (oder fehlenden) Geschmack derer, die uns widersprechen. Und damit meinen wir dann nicht einfach, dass wir einen anderen Geschmack haben, sondern dass der andere den *falschen* Geschmack hat. Im Bereich der Kunst sprechen wir häufig ebenso wie im Bereich der Moral von Wahrheit, von Überzeugungen, von Erkenntnis etc. Und man wird auch von unseren ästhetischen Urteilen oft sagen, dass sie Anspruch auf Objektivität erheben. Ob dieser Anspruch ebenso weit wie im Fall der Moral geht, kann hier offen bleiben.[30]

Bisher habe ich hauptsächlich versucht, deutlich zu machen, von welchen Bereichen sich die Moral durch ihren Anspruch auf Objektivität unterscheidet. Um zu verstehen, was die Moral rätselhaft macht, ist es jedoch fast noch wichtiger, sich vor Augen zu führen, welchen Bereichen wir die Moral annähern, indem wir ihr einen Objektivitätsanspruch zubilligen. Hier ist zunächst einmal der Bereich gewöhnlicher Tatsachenurteile zu nennen. Klarerweise kann man der Überzeugung sein, dass noch Wein im Keller ist, diese Überzeugung kann offensichtlich wahr oder falsch sein, je nachdem, ob tatsächlich noch Wein im Keller ist oder nicht, und was von beidem der Fall ist, können wir normalerweise durch ei-

---

29 Dieser Konflikt bildet den Ausgangspunkt für Humes klassische Überlegungen zur Objektivität von Geschmacksurteilen. Vgl. Hume »On the Standard of Taste«.

30 Tatsächlich bin ich der Ansicht, dass sich die in diesem Buch entwickelte Theorie zum Status der Moral weitgehend auf die Ästhetik übertragen lässt. Erste Schritte in diese Richtung beschreibe ich in »Der Sinn für Schönheit«.

nen kurzen Blick ins Weinregal im Keller auch erkennen. Und wir würden natürlich auch sagen, dass Urteile dieser Art Objektivität beanspruchen können.

Allerdings ist der Bereich solcher alltäglicher Urteile, insbesondere was die Frage nach der Erkenntnis angeht, nicht das Musterbeispiel für Objektivität. Die Art und Weise, wie wir im Alltag versuchen, Erkenntnisse zu erlangen, ist in vielfacher Hinsicht defizitär. Allerlei subjektive Faktoren bedrohen hier den Erkenntnisprozess: Herkunft, Ausbildung, persönliche Vorlieben und körperlicher Zustand sowie Interessen der unterschiedlichsten Art (ökonomische, politische etc.) verzerren die Art und Weise, wie wir die Welt um uns herum (und auch in uns) wahrnehmen. Der Trunkenbold sieht zwei weiße Mäuse, wo der nüchterne Beobachter nur eine sieht, der Regierungspolitiker entdeckt Zeichen des Aufschwungs, wo der Oppositionspolitiker Niedergang wittert.

Den störenden Einfluss von Faktoren der genannten Art versucht man konsequent auszuschließen, wenn man Wissenschaft treibt. Systematische Beobachtung und Überprüfung der Ergebnisse durch unabhängige Forscher sollen an die Stelle einseitiger Betrachtung und voreiliger Schlüsse treten. Sicherlich gelingt das nicht immer. Subjektive Faktoren spielen auch in der Wissenschaft eine Rolle und verfälschen die Ergebnisse der Forschung. Der vom Ehrgeiz getriebene Wissenschaftler nimmt es vielleicht mit der empirischen Bestätigung seiner Ergebnisse nicht so genau, dafür betrachtet er umso pessimistischer die bahnbrechenden Resultate seiner Konkurrenten. Derjenige, der Forschungsgelder beantragt, sieht vielleicht vielversprechende Ansätze, wo der Gutachter nicht die Spur davon erkennt. Auch dem seriösen Wissenschaftler fällt es häufig schwer, auseinander zu halten, was er zu entdecken hofft und was er glaubt, entdeckt zu haben.[31] Dennoch: Auch die Ergebnisse des Karrieristen und des Forschers, der sich zu einer Selbsttäuschung hat hinreißen lassen, müssen letztlich der Überprüfung durch Kollegen standhalten, und meistens ist es auch nicht nur ein Gutachter, der über die Vergabe von Forschungsgeldern entscheidet. Das schließt natürlich nicht aus, dass fehlerhafte Beobachtungen auch in der Wissenschaft manchmal für lange Zeit un-

---

31 In einem Notizbuch von Kepler soll sich etwa der Eintrag finden: »Der Mars ist quadratisch und intensiv gefärbt.« Vgl. Chalmers *Wege der Wissenschaft*, S. 36.

erkannt bleiben. Aber die Chance, dass Fehler entdeckt werden, ist nirgends so groß wie in der Wissenschaft.

Die Verfälschung wissenschaftlicher Ergebnisse durch subjektive Faktoren ist eine Sache. Dass historische, soziologische, ökonomische etc. Faktoren eine ganz erhebliche Rolle bei der Frage spielen, *was* erforscht wird, ist eine andere. Man erforscht nichts, woran kein Interesse besteht. Und das gilt nicht nur insofern der Wissenschaftler selbst erforscht, was ihn interessiert. Vielmehr kann der Wissenschaftler nur Dinge erforschen, an deren Erforschung die Gesellschaft, die seine Arbeit ermöglicht, ein (mehr oder minder direktes) Interesse hat. Forschung zu ermöglichen, bedeutet dabei nicht nur, die materiellen Grundlagen bereitzustellen. Es ist auch eine bestimmte Haltung der Gesellschaft gegenüber ihren Forschern und deren Ergebnissen nötig. (Der Wissenschaftler, der in den wilden zwanziger Jahren lebt, hat vielleicht weniger Skrupel »wilde« Theorien, wie die Quantentheorie, zu erforschen, und die Gesellschaft hat weniger Skrupel, seine Forschung zu fördern.[32])

Die Wissenschaft ist sicherlich nicht frei von Faktoren, die ihrer Objektivität abträglich sind. Dennoch: Wenn man überhaupt irgendwo sinnvoll von Wahrheit, Überzeugungen und Erkenntnis sprechen kann, dann im Bereich der Wissenschaft. Die äußeren (psychologischen, soziologischen, historischen, wirtschaftlichen etc.) Umstände beeinflussen offensichtlich, welche Fragen erforscht werden. Aber die Antworten, die Wissenschaftler auf diese Fragen geben, betrachten wir deshalb nicht nur als Ausdruck individueller oder kultureller Geschmäcker oder Gepflogenheiten. Es handelt sich vielmehr um Überzeugungen, die wahr oder falsch sind, je nachdem, ob sie richtig oder falsch wiedergeben, wie es sich in der Welt verhält. Von all unseren Urteilen sind wissenschaftliche Urteile sicherlich am weitesten von Geschmacksurteilen entfernt. Wir sind kaum versucht zu sagen, man könne sich über die Wahrheit einer wissenschaftlichen Theorie nicht täuschen. (Die Geschichte der Wissenschaft legt eher das Gegenteil nahe.[33]) Schließlich ist wissen-

32 Solche Abhängigkeiten werden vor allem in der Wissenschaftssoziologie genauer untersucht. Vgl. zur Literatur Papineau *The Philosophy of Science*, S. 335, 336.

33 Die meisten wissenschaftlichen Theorien der Vergangenheit haben sich schließlich als falsch (oder doch zumindest als unzureichend) erwiesen. Die Frage, ob das zu einer »negativen Metainduktion« –

schaftliche Erkenntnis zwar nicht gegen verfälschende Einflüsse gefeit. Aber wenn man im Bereich der Wissenschaft nicht von Erkenntnis sprechen kann, dann kann man *nirgends* von Erkenntnis sprechen. Wie schon bemerkt: Auch im Nichtmoralischen, insbesondere also im Bereich der Wissenschaft lassen sich die Begriffe Wahrheit, Überzeugung und Erkenntnis durchaus philosophisch problematisieren.[34] Das ändert aber nichts daran, dass sie im Bereich der Wissenschaft *vergleichsweise* unproblematisch zur Anwendung kommen. So kann man sagen: Die Wissenschaft ist unser Paradigma für einen Bereich, der Objektivität beanspruchen kann.

Was ein Wort im Kern bedeutet, liest man an seiner paradigmatischen Verwendung ab. Wenn die Wissenschaft aber unser Paradigma für Objektivität ist, dann folgt daraus, dass die Bedeutung der Wörter »Wahrheit«, »Überzeugung« und »Erkenntnis« zunächst im Wesentlichen durch ihre Anwendung in diesem Bereich bestimmt wird. Wahrheit ist demnach (jedenfalls auf den ersten Blick) notwendigerweise von der Art wissenschaftlicher Wahrheit, Überzeugungen sind notwendigerweise von der Art wissenschaftlicher Überzeugungen, und Erkenntnis ist notwendigerweise von der Art wissenschaftlicher Erkenntnis. Umgekehrt ist die Anwendung dieser Begriffe in jedem Bereich, der sich grundlegend von der Wissenschaft unterscheidet, jedenfalls prima facie problematisch. Wir verstehen nicht mehr richtig, was mit diesen Begriffen gemeint ist, wenn sie in einem Bereich zur Anwendung kommen, der von ganz anderer Art ist als der Bereich der Wissenschaft. Diese Einsicht können wir wiederum auf eine knappe Formel bringen: *Nur was von gleicher (oder zumindest ähnlicher) Art ist wie die Wissenschaft, kann Anspruch auf Objektivität erheben.*[35]

---

bisher waren alle Theorien falsch, also werden auch alle zukünftigen Theorien falsch sein – berechtigt, ist Gegenstand heftiger Auseinandersetzungen in der Wissenschaftstheorie. In Papineau *The Philosophy of Science* findet man einige zentrale Aufsätze zu dem Thema sowie weiterführende Literaturangaben (vgl. ebd. S. 331, 332).

34 Man denke etwa an die Auseinandersetzung zwischen den Vertretern realistischer und instrumentalistischer Auffassungen von wissenschaftlichen Theorien und an die Debatte um Kuhns und Feyerabends Thesen zur Rationalität wissenschaftlicher Erkenntnis. Vgl. etwa Worrall *The Ontology of Science* sowie Newton-Smith *The Rationality of Science*.

35 Eine abstraktere (und kontroversere) Charakterisierung von Objektivität gibt beispielsweise Wright. Vgl. Wright *Truth and Objectivity*, vor

Damit sind wir einer Antwort auf die Frage, was die Moral zu einem Rätsel macht, aber ein gutes Stück näher gekommen. Wir haben gesehen, dass es offensichtlich zu unseren natürlichen Überzeugungen gehört, dass die Moral Anspruch auf Objektivität erheben kann. (Sonst würden wir das Netz der Begriffe, mit dem ich dieses Kapitel begonnen habe, insbesondere den Begriff der Wahrheit, den Begriff der Überzeugung und den der Erkenntnis nicht auf den Bereich der Moral anwenden.) Ebenso gehört es aber zu unseren natürlichen Überzeugungen, dass letztlich nur etwas, was von ähnlicher Art ist wie die Wissenschaft, einen solchen Anspruch erheben kann. (Sonst wäre die Wissenschaft nicht unser Paradigma für einen Bereich, in dem die entsprechenden Begriffe zur Anwendung kommen können.) Das Rätsel der Moral entsteht, weil wir, wie ich im folgenden Kapitel zeigen möchte, leider auch noch zu der Meinung neigen, dass die Moral von ganz anderer Art ist als die Wissenschaft.

allem 4. und 5. Kapitel. Verschiedene relevante Objektivitätsbegriffe diskutieren auch Harth in *Werte und Wahrheit*, S. 94-101, sowie Halbig in *Praktische Gründe und die Realität der Moral*, S. 201-211. Für meine Zwecke erweist es sich jedoch als günstiger, Objektivität nicht abstrakt, sondern in der vorgestellten Art zu charakterisieren.

1.3. Die Eigentümlichkeiten der Moral

Es gibt sicherlich eine Vielzahl von Unterschieden zwischen dem Bereich der Moral und dem der Wissenschaft, so viele, dass der Vergleich zwischen beiden zunächst nicht gerade naheliegt. Die Moral bezieht sich auf das Handeln, die Wissenschaft auf das Verstehen. Die Moral betrifft uns alle unmittelbar, die Wissenschaft wirkt eher indirekt auf unser Leben. Mit Fragen der Moral (jedenfalls mit Fragen der Moral im weiteren Sinn) setzt sich jeder auseinander, mit Fragen der Wissenschaft nicht. Die Liste der Unterschiede könnte beliebig fortgesetzt werden. Die für uns entscheidende Frage ist jedoch nicht, ob Moral und Wissenschaft sich in vielem ähnlich sind. Entscheidend ist allein, ob sich die beiden Bereiche in den Punkten gleichen, die relevant sind, wenn es um die Frage der Objektivität geht. Mit anderen Worten: Entscheidend ist, ob man im Bereich der Moral im gleichen (oder zumindest ähnlichen) Sinn von Wahrheit, Überzeugungen und Erkenntnis sprechen kann wie in der Wissenschaft. Wäre das der Fall, so gäbe es meiner Ansicht nach kein Rätsel der Moral, jedenfalls keines, das ihren Status betrifft. Leider scheint es jedoch, wie ich im Folgenden zeigen möchte, nicht der Fall zu sein. Ich werde mich nacheinander den drei Begriffen Wahrheit, Überzeugung und Erkenntnis zuwenden, um so die Eigentümlichkeiten der Moral aus Sicht der Metaphysik, der Philosophie des Geistes und der Erkenntnistheorie herauszuarbeiten.[36]

A. Moralische Wahrheit. Eine moralische Aussage ist wahr, wenn sie eine moralische Wahrheit zum Ausdruck bringt, oder, wie man auch sagen könnte, wenn sie die moralischen Tatsachen korrekt wiedergibt. Aber was ist eine moralische Wahrheit beziehungsweise eine moralische Tatsache?[37] Dass es sich dabei um etwas handelt, was von ganz anderer Art ist als eine wissenschaftliche Tatsache, ergibt sich aus folgender Überlegung: Es ist, so glauben die meisten von uns, eine moralische Wahrheit, dass es (unter fast allen denkbaren Umständen) falsch ist, Kinder zu quälen. Kaum jemand wird

---

[36] Auf die Besonderheiten der Sprache der Moral komme ich dann im zweiten Teil der Arbeit kurz zu sprechen. Vgl. S. 75, 76.

[37] Ich werde die Ausdrücke »moralische Wahrheit« und »moralische Tatsache« im Folgenden als stilistische Varianten gebrauchen.

bestreiten, dass es sich dabei um eine Tatsache handelt, dass also derjenige die Unwahrheit sagt, der das Gegenteil behauptet. Das Eigentümliche an dieser Tatsache ist aber, dass sie *intrinsisch normativ* ist: Wenn es etwas Falsches ist, Kinder zu quälen, dann folgt daraus, dass wir Kinder nicht quälen *sollen*. Oder positiv gewendet (und verallgemeinert):

> Wenn es für eine Person[38] in einer bestimmten Situation alles in allem richtig ist, eine Handlung auszuführen, dann soll sie diese Handlung ausführen.[39]

Anders als wissenschaftliche Tatsachen implizieren moralische Tatsachen demnach einen Anspruch an uns. Sie schreiben uns vor, was wir tun und was wir nicht tun sollen. Das kann man die *Normativität* moralischer Tatsachen nennen.
Wir können diese auch auf folgende Weise beschreiben: Wenn es richtig ist, eine bestimmte Handlung auszuführen, dann folgt daraus, dass es gute Gründe (oder zumindest einen guten Grund) gibt, diese Handlung auszuführen. Smith beschreibt diesen Zusammenhang folgendermaßen:

> If it is right for agents to Φ in circumstance C, then there is a reason for those agents to Φ in C.[40]

Tatsächlich ist es sogar nicht nur so, dass es einen Grund gibt, eine bestimmte Handlung auszuführen, wenn es sich um die unter den entsprechenden Umständen richtige Handlung handelt. Man muss vielmehr sagen:

> Wenn es für eine Person in einer bestimmten Situation alles in allem richtig ist, eine Handlung auszuführen, dann sprechen in dieser Situation in Anbetracht aller relevanter Grün-

---

38 Gemeint ist hier nicht »nach Ansicht einer Person«; es soll vielmehr deutlich gemacht werden, von *wessen* Handlungsentscheidung die Rede ist.

39 Entsprechend: Wenn es mehrere richtige Handlungen gibt, soll die Person *eine* davon ausführen.

40 Vgl. Smith *The Moral Problem*, S. 62.

de die besten Gründe (oder der beste Grund) für diese Handlung.[41]

Auch diese Formulierung macht den Anspruch deutlich, den moralische Wahrheiten an uns richten, und damit ihre Normativität.

Dass es sich dabei um eine *intrinsische* Eigenschaft moralischer Wahrheiten handelt, erkennen wir daran, dass derjenige, der behauptet, es sei (für alle Menschen in allen Situationen) falsch, Kinder zu quälen, offensichtlich immer zugleich zum Ausdruck bringt, dass man Kinder nicht quälen sollte beziehungsweise dass seiner Ansicht nach die besten Gründe (oder der beste Grund) gegen das Kinderquälen sprechen.[42] Derjenige, der sagen würde: »Es ist zwar alles in allem falsch, Kinder zu quälen, aber dennoch sollte man Kinder quälen« oder »Es ist zwar alles in allem falsch, Kinder zu quälen, aber die besten Gründe sprechen dafür, Kinder zu quälen«, scheint sich in einen *begrifflichen* Widerspruch zu verwickeln. Wir würden vermutlich überhaupt nicht verstehen, was diese Person sagen will. Vielleicht will sie sagen: »Die meisten halten es zwar für alles in allem falsch, Kinder zu quälen, aber in meinen Augen sprechen die besten Gründe dafür, Kinder zu quälen.« Und das wäre eine verständliche (wenngleich ungewöhnliche) Aussage. Aber von einer Handlung zu sagen, sie sei alles in allem falsch, und zugleich zu behaupten, man solle sie ausführen beziehungsweise die besten Gründe sprächen für die Ausführung der Handlung, ist ähnlich unverständlich wie von einem Mann zu sagen, er sei ein Junggeselle, aber verheiratet. So wie derjenige, der Letzteres sagt, offensichtlich nicht weiß, was ein Junggeselle ist, so zeigt derjenige, der Ersteres äußert, dass er nicht weiß, was es bedeutet, eine Handlungsweise als »alles in allem falsch« zu bezeichnen. Moralische Urteile im-

41 Dass auch Smith nicht nur »richtig in einer bestimmten Hinsicht« (wofür seine Charakterisierung adäquat wäre), sondern »alles in allem richtig« im Sinn hat, ergibt sich meines Erachtens aus dem unmittelbaren Zusammenhang, dem das obige Zitat entnommen ist. (Auch bei dieser Formulierung müsste man streng genommen noch den Fall mehrerer richtiger Handlungen berücksichtigen.)

42 Man beachte: Damit ist nicht gesagt, dass er diese Gründe auch tatsächlich kennt. Häufig wird das der Fall sein, aber es kann auch sein, dass jemand aus zweiter Hand weiß, dass es richtig ist, dies oder das zu tun (und damit auch weiß, dass die besten Gründe dafür sprechen, dies oder das zu tun), ohne auch noch zu wissen, *warum* es richtig ist, dies oder das zu tun (also ohne die Gründe selbst zu kennen).

plizieren demnach notwendigerweise Urteile über ein Sollen und über Handlungsgründe; moralische Wahrheiten sind intrinsisch normativ.[43]

Das sollte uns natürlich nicht besonders verwundern. Nur deshalb, weil Urteile darüber, was zu tun richtig oder falsch ist, Urteile darüber implizieren, was wir tun sollen beziehungsweise was zu tun wir Gründe haben, können sie uns als direkte Antwort auf die Frage »Was soll ich tun?« dienen. Wären moralische Urteile nicht intrinsisch normativ, so wären sie nicht *unmittelbar* praktisch relevant.

Was für die Gesamtbewertung einer Handlung gilt, gilt mutatis mutandis auch für die zugrunde liegenden Teilbewertungen. Auch wenn wir eine Handlung nur als *richtig in irgendeiner Hinsicht* bezeichnen, bringen wir damit normalerweise zum Ausdruck, dass es einen Grund *gibt*, der dafür spricht, die Handlung auszuführen (und dass man die Handlung *insofern* eigentlich ausführen sollte), auch wenn wir damit nicht sagen, dass es sich bei diesem um den einzigen oder besten Grund handelt (und dass man die Handlung *alles in allem betrachtet* ausführen sollte).[44] Wenn ich zu dem Schluss komme, dass es in Hinblick auf den zu erwartenden kulinarischen Genuss richtigt wäre, ein Stück Gänsestopfleber zu essen, dann komme ich damit notwendigerweise zu dem Schluss, dass etwas dafür spricht, dass es also einen Grund gibt, ein Stück Gänsestopfleber zu essen. Das heißt natürlich nicht, dass nichts anderes dagegen spricht, und es heißt auch nicht, dass die besten Gründe für den Verzehr sprechen.

Wenn ich im Folgenden davon spreche, dass eine Handlung richtig oder falsch ist, ohne explizit auf eine Einschränkung hinzuweisen, dann meine ich immer, dass die Handlung alles in allem betrachtet richtig oder falsch ist. Im Alltag dagegen bezeichnen wir Handlungen manchmal auch dann als falsch, wenn wir nur sagen wollen, dass sie in einer bestimmten Hinsicht, nämlich in *im engeren Sinn* moralischer Hinsicht, falsch sind. Für denjenigen, der moralische Gründe immer als ausschlaggebend (oder sogar als allein relevant) betrachtet, impliziert die im engeren Sinn moralische Falschheit natürlich die moralische Falschheit im weiteren

---

43 Damit ist der oben, S. 10, nicht weiter problematisierte Übergang von »Die Moral sagt uns, was zu tun richtig ist« zu »Die Moral beantwortet die Frage ›Was soll ich tun?‹« gerechtfertigt.

44 Wir sprechen dann von einem »*pro-tanto*-Grund«.

Sinn, das heißt die »alles in allem-Falschheit«.[45] Die Frage, welches Gewicht im engeren Sinn moralische Gründe haben, ist aber, wie gesagt, eine Frage, die den Inhalt (nicht den Status) der Moral (im weiteren Sinn) betrifft und deshalb nicht Gegenstand dieser Arbeit ist. Aus Sicht der vorliegenden Untersuchung sind im engeren Sinn moralische Gründe in keiner Weise ausgezeichnet. Es sind Gründe unter anderen.[46]

Daraus folgt insbesondere, dass ich nicht versuchen werde, eine Antwort auf die Frage zu geben, ob oder wann und, wenn ja, warum wir *im engeren Sinn* moralisch richtig handeln sollen. Man beachte allerdings, dass man die Frage, warum wir *im weiteren Sinn* moralisch richtig handeln sollen, sehr einfach durch den Hinweis auf die intrinsische Normativität moralischer Wahrheit, das heißt auf einen begrifflichen Zusammenhang, beantworten kann. Es ist schlicht unsinnig zu fragen: »Ja, es ist alles in allem richtig, die Handlung A auszuführen, aber warum sollte man A ausführen?« Ebenso gut könnten wir fragen: »Ja, Hans ist ein Junggeselle, aber warum sollte er unverheiratet sein?« Wir sollen im weiteren Sinn moralisch richtig handeln, weil wir mit dem im weiteren Sinn moralisch Richtigen das Gesollte *meinen*. Für die Moral im engeren Sinn ist mit dieser begrifflichen Wahrheit allerdings noch nichts gewonnen.

Die intrinsische Normativität moralischer Wahrheiten unterscheidet diese, so scheint es, grundlegend von nicht-moralischen, insbesondere von wissenschaftlichen Wahrheiten. Während Aussagen wie »Es ist falsch, Menschen zu foltern« etwas darüber implizieren, was wir tun sollen beziehungsweise was zu tun wir Grün-

---

45 Aber auch die alternative Position ist nicht absurd, denn würden wir beispielsweise wirklich sagen, dass keine noch so große Unannehmlichkeit uns darin rechtfertigt, ein Versprechen zu brechen, wenn dadurch für niemanden sonst Unannehmlichkeiten verursacht werden? Andernfalls müssten wir einräumen, dass es richtig sein kann, etwas im engeren Sinn moralisch Falsches zu tun. (Ich gehe hier davon aus, dass das Brechen eines Versprechens ein im engeren Sinn moralisches Vergehen ist, die persönliche Unannehmlichkeit jedoch keinen im engeren Sinn moralischen Grund konstituiert.)

46 Vgl. dazu auch Raz »On the Moral Point of View«. Meine Sichtweise ist jedoch selbst für die Vorstellung offen, dass moralische Gründe *die einzigen* sind, welche in Bezug auf die Richtigkeit einer Handlung eine Rolle spielen.

de haben, fehlt eine solche Implikation bei Aussagen wie »Wasser siedet bei 100 Grad« scheinbar völlig. Das heißt natürlich nicht, dass wissenschaftliche (oder alltägliche) Wahrheiten überhaupt keine Rolle für praktische Überlegungen spielen. (Die Beantwortung der (wissenschaftlichen) Frage, ob ein Pilz giftig ist oder nicht, ist in aller Regel ganz entscheidend für die Beantwortung der (im weiteren und vielleicht auch im engeren Sinn) moralischen Frage, ob ich ihn essen sollte.) Es heißt nur, dass uns wissenschaftliche Wahrheiten *alleine* nichts darüber sagen können, was wir tun sollen oder was zu tun wir Gründe haben. Nur weil wir es normalerweise für etwas Schlechtes halten, uns den Magen zu verderben, also im Zusammenhang mit einem (im weiteren und vielleicht auch im engeren Sinn) moralischen Urteil, ist die Frage, ob ein Pilz giftig ist, praxisrelevant.

Dass moralische Wahrheiten im Unterschied zu nicht-moralischen, insbesondere zu wissenschaftlichen Wahrheiten in der beschriebenen Weise intrinsisch normativ sind, macht es so schwer, sie in unser wissenschaftliches Bild der Welt zu integrieren.[47] Diese Art von Normativität scheint kein Bestandteil der natürlichen Welt zu sein. Vom Standpunkt des Wissenschaftlers aus betrachtet ist sie fremd und seltsam. Darauf haben verschiedene Philosophen in unterschiedlicher Form hingewiesen. Bekannt ist Mackies »Queerness-These« in Bezug auf Werte:

> If there were objective values, then they would be entities or qualities or relations of a very strange sort, utterly different from anything else in the universe.[48]

---

47 Philosophen, denen es in erster Linie darum geht, den Platz der Moral in der natürlichen Welt zu bestimmen, bezeichnet Gilbert Harman als »Naturalisten« im Gegensatz zu denen, die »autonome Ethik« betreiben. Diese Unterscheidung fällt weitgehend (wenngleich nicht vollständig) mit der Unterscheidung zwischen Metaethik und normativer Ethik zusammen. In diesem weiten Sinn von Naturalismus – im Kapitel 2.3 wird ein engerer Sinn relevant werden – ist die vorliegende Arbeit mit der Frage des Naturalisten befasst. Vgl. Harman »Is There a Single True Morality«.

48 Vgl. Mackie *Ethics*, S. 38. Das ist der erste (metaphysische) Teil der »Queerness-These«.

Und der Grund für die Seltsamkeit von Werten ist für Mackie gerade deren intrinsische normative Kraft:

> An objective good would be sought by anyone who was acquainted with it, not because of any contingent fact that he desires this end, but just because the end has to-be-pursuedness somehow built into it.[49]

Ähnlich sagt Stevenson vom Guten, dass es einen »Magnetismus« besitze.[50] Auch hinter Moores berühmtem »Open-Question-Argument« steckt meines Erachtens als harter Kern letztlich die Einsicht in die intrinsische Normativität der Moral, die diese von allem Nichtmoralischen trennt.[51] Moore macht darauf aufmerksam, dass der Begriff »gut« nicht durch nicht-moralische Begriffe definierbar ist:[52] Welche Definition auch immer wir für »gut« vorschlagen, die Frage »Dies oder jenes erfüllt die Definition, aber ist es auch gut?« bleibt eine »offene« Frage und unterscheidet sich damit grundlegend von Fragen der Art »Hans ist ein Junggeselle, aber ist er auch ein unverheirateter Mann?« Der Gehalt des Begriffs »gut« lässt sich also anscheinend nicht durch nicht-moralische Begriffe zum Ausdruck bringen. Gegen dieses Argument wurden von verschiedener Seite Einwände angeführt.[53] Dennoch hat es nie ganz aufgehört, die Philosophen, die sich mit dem Status der Moral beschäftigen, zu beunruhigen. Der Grund dafür ist meines Erachtens, dass das Open-Question-Argument trotz seiner Schwächen auf einen prinzipiellen Unterschied zwischen moralischen und nichtmoralischen Wahrheiten hindeutet. Moralische Wahrheiten schei-

---

49 Vgl. Mackie *Ethics*, S. 40.

50 Vgl. Stevenson »The Emotive Meaning of Ethical Terms«, S. 73. Hier geht es allerdings mehr um die motivierende Kraft moralischer Überzeugungen als um die normative Kraft moralischer Tatsachen. Auf diesen Punkt komme ich unten zurück.

51 Eine ähnliche Sichtweise von Moores Argument vertreten Darwall, Gibbard und Railton. Vgl. Darwall/Gibbard/Railton »Toward *Fin de siècle* Ethics«, S. 4. Vgl. auch Scanlon *What we Owe to Each Other*, S. 96.

52 Vgl. Moore *Principia Ethica*, 1. Kapitel.

53 Die wichtigsten fasst Miller zusammen. Vgl. Miller *An Introduction to Contemporary Metaethics*, S. 15-18. Vgl. auch Stratton-Lake »Introduction«, S. 7ff.

nen tatsächlich von anderer Art als nicht-moralische Wahrheiten zu sein, da Letzteren, wie es scheint, gerade das abgeht, was Erstere auszeichnet: die intrinsische Normativität.

Eine weitere Möglichkeit, die Kluft zwischen moralischen und nicht-moralischen Wahrheiten zum Ausdruck zu bringen, führte bereits Hume vor Augen. Er wies darauf hin, dass moralische Wahrheiten nicht aus nicht-moralischen Wahrheiten abgeleitet werden können. Wie er schreibt:

> In every system of morality, which I have hitherto met with, I have always remark'd, that the author proceeds for some time in the ordinary way of reasoning, and establishes the being of a God, or makes observations concerning human affairs; when of a sudden I am surpriz'd to find, that instead of the usual copulations of propositions, *is*, and *is not*, I meet with no proposition that is not connected with an *ought*, or an *ought not*. This change is imperceptible; but is, however, of the last consequence. For as this *ought*, or *ought not*, expresses some new relation or affirmation, 'tis necessary that it shou'd be observ'd and explain'd; and at the same time that a reason should be given, for what seems altogether inconceivable, how this new relation can be a deduction from others, which are entirely different from it.[54]

Moralische Urteile implizieren Urteile über das Gesollte. Urteile darüber, was ist und nicht ist, implizieren aber nach Hume niemals Urteile über das Gesollte. Also können sie auch keine moralischen Urteile implizieren. Wer dennoch aus einem Sein ein Sollen ableitet, begeht, wie Moore es später genannt hat, einen *naturalistischen Fehlschluss*.[55] Die Kluft zwischen moralischen Wahrheiten und nicht-moralischen Wahrheiten scheint tatsächlich unüberbrückbar zu sein. Auch Humes Überlegungen wurden einer eingehenden Kritik unterzogen.[56] Aber wie bei Moores Argument werden wir das Gefühl nicht los, dass Hume einen fundamentalen Unterschied zwischen Moral und Nichtmoral gesehen hat. Und dieser Unterschied besteht gerade in der intrinsischen Normativität mo-

---

54 Vgl. Hume *A Treatise of Human Nature*, S. 469.

55 Vgl. Moore *Principia Ethica*, Kapitel 1B.

56 Vgl. beispielsweise Brink *Moral Realism and the Foundations of Ethics*, 6. Kapitel. Siehe allerdings auch Sinnott-Armstrong *Moral Skepticisms*, 7. Kapitel.

ralischer Wahrheiten, die nicht-moralischen, insbesondere wissenschaftlichen Wahrheiten allem Anschein nach fehlt.

Diese Eigentümlichkeit moralischer Wahrheiten lässt sich noch in einer etwas anderen Form auf den Punkt bringen: Moralische Wahrheiten sind nämlich in besonderer Weise auf uns, genauer gesagt auf unsere Vernunft bezogen. Das ist eine unmittelbare Folge ihrer intrinsischen Normativität. Wenn aus der Tatsache, dass es richtig ist, eine Handlung A auszuführen, folgt, dass man die Handlung A ausführen sollte beziehungsweise dass die besten Gründe dafür sprechen, die Handlung A auszuführen, dann folgt auch, dass derjenige, der die Handlung A nicht ausführt, in gewisser Weise unvernünftig handelt: Er tut nicht das, wofür die besten Gründe sprechen. Man kann das auch so ausdrücken: Derjenige, der nicht das tut, was zu tun richtig ist, wird einem Anspruch an unsere Vernunft nicht gerecht, denn er handelt nicht den besten Gründen gemäß, und Gründe sind nichts anderes als Ansprüche an unsere Vernunft. Ob beziehungsweise inwiefern man deshalb auch schon sagen kann, die Person sei *irrational* in dem, was sie tut, wird später noch genauer zu klären sein.[57]

Daraus, dass moralische Wahrheiten einen Anspruch an unsere Vernunft implizieren, ergibt sich eine eigentümliche Abhängigkeit der Moral von unserer Rationalität und damit von uns: Denn gäbe es keine Vernunft, so hätte es keinen Sinn, von Ansprüchen an die Vernunft zu sprechen, das heißt, es hätte keinen Sinn, von Gründen zu sprechen. Hätte es aber keinen Sinn, von Gründen zu sprechen, dann hätte es auch keinen Sinn, von *richtigen* Handlungen und damit von moralischen Wahrheiten zu sprechen. Nichtmoralische, insbesondere wissenschaftliche Wahrheiten scheinen dagegen keine derartige Abhängigkeit von unserer Vernunft aufzuweisen. Auch wenn es keine Vernunft gäbe, wäre es eine wissenschaftliche Wahrheit, dass Wasser bei 100 Grad siedet.

Halten wir also als erstes Element der Eigentümlichkeit moralischer Wahrheit fest:

---

57 Vgl. die anschließenden Ausführungen zur Eigentümlichkeit moralischer Überzeugungen, S. 52-58, sowie die Diskussion antimonopolistischer Positionen in Kapitel 2.4, insbesondere S. 146-152.

> Erste Eigentümlichkeit der Moral (1): Moralische Wahrheit ist intrinsisch normativ und damit auf unsere Vernunft bezogen.

Moralische Wahrheiten unterscheiden sich demnach, wie es scheint, von nicht-moralischen, insbesondere von wissenschaftlichen Wahrheiten. Sie sind jedoch offensichtlich auch nicht völlig unabhängig von diesen. Wenn wir eine Handlungsweise als falsch bezeichnen, dann tun wir das ja aufgrund bestimmter empirischer Eigenschaften der Handlung selbst oder der Ergebnisse der Handlung. Wir halten es für falsch, dass ein Mensch geschlagen wird, weil das dem Menschen Schmerzen bereitet. Der Grund, der gegen die Handlung spricht, ist also eine nicht-moralische Tatsache, nämlich, dass die Handlung zu Schmerzen führt. Wir können auch sagen: Die nicht-moralische Tatsache, dass die Handlung ein Akt des Schmerzenzufügens ist, *macht* die Handlung schlecht. Von einer Handlung zu sagen, sie sei falsch, impliziert, dass es Gründe gibt, die gegen die Handlung sprechen. Die Gründe ihrerseits sind jedoch nicht-moralische Tatsachen.[58]

Hatte Hume also unrecht? Kann aus der nicht-moralischen Tatsache, dass eine Handlung ein Akt des Schmerzenzufügens ist, die moralische Tatsache, dass diese Handlung schlecht ist, gefolgert werden? Kann man also doch von einem Sein auf ein Sollen schließen?[59] Nein, denn tatsächlich sieht unser Schluss etwas komplizierter aus:

(1) X ist ein Akt des Schmerzenzufügens.
(2) Wenn X ein Akt des Schmerzenzufügens ist, dann ist X schlecht.

---

(3) X ist schlecht.

Hierbei stellt (1) eine nicht-moralische Tatsache dar. Aber nur zusammen mit der Tatsache (2) können wir auf die moralische Tat-

---

[58] Ich dehne hier das, was Scanlon den »›buck-passing‹ account of value« nennt (vgl. dazu Scanlon *What we Owe to Each Other*, S. 95ff.) zu einem »›buck-passing‹ account of rightness« aus (was Scanlon nicht tun würde; vgl. ebd. S. 11). Vgl. auch Stratton-Lake »Introduction«, S. 15.

[59] Vgl. zum Folgenden auch Platts »Moral Reality«, S. 291-293.

sache (3) schließen. Und (2) ist wiederum eine moralische Tatsache. Nur weil das Schmerzenzufügen etwas Schlechtes ist, folgt aus der Tatsache, dass X ein Akt des Schmerzenzufügens ist, dass X schlecht ist. Wir müssen demnach sorgfältig zwischen zwei Ebenen unterscheiden: der Ebene der moralischen Wahrheiten und der Ebene der Gründe. Nicht-moralische Wahrheiten konstituieren Gründe. Moralische Wahrheiten implizieren, dass nicht-moralische Wahrheiten Gründe konstituieren.[60]

Dass unsere Handlungsgründe durch nicht-moralische Wahrheiten konstituiert werden, hat zur Folge, dass moralische Unterschiede mit (moralisch relevanten) nicht-moralischen Unterschieden einhergehen müssen. Betrachten wir zwei Situationen A und B. Wenn in Situation A Handlung X richtig ist, in Situation B jedoch Handlung Y, dann heißt das – aufgrund der intrinsischen Normativität moralischer Wahrheiten –, dass in Situation A in Anbetracht aller relevanter Gründe die besten Gründe für Handlung X, in Situation B für Handlung Y sprechen. Da die gleichen Gründe nicht für verschiedene Handlungen sprechen können, muss es einen Unterschied zwischen Situation A und B in Hinblick auf die jeweils vorliegenden Gründe geben. Da diese durch nicht-moralische Wahrheiten konstituiert werden, muss es einen für die Handlungsbegründung relevanten nicht-moralischen Unterschied zwischen Situation A und B geben. Nehmen wir beispielsweise an, es wäre heute richtig, dem blinden Fridolin über die Straße zu helfen. Falls es gestern nicht richtig war, ihm zu helfen, muss sich zwischen gestern und heute die Gründelage geändert haben. Das heißt aber, dass es einen moralisch relevanten nicht-moralischen Unterschied zwischen den beiden Situationen geben muss. Vielleicht wollte Fridolin sich gestern nicht helfen lassen, heute schon. Man spricht kurz von der *Supervenienz* des Moralischen auf dem Nicht-Moralischen, um deutlich zu machen, dass zwei Situationen sich

[60] Würde man moralische Wahrheiten selbst als Gründe auffassen, so müsste man beispielsweise sagen, dass nicht nur die Tatsache, dass eine Handlung Schmerzen verursacht, sondern auch noch die Tatsache, dass das etwas Schlechtes ist, dafür spricht, die Handlung zu unterlassen. Man würde zwei Gründe anführen, wo es nur einen gibt. Allenfalls kann man sagen, dass eine nicht-moralische Tatsache in Verbindung mit einer moralischen Tatsache *einen* (vollständigen) Grund konstituiert. Vgl. dazu Raz »The Truth in Particularism«, S. 228, 229.

nicht in moralischer Hinsicht unterscheiden können, ohne sich in moralisch relevanter nicht-moralischer Hinsicht zu unterscheiden.[61, 62] Das ist eine grundlegende Eigenschaft der Moral, denn es ist ja ihre Aufgabe, unser Handeln anzuleiten, und das bedeutet gerade: zu sagen, wie wir auf die nicht-moralischen Eigenschaften der Welt angemessen reagieren sollen. Moralische Wahrheiten müssen deshalb auf relevante nicht-moralische Wahrheiten und somit auf die Welt bezogen sein. Halten wir also fest:

> *Erste Eigentümlichkeit der Moral (2):* Moralische Wahrheit superveniert auf nicht-moralischer Wahrheit und ist somit auf die Welt bezogen.

Damit ergibt sich ein eigentümliches Spannungsverhältnis zwischen moralischen und nicht-moralischen Wahrheiten. Einerseits sind moralische Tatsachen aufgrund ihrer intrinsischen Normativität von nicht-moralischen Tatsachen zu unterscheiden, andererseits sind sie auch nicht völlig unabhängig von ihnen. Insgesamt stellen wir fest, dass die Moral in metaphysischer Hinsicht die folgende Eigentümlichkeit aufweist:

---

61 Meistens spricht man von der Supervenienz moralischer Eigenschaften auf bestimmten nicht-moralischen Eigenschaften. Vgl. beispielsweise Blackburn »Supervenience Revisited« und Scarano *Moralische Überzeugungen*, S. 56ff. Man beachte, dass hier nichts über den modalen Status von moralischen Grundsätzen – wie etwa »Es ist stets richtig, den Allgemeinnutzen zu maximieren« – gesagt ist. Dieser ist umstritten, und ich möchte hier nicht Partei ergreifen. Vgl. etwa Scarano *Moralische Überzeugungen*, S. 67-71. Klar ist allerdings, dass moralische Grundsätze nicht mit *begrifflicher* Notwendigkeit gelten, da moralische Erkenntnis nicht von der Art begrifflicher Erkenntnis ist. Vgl. dazu S. 61, 62.

62 Diese Supervenienzthese wäre trivialerweise wahr, wenn *alle* nicht-moralischen Eigenschaften moralisch relevant wären, da zwei Situationen sich natürlich in irgendeiner nicht-moralischen Hinsicht unterscheiden müssen, damit man im hier relevanten Sinn von *zwei* Situationen sprechen kann. Man kann aber sicherlich annehmen, dass es in jeder Situation viele moralisch irrelevante nicht-moralische Faktoren gibt. Blackburn nennt das die »limitation thesis«. Vgl. Blackburn »Supervenience Revisited«, S. 133. Zu klären, was moralisch relevante nicht-moralische Eigenschaften sind und was nicht, ist Aufgabe der normativen Ethik.

> *Erste Eigentümlichkeit der Moral:* Moralische Wahrheit ist einerseits intrinsisch normativ und damit auf unsere Vernunft bezogen, superveniert aber andererseits auf nicht-moralischer Wahrheit und ist somit auf die Welt bezogen.

Von nicht-moralischen, insbesondere von wissenschaftlichen Wahrheiten scheint man das nicht sagen zu können.

B. Moralische Überzeugung. Eine zweite Eigentümlichkeit der Moral oder, wenn man so will, ein zweiter Aspekt der Eigentümlichkeit der Moral, ergibt sich unmittelbar aus der ersten Eigentümlichkeit (beziehungsweise aus dem ersten Aspekt). Nehmen wir an, eine Person namens Gustav ist der Überzeugung, dass es alles in allem richtig wäre, seinem Nachbarn beim Fällen eines Baumes zu helfen. Dann muss er, aufgrund der intrinsischen Normativität moralischer Wahrheit, auch der Überzeugung sein, dass er seinem Nachbarn helfen soll und dass die besten Gründe dafür sprechen, seinem Nachbarn zu helfen.[63] Und wenn er diese Überzeugung hat, wird er seinem Nachbarn tatsächlich auch helfen, es sei denn, er ist irrational, denn ein vernünftiger Mensch tut das, wofür er glaubt, die besten Gründe zu haben. Man kann sich beispielsweise vorstellen, dass Gustav willensschwach ist und deshalb nicht tut, was zu tun er für richtig hält. Aber von solchen und ähnlichen Fällen praktischer Irrationalität abgesehen, muss seine Überzeugung eine Handlung zur Folge haben. (Selbstverständlich wird hier vorausgesetzt, dass es nur um die Beurteilung von echten Handlungs*möglichkeiten* geht. Gustav ist natürlich nicht irrational, wenn er nicht tut, was er überhaupt nicht tun kann.) Michael Smith formuliert den entsprechenden Zusammenhang folgendermaßen:

---

[63] Ich gehe hier davon aus, dass es sich bei dem begrifflichen Zusammenhang zwischen dem Richtigen und dem Gesollten beziehungsweise dem am besten Begründeten – wenn es denn tatsächlich ein begrifflicher Zusammenhang ist – um einen *offensichtlichen* begrifflichen Zusammenhang handelt, dass Gustav den Zusammenhang also nicht einfach übersehen kann. Zur Verteidigung der These, *dass* wir es hier mit einem begrifflichen Zusammenhang zu tun haben, vgl. S. 128-142.

> If an agent judges that it is right for her to Φ in circumstance C, then either she is motivated to Φ in C or she is practically irrational.[64]

Man könnte zur Vervollständigung noch hinzufügen, dass dieser Zusammenhang nur dann besteht, wenn es in der entsprechenden Situation nur eine richtige Handlung gibt, denn Gustav wäre sicherlich nicht irrational, falls er etwas tun würde, was genauso richtig ist, wie seinem Nachbarn beim Baumfällen zu helfen. Aber davon abgesehen bringt Smith hier eine wichtige Eigenschaft moralischer Überzeugungen zum Ausdruck: Sie besitzen *motivierende Kraft*.

Auch Smith ist der Meinung, dass sich diese Einsicht – nennen wir sie die *Motivationsthese* – als direkte Folge der intrinsischen Normativität moralischer Wahrheiten verstehen lässt.[65] Allerdings ist er nicht der Ansicht, dass umgekehrt auch die intrinsische Normativität moralischer Wahrheit aus der Motivationsthese folgt. Das scheint mir jedoch inkonsistent zu sein. Wenn man glaubt, dass genau derjenige im relevanten Sinn irrational handelt, der nicht tut, was seiner eigenen Ansicht nach die besten Gründe von ihm verlangen – und das muss man, um die Motivationsthese aus der intrinsischen Normativität moralischer Wahrheit ableiten zu können –, dann muss man auch annehmen, dass die intrinsische Normativität moralischer Wahrheit aus der Motivationsthese folgt: Denn warum sonst sollte es notwendigerweise *irrational* sein, das als richtig Angesehene nicht zu tun, wenn das Richtige nicht unbedingt mit den besten Gründen zum Handeln einhergeht?[66]

Bei dem Zusammenhang zwischen moralischen Überzeugungen, Motivation und Rationalität handelt es sich wiederum um einen *intrinsischen* Zusammenhang. Jemand, der sagen würde: »Gustav hält es zwar für alles in allem richtig, seinem Nachbarn zu

---

[64] Vgl. Smith *The Moral Problem*, S. 61.

[65] Vgl. Smith *The Moral Problem*, S. 62.

[66] Smith weist darauf hin, dass Expressivisten zwar die Motivationsthese, nicht jedoch die intrinsische Normativität moralischer Tatsachen akzeptieren. Meines Erachtens liegt das daran, dass deren Theorie nach derjenige, der nicht tut, was seiner eigenen Ansicht nach die besten Gründe von ihm verlangen, nicht notwendigerweise irrational ist. Vgl. dazu S. 94-96. Nach expressivistischer Doktrin würde deshalb auch aus der intrinsischen Normativität moralischer Wahrheit die Motivationsthese nicht folgen.

helfen, tut es aber nicht und ist trotzdem nicht irrational«, würde etwas Unverständliches sagen. Was sollte mit Gustav los sein? Er tut nicht, was er für richtig hält, ist aber weder willensschwach noch unterliegt er einer Selbsttäuschung noch ist er sonst irgendwie irrational. Natürlich ist es leicht möglich, dass es Gustav für *in bestimmter Hinsicht* (beispielsweise auch in im engeren Sinn moralischer Hinsicht) richtig hält, seinem Nachbarn zu helfen, dem Nachbarn aber nicht hilft und dennoch nicht irrational ist. Dazu muss er einfach nur andere Hinsichten für wichtiger halten. Aber es ist nicht möglich, dass Gustav eine Handlung für *alles in allem* richtig hält, und sie dennoch rationalerweise nicht ausführt.[67]

Was für moralische Überzeugungen der Form »Es ist alles in allem richtig, A zu tun« gilt, gilt wiederum mutatis mutandis für die zugrunde liegenden Teilbewertungen:

> Wenn ein Handelnder zu dem Schluss kommt, dass es (unter den Umständen C) in bestimmter Hinsicht richtig ist, die Handlung H auszuführen, dann trägt das (unter den Umständen C) zu seiner Motivation bei, oder er ist (praktisch) irrational.

Und dass ein (im engeren oder weiteren Sinn) moralisches Urteil zur Motivation einer Person beiträgt, können wir folgendermaßen explizieren: Wenn die Person der Ansicht wäre (beziehungsweise ist), dass andere Hinsichten keine Rolle spielen, dann wäre (beziehungsweise ist) die Person tatsächlich zu der nach dem Urteil in einer Hinsicht richtigen Handlung motiviert.

Man kann zusammenfassend sagen:

> *Zweite Eigentümlichkeit der Moral:* Moralische Überzeugungen haben für den rationalen Menschen per se motivierende Kraft.[68]

---

[67] Diese Unterscheidung zwischen »richtig in einer Hinsicht« und »alles in allem richtig« wird sich später noch als wichtig erweisen. Vgl. S. 136-142.

[68] Die Formel »per se« soll ausdrücken, dass es sich um einen intrinsischen Zusammenhang handelt.

Nicht-moralische, insbesondere wissenschaftliche Überzeugungen scheinen eine solche motivierende Kraft nicht zu besitzen. Sie implizieren für den rationalen Menschen per se keinerlei Handlungsmotivation. Die Überzeugung, dass Wasser bei 100 Grad siedet, *allein* bewegt den rationalen Menschen zu überhaupt nichts.

Um zu verdeutlichen, wie eigentümlich moralische Überzeugungen tatsächlich sind, ist es nützlich, einen kurzen Blick auf typische Erklärungen menschlichen Handelns zu werfen. Nehmen wir an, Gustav holt tatsächlich das Beil. Wir können seine Handlung dann folgendermaßen erklären:

(1) Gustav hält es für richtig, seinem Nachbarn beim Baumfällen zu helfen.
(2) Gustav glaubt, dass man zum Baumfällen ein Beil braucht.

---

(3) Darum holt Gustav ein Beil.

Nach Ansicht vieler Philosophen haben wir hier ein Beispiel für eine typische Erklärung menschlichen Handelns vor uns.[69] Wir erklären, was jemand tut, indem wir deutlich machen, dass die Handlung nach Ansicht der Person einem Zweck dient, den die Person positiv bewertet: (1) nennt die positive Bewertung Gustavs, (2) nennt die Überzeugung, dass eine bestimmte Handlung das geeignete Mittel zum positiv bewerteten Zweck darstellt, und damit erklären wir, (3) dass Gustav die entsprechende Handlung ausführt.

Die Prämissen einer Handlungserklärung können nicht alleine nicht-moralische Überzeugungen zuschreiben, da sonst unklar bleibt, warum der Handelnde zur Handlung motiviert ist. Anders als moralische Überzeugungen haben nicht-moralische Überzeugungen eben per se keine motivierende Kraft. Andererseits müssen wir nicht unbedingt eine moralische Überzeugung zuschreiben, um die Motivation einer Handlung verständlich zu machen. Das sieht man, wenn man bedenkt, dass anstelle von (1) auch beispielsweise das Folgende hätte stehen können:

69 Vgl. Davidson »Mental Events«.

(1') Gustav hat den Wunsch, seinem Nachbarn beim Baumfällen zu helfen.

Auch mit dieser Prämisse hätte die Handlung von Gustav (das Beil zu holen) erklärt werden können. Und das gilt anscheinend ganz allgemein: Moralische Überzeugungen spielen in Handlungserklärungen genau die Rolle, die auch Wünsche spielen können. Wenn sich moralische Überzeugungen aber durch ihre intrinsische motivierende Kraft von nicht-moralischen Überzeugungen unterscheiden, Wünschen darin jedoch gerade gleichen, dann liegt die Vermutung nahe, dass es sich bei moralischen Überzeugungen um geistige Zustände handelt, die eher Wünschen als Überzeugungen zuzurechnen sind. Wünsche und moralische Überzeugungen würden demnach in eine Klasse geistiger Zustände fallen – die Klasse der sogenannten Proeinstellungen (und Kontraeinstellungen) –, nicht-moralische, insbesondere wissenschaftliche Überzeugungen in eine andere – die Klasse der echten Überzeugungen.[70]

Bevor ich zur dritten Eigentümlichkeit der Moral komme, möchte ich noch auf einen wichtigen Sachverhalt hinweisen: Sowohl bei der ersten als auch bei der zweiten Eigentümlichkeit der Moral ist von Vernunft beziehungsweise von Rationalität die Rede. Das sollte jedoch nicht zu der Annahme verleiten, dass wir es in beiden Fällen mit demselben Phänomen zu tun haben. Tatsächlich sind hier zwei verschiedene »Formen« von Rationalität im Spiel. Ich werde die erste Form von Rationalität *externe Rationalität* nennen, die zweite Form *interne Rationalität*. Den Unterschied möchte ich zunächst an einem Beispiel erläutern.[71]

Nehmen wir an, ich glaube fälschlicherweise, dass Klaus mir aus der Patsche geholfen hat. Vernünftigerweise tue ich etwas, wozu ich eigentlich keinen Grund habe, was also in gewisser Weise unvernünftig ist: Ich bedanke mich bei Klaus. Man kann hier also sagen, dass ich rationalerweise das Unvernünftige tue, weil ich mich darüber täusche, welche Gründe ich tatsächlich habe. Ich bin nicht willensschwach, und ich unterliege zwar einer Täuschung, aber keiner

70 Vgl. zu dieser Überlegung beispielsweise Scarano *Moralische Überzeugungen*, S. 46ff. Ich werde später noch genauer auf diese Argumentation eingehen. Vgl. S. 152-158.

71 Vgl. zum Folgenden auch Dancy »Pritchard on Duty and Ignorance of Fact«, S. 237-241.

Selbsttäuschung. Umgekehrt könnte es aber auch sein, dass ich irrational bin und mich etwa aus Willensschwäche nicht dazu aufraffen kann, Klaus zu danken. Ihm nicht zu danken, ist durchaus das unter den Umständen Vernünftige – er hat mir ja nicht aus der Patsche geholfen. Aber unter diesen Umständen tue ich das Vernünftige unvernünftigerweise. Der erste Fall ist ein Beispiel für interne Rationalität und externe Irrationalität, der zweite ein Beispiel für interne Irrationalität und externe Rationalität. Natürlich gibt es (zum Glück) auch Beispiele, in denen externe und interne Rationalität gemeinsam auftreten, und (leider) ebenso Fälle, in denen beide Formen von Irrationalität zugleich vorliegen.

Im Alltag reservieren wir die Vokabeln »unvernünftig« und »irrational« im Wesentlichen für interne Irrationalität.[72] Aber auch bei der externen Form ist es beinahe unumgänglich, von einer Form der Irrationalität zu sprechen. Denn wie sonst sollte man es nennen, wenn jemand nicht das tut, wofür die besten Gründe sprechen? Man darf nur nicht glauben, dass diese Form der Irrationalität immer mit einem Versagen der irrational handelnden Person verbunden ist. Häufig können wir nichts dafür, wenn wir tun, wogegen die besten Gründe sprechen – schließlich kennen wir nicht immer alle relevanten Gründe. Man könnte dann vielleicht sagen, dass unsere Handlungen, nicht aber wir selbst unvernünftig sind. Es gibt aber auch eine spezifische Form des persönlichen Versagens, die mit der externen Irrationalität zusammenhängt und die nichts mit interner Irrationalität, also etwa mit Willensschwäche oder Selbsttäuschung zu tun hat. Manchmal kennen wir nämlich durchaus alle für die richtige Entscheidung relevanten Tatsachen (und insofern alle relevanten Gründe), tun aber doch nicht das Richtige, weil wir die Tatsachen nicht *als* Gründe auffassen. Es könnte beispielsweise sein, dass ich weiß, dass Klaus mir aus der Patsche geholfen hat, ich ihm aber dennoch nicht danke, weil ich (nehmen wir an: fälschlicherweise) die Tatsache, dass mir jemand geholfen hat, nicht als Grund auffasse, diesem Menschen zu danken. Auch in diesem Fall tue ich nicht, was zu tun ich Grund habe. Ich bin aber weder unzureichend informiert noch willensschwach

---

72 Und diese Tatsache hat meines Erachtens zu einiger philosophischer Verwirrung geführt. Vgl. S. 146-151.

oder im Bann einer Selbsttäuschung. Ich bin einfach nicht in der Lage dazu, einen Grund als solchen zu erkennen.

Die Unterscheidung der beiden Formen von Irrationalität ist für das Verständnis der ersten zwei Eigentümlichkeiten der Moral zentral. Wenn wir zu dem Schluss kommen, dass moralische Wahrheit auf unsere Vernunft bezogen ist, dann sprechen wir von der Vernunft im Sinne desjenigen abstrakten Vermögens, an das Gründe als solche appellieren. Hier geht es um externe Rationalität. Wenn wir dagegen erkennen, dass moralische Überzeugungen für den vernünftigen Menschen motivierende Kraft haben, dann geht es um die Vernunft als Vermögen, das, was wir für unsere Gründe *halten*, anders gesagt: unsere moralischen *Überzeugungen* handlungswirksam werden zu lassen oder aber diese Überzeugungen aufzugeben. Dieses Vermögen könnte man als ein Vermögen zu (in diesem Fall: praktischer) Konsistenz bezeichnen. Wenn man glaubt, dass die besten Gründe für dies oder jenes sprechen, dann ist es inkonsistent, nicht entsprechend zu handeln. Man sollte also entweder zur Tat schreiten oder die Überzeugung über die besten Gründe aufgeben. Willensschwach ist derjenige, der nicht zur Tat schreitet; sich selbst täuscht derjenige, der sich vormacht, die Überzeugung über die besten Gründe aufgegeben (oder nie besessen) zu haben. Hier geht es um interne Rationalität.[73] Ich werde noch mehrmals auf diese Unterscheidung zu sprechen kommen.[74]

C. Moralische Erkenntnis. Eine dritte Eigentümlichkeit (beziehungsweise ein dritter Aspekt der Eigentümlichkeit) der Moral zeigt sich, wenn wir uns an das Problem erinnern, mit dem wir unsere Überlegungen begonnen haben: das Problem moralischer Erkenntnis. Im Bereich der Moral scheinen die Erkenntnismöglichkeiten, die wir aus dem Bereich des Nichtmoralischen, insbesondere aus der Wissenschaft kennen, zu versagen. Dementsprechend erscheint uns auch in Bezug auf den Erkenntnisaspekt die Moral fremd und seltsam. Wie Mackie sagt:

---

[73] Die entsprechenden Anforderungen an unsere Vernunft nennt Broome »normative requirements«. Vgl. Broome »Normative Requirements« sowie ders. »Reasons«. Vgl. auch Dancy »Pritchard on Duty and Ignorance of Fact«, S. 240. Die Natur interner Rationalität wird in Kapitel 3.3 genauer behandelt.

[74] Vgl. vor allem S. 146-151 und Kapitel 3.3.

> Correspondingly, if we were aware of them [objective values, G.E.], it would have to be by some special faculty of moral perception or intuition, utterly different from our ordinary ways of knowing everything else.[75]

Man kann *sehen*, wenn Menschen gefoltert werden. Aber man kann anscheinend nicht *sehen*, dass das etwas Falsches ist. Sicherlich werden viele in Anbetracht gefolterter Menschen zu dem Urteil kommen, dass es sich hierbei um etwas Falsches handelt. Aber man wird kaum sagen können, dass sie die Falschheit selbst gesehen haben: Was sie gesehen haben, waren vielmehr nicht-moralische Tatsachen, *aufgrund derer* die entsprechenden Handlungen falsch waren. Die nicht-moralische Tatsache, dass den Menschen Schmerzen zugefügt wurden, macht die Handlung zu einer falschen Handlung. Wir sehen mit unseren Augen, dass bestimmte Handlungen vollzogen werden. Aber mit welchem Sinnesorgan erfassen wir, dass es sich um falsche Handlungen handelt? Das Problem ergibt sich auch hier unmittelbar aus der ersten Eigentümlichkeit der Moral. Denn was uns an der angeblichen Wahrnehmbarkeit moralischer Tatsachen vor allem irritiert, ist deren intrinsische Normativität. Mit welchem Sinnesorgan erfassen wir die Normativität? Wie nehmen wir wahr, dass bestimmte empirische Tatsachen (deren Vorliegen wir vielleicht mit unseren Sinnen erfassen können) Gründe konstituieren?

Diese Schwierigkeit wird teilweise dadurch verschleiert, dass bestimmte Prädikate beschreibend und wertend zugleich sind. Prädikate wie »ist gerecht«, »ist brutal«, »ist unhöflich« etc. dienen nicht nur der Bewertung einer Situation, sondern auch ihrer Beschreibung. Dass die Wertung (und damit die Normativität) zur Bedeutung solcher Prädikate gehört, erkennt man daran, dass man beispielsweise nicht sagen kann: »Diese Handlungsweise ist zwar gerecht, aber es spricht *überhaupt nichts* dafür, so zu handeln.« Dennoch haben diese Prädikate auch eine deskriptive Funktion. Während man beliebige Handlungen als »schlecht« oder »falsch« bewerten kann, kann man nicht jede Handlung als »brutal« oder »unhöflich« bewerten. Bei der Begrüßung die Hand nicht zu reichen ist sicherlich keine

[75] Vgl. Mackie *Ethics*, S. 38. Das ist der zweite (erkenntnistheoretische) Teil der Queerness-These.

Brutalität, und jemanden mit der Fahrradkette zu verprügeln kann kaum als »unhöflich« bezeichnet werden. Begriffe wie »Gerechtigkeit«, »Brutalität«, »Höflichkeit« etc. bezeichnet man im Anschluss an Bernard Williams als »thick concepts.«[76] Sie haben neben ihrem wertenden auch einen (mehr oder minder genau bestimmten) deskriptiven Gehalt. Damit wird aber verständlich, warum wir im Hinblick auf diese Begriffe in gewisser Hinsicht von Beobachtbarkeit sprechen können. *Insofern* es sich um deskriptive Begriffe handelt, kann (und muss) durch Beobachtung festgestellt werden, ob sie auf bestimmte Sachverhalte anwendbar sind oder nicht. Was jedoch auch hier nicht beobachtet werden kann, ist, ob die damit verbundene Wertung korrekt ist. Man sieht, dass eine Handlung brutal ist, insofern sie bestimmte empirische Eigenschaften hat. Aber man *sieht* nicht, dass solche Handlungen zu unterlassen sind – jedenfalls nicht im selben Sinn von »sehen«.[77] Möchte man die Eigenschaft, brutal zu sein, korrekt zuschreiben, muss man demnach sowohl über sinnliche als auch über moralische Erkenntnisse verfügen.

Natürlich können beliebige Prädikate eine wertende Funktion übernehmen, wenn allgemein bekannt ist, dass ein entsprechendes Werturteil im Hintergrund steht. Wenn jemand beispielsweise sagt, das Steak sei hart wie eine Schuhsohle gewesen, dann ist das eine Wertung, weil wir davon ausgehen, dass niemand es für gut hält, wenn Steaks diese Eigenschaft haben. Dennoch ist das Prädikat »ist hart wie eine Schuhsohle« nicht per se wertend. Die Wertung gehört nicht zur Bedeutung dieses Prädikats. Dass Schuhsohlen selbst diese Eigenschaft zukommt, ist beispielsweise völlig wertneutral. Was wir wahrnehmen, wenn wir bemerken, dass das Steak hart wie eine Schuhsohle ist, ist darum wieder keine normative Eigenschaft.

Was für das Sehen gilt, gilt natürlich entsprechend für die gesamte Sinneswahrnehmung. Wenn man schon nicht sagen kann, dass man sieht, was zu tun falsch ist, wird man erst recht nicht sagen wollen, dass man es vielleicht riecht, schmeckt, hört oder ertastet. *Im übertragenen Sinn* sprechen wir davon, dass etwas nach Betrug riecht, uns ein bestimmtes Verhalten nicht schmeckt, dass sich

---

76 Vgl. Williams *Ethics and the Limits of Philosophy*, S. 129, 140ff.
77 Vgl. dazu auch Mackie *Ethics*, S. 16, 17.

etwas nach einem guten Geschäft anhört oder umgekehrt, dass das Geschäft zu heiß ist und man besser die Finger davon lassen sollte. Aber im wörtlichen Sinn kann moralische Erkenntnis anscheinend nicht durch Wahrnehmung zustande kommen. Damit unterscheidet sie sich, wie es scheint, grundlegend von der Erkenntnisweise der empirischen Wissenschaften.

Alternativ könnte man versuchen, moralische Erkenntnis als formale, also etwa als begriffliche Erkenntnis zu deuten.[78] Handelt es sich also beispielsweise bei der wohl kaum bestrittenen Einsicht, dass es unter fast keinen denkbaren Umständen richtig ist, einen Menschen zu foltern, um eine Erkenntnis von der gleichen Art wie bei der Einsicht, dass Junggesellen unverheiratet sind? Das scheint nicht der Fall zu sein. Sollte jemand tatsächlich der Ansicht sein, dass es unter vielen denkbaren Umständen richtig ist, Menschen zu foltern, so werden wir der Ansicht sein, dass er unrecht hat. Wir werden aber nicht bezweifeln, dass er weiß, was die Ausdrücke »richtig« und »falsch« bedeuten. Wir betrachten die Person vielleicht als verwirrt, aber nicht als begrifflich verwirrt.

Gegen diese Überlegung könnte man anführen, dass begriffliche Zusammenhänge nicht immer sofort als solche zu erkennen sein müssen. Moores bekanntes Paradox der Analyse, demzufolge alle Begriffsanalysen entweder uninformativ oder falsch (also insgesamt nutzlos) sind, ergibt sich bekanntlich nur dann, wenn man meint, alle begrifflichen Zusammenhänge müssten dem kompetenten Sprecher jederzeit klar vor Augen stehen. Man muss aber nur einen Blick auf beliebige Versuche der Begriffsanalyse werfen, um zu sehen, dass das nicht der Fall ist. Die Analyse des Wissensbegriffs kann hier sicher als das Standardbeispiel gelten. Hier liegt es auf der Hand, dass begriffliche Zusammenhänge nicht immer offensichtlich sind.[79] Könnte man also nicht auch behaupten, dass derjenige, der behauptet, es sei häufig ganz in Ordnung, Menschen zu foltern, zwar in keinen offensichtlichen, wohl aber in einen versteckten begrifflichen Widerspruch gerät? Er ist nicht in der Weise sprachinkompetent wie derjenige, der behauptet, dass der ein oder andere Junggeselle verheiratet ist. Vielmehr fehlt es ihm nur

[78] Die nachfolgenden Überlegungen stelle ich erstmals in meinem Aufsatz »Moralische Erkenntnis« vor.

[79] Vgl. dazu etwa meine *Einführung in die Erkenntnistheorie*, 5. Kapitel.

an Überblick, so wie demjenigen, der behauptet, Wissen sei nichts anderes als wahre, gerechtfertigte Überzeugung.

Wir haben es hier mit einer Überlegung zu tun, die Moores »Open-Question-Argument« in ernsthafte Bedrängnis bringt.[80] Im vorliegenden Zusammenhang geht sie jedoch ins Leere. Der entscheidende Punkt ist nämlich, dass wir demjenigen, der behauptet, es sei unter vielen denkbaren Umständen richtig, Menschen zu foltern, selbst dann keinen begrifflichen Irrtum unterstellen, wenn wir uns vor Augen halten, dass begriffliche Zusammenhänge nicht immer offensichtlich sind. Wenn wir denjenigen, der behauptet, Wissen sei nichts anderes als wahre, gerechtfertigte Überzeugung, etwa durch die bekannten Gettier-Beispiele dazu bringen wollen, seine Behauptung aufzugeben, dann möchten wir ihm klar machen, dass wir nicht so reden, wie wir seiner Behauptung zufolge reden müssten. Wenn wir dem Folterbefürworter dagegen klar machen wollen, dass er im Unrecht ist, dann geht es nicht darum, wie wir tatsächlich reden. Wir wollen nicht zeigen, dass wir Folter als falsch *bezeichnen*, sondern dass Folter falsch *ist*. Der Vorwurf der sprachlichen Inkompetenz oder des mangelnden Überblicks über die Verwendungsweise eines Ausdrucks ist etwas ganz anderes als der Vorwurf der moralischen Blindheit.[81]

Obwohl die beiden Vorwürfe verschieden sind, ist es in der Praxis sicherlich manchmal schwer zu entscheiden, welcher von beiden berechtigt erhoben werden kann. Der Grund dafür liegt in der spezifischen Natur moralischer Erkenntnis, auf die ich später noch genauer zu sprechen kommen werde.[82] An dieser Stelle genügt es festzuhalten, dass moralische Erkenntnis jedenfalls nicht *rein* von der Art begrifflicher Erkenntnis ist. Moralische Irrtümer können nicht allein durch den Blick ins Wörterbuch beseitigt werden, ebenso wenig, wie moralische Streitigkeiten allein vom Begriffsanalytiker entschieden werden können. Moralische Erkenntnis scheint trotz allem einen empirischen Aspekt zu haben.

---

80 Vgl. Smith *The Moral Problem*, S. 36-39.

81 Eine detaillierte Diskussion und Kritik der These, dass man durch die Untersuchung von Worten zur Erkenntnis von Werten kommen kann, findet man bei Czaniera *Gibt es moralisches Wissen?*, Kapitel 3.9 und 3.10.

82 Vgl. Kapitel 3.4.

Moralische Erkenntnis steht somit in einem eigentümlichen Spannungsverhältnis zwischen empirischer und formaler Erkenntnis. Sie scheint sowohl zu wenig empirisch als auch zu empirisch zu sein. Halten wir fest:

> *Dritte Eigentümlichkeit der Moral (1):* Moralische Erkenntnis ist weder eindeutig empirischer noch eindeutig formaler Art.

Damit unterscheidet sich moralische Erkenntnis, zumindest prima facie, von nicht-moralischer, insbesondere von wissenschaftlicher Erkenntnis, die entweder eindeutig empirischer oder eindeutig formaler Art ist.

Die Eigentümlichkeiten der Moral, die wir bisher kennengelernt haben, ergeben sich alle unmittelbar aus der Art und Weise, wie wir über die Moral sprechen. Es sind *begriffliche* Überlegungen, die uns dazu bringen, der Moral diese Eigentümlichkeiten zuzuschreiben. Wir haben nicht etwa durch empirische Studien herausgefunden, dass moralische Wahrheiten intrinsisch normativ sind, dass moralische Überzeugungen per se motivierende Kraft haben oder dass moralische Erkenntnis weder eindeutig empirischer noch eindeutig formaler Art ist. Es gibt jedoch auch eine Eigentümlichkeit, die nicht auf dem Begriff der Moral beruht, sondern die eine rein empirische Gegebenheit darstellt. Für viele handelt es sich hier sogar um die offensichtlichste Eigentümlichkeit der Moral:[83]

Während wir im Bereich der Wissenschaft eine große Übereinstimmung zwischen den Ergebnissen von Wissenschaftlern mit ganz verschiedenem individuellen, gesellschaftlichen und kulturellen Hintergrund finden, unterscheiden sich die moralischen Vorstellungen der verschiedenen Menschen, Gesellschaften und Kulturen zu einer bestimmten Zeit und erst recht, wenn man verschiedene historische Perioden betrachtet, ganz erheblich. Das muss anscheinend nicht so sein, aber es ist anscheinend so. Es scheint auch eine einfache Erklärung für dieses Phänomen zu geben: Wenn man bedenkt, dass man moralische Divergenzen weder durch Beobachtung noch durch begriffsanalytische Betrachtungen auflösen kann, dann sollte es nicht verwundern, dass viele

---

[83] Vgl. zum Folgenden die Textsammlung von Moser/Carson *Moral Relativism*, Teil 2 und 6.

Divergenzen einfach bestehen bleiben. Wir können darum die Beobachtung, dass es (anders als in der Wissenschaft) in der Moral zahlreiche Meinungsverschiedenheiten gibt, der Eigentümlichkeit moralischer Erkenntnis zuordnen. Diese ist offensichtlich nicht dazu geeignet, Meinungsverschiedenheiten aufzulösen. Halten wir fest:

> *Dritte Eigentümlichkeit der Moral (2):* Moralische Erkenntnis genügt häufig nicht zur Entscheidung der zahlreichen, tatsächlich vorhandenen Meinungsverschiedenheiten.

Im Unterschied dazu genügt nicht-moralische, insbesondere aber wissenschaftliche Erkenntnis scheinbar in der Regel zur Entscheidung von Meinungsverschiedenheiten, die darum auch nicht so zahlreich sind.

Fassen wir auch die dritte Eigentümlichkeit der Moral zusammen:

> *Dritte Eigentümlichkeit der Moral:* Moralische Erkenntnis ist weder eindeutig empirischer noch eindeutig formaler Art und genügt häufig nicht zur Entscheidung der zahlreichen, tatsächlich vorhandenen Meinungsverschiedenheiten.

1.4. Das Trilemma der Moral

Auf Grundlage der Beobachtungen, die ich in den beiden letzten Kapiteln zusammengetragen habe, sind wir jetzt in der Lage dazu, genau anzugeben, warum uns die Moral ein Rätsel ist.

Ausgangspunkt war eine Betrachtung der Art und Weise, wie wir über Fragen der Moral sprechen. Wir haben gesehen, dass wir hier ein bestimmtes Netz von Begriffen zur Anwendung bringen. Und dieses Netz wechselseitig aufeinander bezogener Begriffe enthält insbesondere die Begriffe der Wahrheit, der Überzeugung und der Erkenntnis. Ich habe vorgeschlagen, von einem Bereich, in dem man von Wahrheit, Überzeugung und Erkenntnis sprechen kann, zu sagen, dieser Bereich könne Objektivität beanspruchen. Dass damit tatsächlich der Kern dessen erfasst ist, was wir unter »Objektivität« verstehen, wurde beim Vergleich der Moral mit verschiedenen anderen Bereichen deutlich: dem Bereich der Gefühle und Wünsche, des Geschmacks, der Konventionen, des Humors, der Kunst und schließlich des alltäglich Faktischen und der Wissenschaft. Je objektiver ein Bereich uns dabei erscheint, desto klarer kann man in dem Bereich auch von Wahrheit, Überzeugung und Erkenntnis sprechen. Diese Überlegungen ergeben insgesamt, dass wir die Moral als Bereich ansehen, der Objektivität beanspruchen kann.

Weiterhin haben wir festgestellt, dass unser Paradigma für einen Bereich, der Objektivität beanspruchen kann, die Wissenschaft ist. Daraus folgt letztlich nichts anderes, als dass die gewöhnliche Bedeutung der Wörter »Wahrheit«, »Überzeugung« und »Erkenntnis« durch ihre Anwendung im Bereich der Wissenschaft festgelegt ist. Wenn wir also in einem Bereich X von Wahrheit, Überzeugung und Erkenntnis im gewöhnlichen Sinn sprechen wollen, dann darf X-Wahrheit, X-Überzeugung und X-Erkenntnis nicht von ganz anderer Art sein als wissenschaftliche Wahrheit, wissenschaftliche Überzeugung und wissenschaftliche Erkenntnis. Ich hatte diese Beobachtung in der Formel zusammengefasst: Nur was (in Hinblick auf die für die Frage der Objektivität relevanten Aspekte, also in Hinblick auf Wahrheit, Überzeugung und Erkenntnis) von der gleichen Art ist wie die Wissenschaft, kann Anspruch auf Objektivität erheben.

für die Objektivität relevante Aspekte sind:
Wahrheit, Überzeugung, Erkenntnis

Die Überlegungen des letzten Kapitels schließlich scheinen aber zu zeigen, dass sich die Moral gerade in den Aspekten, die für die Frage nach der Objektivität relevant sind, grundlegend von der Wissenschaft unterscheidet. Denken wir nochmals an die drei Eigentümlichkeiten der Moral:

> *Erste Eigentümlichkeit der Moral:* Moralische Wahrheit ist einerseits intrinsisch normativ und damit auf unsere Vernunft bezogen, superveniert aber andererseits auf nicht-moralischer Wahrheit und ist somit auf die Welt bezogen.

Daraus scheint unmittelbar zu folgen, dass moralische Wahrheit sich grundlegend von wissenschaftlicher Wahrheit unterscheidet.

> *Zweite Eigentümlichkeit der Moral:* Moralische Überzeugungen haben für den rationalen Menschen per se motivierende Kraft.

Daraus scheint unmittelbar zu folgen, dass moralische Überzeugungen sich grundlegend von wissenschaftlichen Überzeugungen unterscheiden.

> *Dritte Eigentümlichkeit der Moral:* Moralische Erkenntnis ist weder eindeutig empirischer noch eindeutig formaler Art und genügt häufig nicht zur Entscheidung der zahlreichen, tatsächlich vorhandenen Meinungsverschiedenheiten.

Daraus schließlich scheint unmittelbar zu folgen, dass moralische Erkenntnis sich sowohl von der Erkenntnisweise der empirischen Wissenschaften als auch von der Erkenntnisweise der Formalwissenschaften unterscheidet. Insgesamt unterscheidet sich die Moral also scheinbar in *allen* Aspekten, die für die Frage der Objektivität relevant sind, von der Wissenschaft. Sie ist demnach von ganz anderer Art.

Das Rätsel der Moral besteht also darin, dass wir drei Sätze für wahr halten, die nicht zugleich wahr sein können:[84]

---

84 Die Reihenfolge der drei Sätze wähle ich in Hinblick auf den Aufbau des zweiten Teils der Arbeit.

(1) Die Moral kann Objektivität beanspruchen.
(2) Die Moral ist von ganz anderer Art als die Wissenschaft.
(3) Nur was von der gleichen Art ist wie die Wissenschaft, kann Anspruch auf Objektivität erheben.

Diese drei Sätze nenne ich das *Trilemma der Moral.*

Verschiedene Philosophen beschreiben das Rätselhafte an der Moral auf ähnliche Weise. Man könnte mein Trilemma beispielsweise als Verallgemeinerung dessen auffassen, was Smith »The Moral Problem« nennt. Auch er sieht das Rätsel der Moral in drei miteinander unvereinbaren Überzeugungen.

> 1 Moral judgements of the form ›It is right that I Φ‹ express a subject's beliefs about an objective matter of fact, a fact about what it is right for her to do.
>
> 2 If someone judges that it is right that she Φs then, *ceteris paribus*, she is motivated to Φ.
>
> 3 An agent is motivated to act in a certain way just in case she has an appropriate desire and a means-end belief, where belief and desire are, in Hume's terms, distinct existences.
>
> The apparent inconsistency can be brought out as follows: from (1), the state expressed by a moral judgement is a belief, which, from (2), is necessarily connected in some way with motivation; that is, from (3), with having a desire. So (1), (2) and (3) together entail that there is some sort of necessary connection between distinct existences: moral belief and desire. But (3) tells us that there is no such connection. Believing some state of the world obtains is one thing, what I desire to do given that belief is quite another.[85]

Die Analogie zu meinem Trilemma ist leicht zu erkennen: Smiths erster Prämisse zufolge glauben wir, dass man von moralischen Überzeugungen sprechen kann. Das ist gerade eines der Elemente, die meiner Ansicht nach den Objektivitätsanspruch der Moral ausmachen. Seiner zweiten Prämisse zufolge haben moralische Überzeugungen per se motivierende Kraft. Das ist eine der Eigentümlichkeiten, welche die Moral grundlegend von der Wissen-

---

[85] Vgl. Smith *The Moral Problem*, S. 12.

Smith bezieht sich nur auf Überzeugungen / Philo. des Geistes / Handlungstheorie

schaft unterscheiden (nämlich die zweite). Und seiner dritten Prämisse zufolge haben Überzeugungen nichts mit Motivation zu tun. Wenn aber hier von »Überzeugungen« die Rede ist, so muss natürlich das Paradigma wissenschaftlicher Überzeugungen gemeint sein, denn moralische Überzeugungen haben ja offensichtlich etwas mit Motivation zu tun. Hier geht also die These ein, dass man nur im Bereich der Wissenschaft (oder in einem Bereich, der von gleicher Art ist, wie vielleicht der Bereich alltäglicher nicht-moralischer Überzeugungen) von »echten« Überzeugungen sprechen kann. Und das ist wiederum ein Aspekt dessen, was der dritte Satz meines Trilemmas besagt.

Wie man sieht, betrachtet Smith hier also gerade einen der in meiner Rekonstruktion entscheidenden Aspekte, nämlich die Schwierigkeit, zu der die Eigentümlichkeit moralischer *Überzeugungen* – ihre intrinsische motivierende Kraft – führt. Das ist meines Erachtens eine partiell richtige, aber zu einseitige Sichtweise dessen, was die Moral tatsächlich rätselhaft macht. Es sieht hier so aus, als wäre die Moral nur aus Sicht des in diesem Zusammenhang relevanten Teils der Philosophie des Geistes, der Handlungstheorie, schwer verständlich. Das ist aber nicht der Fall. Die Moral stellt uns auch in metaphysischer und erkenntnistheoretischer Hinsicht vor Rätsel.[86] Insbesondere ist es keineswegs so, dass diese Rätsel automatisch gelöst sind, sobald man eine Lösung für Smiths Moralproblem gefunden hat. Weist man etwa die Humesche Theorie der Motivation, also im Wesentlichen die dritte Prämisse in Smiths Trilemma, zurück, so verschwindet dieses Trilemma – die Moral bleibt jedoch so rätselhaft wie zuvor.[87]

Ebenfalls verwandt mit meinem Trilemma ist das, was nach Darwall das fundamentale Dilemma der Metaethik darstellt:

> Metaethics confronts us, then, with two basic questions, which follow from those just stated: 1. In what can the truth of an ethical con-

---

[86] In der Behandlung des »Moral Problem« wird das dann auch bei Smith deutlich.

[87] Tatsächlich halte ich, wie unten, S. 155-158, deutlich werden wird, die Humesche Motivationstheorie für falsch. Diese These ist aber *kein* integraler Bestandteil meiner Auflösung des Trilemmas der Moral. Vgl. auch Kapitel 3.3.

Darwall bezieht sich nur auf Wahrheit

> viction consist? 2. If nothing can make an ethical conviction literally true, then why do we think and talk as though they can be?[88]

Die erste Frage ist nur deshalb so schwer zu beantworten, weil wir glauben, dass wissenschaftliche Wahrheit das Paradigma für Wahrheit überhaupt ist (das ist ein Aspekt der dritten These meines Trilemmas), moralische Wahrheit aber von ganz anderer Art als wissenschaftliche Wahrheit ist (das ist ein Aspekt der zweiten These meines Trilemmas). Die zweite Frage bringt zum Ausdruck, dass es aber eine Antwort geben muss, weil wir glauben, von moralischer Wahrheit sprechen zu können (und das ist gerade ein Aspekt der ersten These meines Trilemmas). Auch Darwalls Dilemma bringt also einen Aspekt des Rätsels der Moral zum Ausdruck, denjenigen, der sich aus der Eigentümlichkeit moralischer *Wahrheit* ergibt.[89] Wiederum kann man mein Trilemma als Verallgemeinerung auffassen.

Vom Trilemma der Moral ausgehend, lassen sich *drei* für die Metaethik grundlegende Dilemmata formulieren. Das Dilemma, von dem Darwall einen Aspekt herausgreift, erhält man, wenn man mit der Betrachtung der These (1) meines Trilemmas beginnt: Entweder die Moral kann Objektivität beanspruchen oder nicht. Kann sie es, dann müssen wir entweder die Ansicht aufgeben, dass sie von ganz anderer Art als die Wissenschaft ist, oder aber wir müssen die Ansicht aufgeben, dass nur was von der Art der Wissenschaft ist, Objektivität beanspruchen kann. Kann sie es nicht, so müssen wir uns von der Vorstellung verabschieden, dass sie es kann. In beiden Fällen sehen wir nicht, wie wir die entsprechenden Überzeugungen aufgeben *können*. Entsprechend erhält man zwei weitere Dilemmata, wenn man mit der These (2) oder (3) beginnt.

Das Rätsel der Moral hat also die nach Wittgenstein für philosophische Rätsel typische Form:

> »Es ist doch nicht *so*!« – sagen wir. »Aber es muss doch *so* sein!«[90]

Es ist doch nicht so, dass die Moral keinen Anspruch auf Objektivität erheben kann! Aber es muss doch so sein, wenn sie von ganz

---

88 Vgl. Darwall *Philosophical Ethics*, S. 26.

89 Darwall sieht aber die anderen Aspekte durchaus. Vgl. Darwall *Philosophical Ethics*, 2. Kapitel.

90 Vgl. Wittgenstein *Philosophische Untersuchungen*, §112.

anderer Art ist als die Wissenschaft und nur diese (oder was von ihrer Art ist) Anspruch auf Objektivität erheben kann!

Es ist wichtig, an dieser Stelle daran zu erinnern, dass die Beobachtungen (oder scheinbaren Beobachtungen), die uns zum Rätsel der Moral führten (von einer Ausnahme abgesehen[91]), Beobachtungen über unseren Sprachgebrauch und damit über die Bedeutung von bestimmten Ausdrücken waren. Wir *sprechen* im Bereich der Moral von Wahrheit, Überzeugung und Erkenntnis; aber bestimmte *begriffliche* Wahrheiten zeigen uns, dass wir über moralische Wahrheit, Überzeugung und Erkenntnis anders sprechen als über wissenschaftliche Wahrheit, Überzeugung und Erkenntnis; schließlich scheint es aber so, als könnte man nur von Wahrheit, Überzeugung und Erkenntnis sprechen (als wäre es nur dann *sinnvoll* davon zu sprechen), wenn eine genügend starke Analogie zur Verwendung der entsprechenden Worte im Bereich der Wissenschaft gewahrt bleibt. So kommen wir zum Trilemma der Moral.

Nach Wittgenstein beruhen Rätsel dieser Art darauf, dass es uns an Übersicht über unseren Sprachgebrauch fehlt. Wir gehen von bestimmten Beobachtungen aus und übersehen dabei andere. Ein solches Rätsel lässt sich demnach nur dadurch lösen, dass wir uns eine größere Übersicht verschaffen.

> Die Arbeit des Philosophen ist ein Zusammentragen von Erinnerungen zu einem bestimmten Zweck.[92]

Man kann bezweifeln, dass die *einzige* Arbeit des Philosophen darin besteht, Erinnerungen zusammenzutragen.[93] Im vorliegenden Fall ist es jedoch, wie ich im dritten Teil der Arbeit deutlich ma-

---

[91] Die Beobachtung, dass wir im Bereich der Moral zahlreiche Meinungsverschiedenheiten vorfinden, ist, wie gesagt, nicht begrifflicher, sondern empirischer Art.

[92] Vgl. Wittgenstein *Philosophische Untersuchungen*, §127.

[93] Wie ich in Kapitel 3.4 zeigen werde, ist moralische Erkenntnis von der gleichen Art wie wissenschaftliche Erkenntnis. Wissenschaftliche Erkenntnis wird man jedoch kaum als ein Zusammentragen von Erinnerungen beschreiben wollen. Wenn man also davon ausgeht, dass es (zumindest eine) Aufgabe der normativen Ethik, also einem Teil der Philosophie, ist, selbst moralische Erkenntnisse zu gewinnen, dann haben wir hier schon ein Beispiel für eine philosophische Arbeit, die nicht nur im Zusammentragen von Erinnerungen bestehen kann.

chen möchte, tatsächlich so, dass wir vor allem deshalb vor einem Rätsel stehen, weil wir bestimmte Sachverhalte aus den Augen verlieren, wenn wir über den Status der Moral nachdenken. Wir müssen uns diese Sachverhalte vergegenwärtigen, um das Rätsel der Moral zu lösen. Bevor ich meinen eigenen Lösungsansatz vorstelle, möchte ich jedoch zunächst einmal deutlich machen, warum ich glaube, dass keiner der zahlreichen bisher vorgeschlagenen Lösungsversuche wirklich als erfolgreich angesehen werden kann.

2. Teil
Das Problem des Vergleichsobjekts

2.1. Vorbemerkung

Verschiedene Wege führen zum Rätsel der Moral. Im Kapitel 1.1 habe ich geschildert, wie wir von alltäglichen praktischen Überlegungen ausgehend zu Fragen geführt werden, welche die Objektivität der Moral betreffen. Aber nicht nur praktische Fragen bringen uns dazu, dem Status der Moral auf den Grund zu gehen. Die Eigentümlichkeiten der Moral sind für alle Philosophen eine Herausforderung, die auf der Suche nach umfassenden Theorien sind. Der Metaphysiker ist so mit der Eigentümlichkeit moralischer Wahrheit, der Handlungstheoretiker[94] mit der Eigentümlichkeit moralischer Überzeugung und der Erkenntnistheoretiker mit der Eigentümlichkeit moralischer Erkenntnis konfrontiert.

Auf eher indirektem Weg kommt der Sprachphilosoph mit dem Rätsel der Moral in Berührung. Welche Eigentümlichkeit der Moral ihn besonders beunruhigt, hängt davon ab, welche Theorie der Bedeutung er im Allgemeinen vertritt. Bekannt sind die Schwierigkeiten, die die logischen Positivisten mit evaluativen Ausdrücken im Allgemeinen und moralischen Ausdrücken im Besonderen hatten.[95] Da sie die Bedeutung eines Behauptungssatzes – und moralische Urteile haben normalerweise die Form von Behauptungssätzen – mit den Bedingungen seiner Verifizierbarkeit erklären wollten, waren sie unmittelbar mit der Frage konfrontiert, wie es möglich ist, die Wahrheit eines moralischen Urteils zu verifizieren. Das aber ist nichts anderes als die Frage nach der Möglichkeit moralischer *Erkenntnis*. Nicht weniger problematisch ist es, wenn man die Bedeutung einer moralischen Aussage durch ihren Ge-

---

94 Die Handlungstheorie kann, wie wir bereits gesehen haben, als der hier in erster Linie relevante Teil der Philosophie des Geistes angesehen werden.

95 Die klassischen Ausführungen dazu findet man bei Ayer *Language, Truth and Logic*, 1. und 6. Kapitel.

brauch verständlich machen möchte.[96] Moralische Aussagen dienen anscheinend dazu, moralische Überzeugungen zum Ausdruck zu bringen. Moralische *Überzeugungen* sind jedoch aufgrund ihrer intrinsischen motivierenden Kraft wiederum eigentümlich. Heute vertreten viele Sprachphilosophen eine wahrheitskonditionale Semantik.[97] Dabei soll die Bedeutung eines Satzes durch seine Wahrheitsbedingungen erklärt werden. Aber auch so sind moralische Urteile für den Sprachphilosophen ein Problem, denn moralische *Wahrheit* ist nicht weniger eigentümlich als moralische Erkenntnis und moralische Überzeugungen.

Auch der Sprachphilosoph stößt demnach auf die Eigentümlichkeiten der Moral. Wenn man will, kann man hier sogar von einer *vierten Eigentümlichkeit der Moral* sprechen: der Eigentümlichkeit der Bedeutung moralischer Aussagen. Ich habe diese im Kapitel 1.3 nicht aufgeführt, da sie meines Erachtens keinen zusätzlichen Aspekt der Eigentümlichkeit der Moral ans Licht bringt. Die Eigentümlichkeit der Bedeutung moralischer Aussagen *ist* nichts anderes als die Eigentümlichkeit moralischer Wahrheit, moralischer Überzeugung oder moralischer Erkenntnis, je nachdem, welche allgemeine Theorie der Bedeutung man vertritt. Man versuche zur Probe einmal, eine Eigentümlichkeit moralischer Bedeutung zu formulieren, ohne direkt auf die bereits angeführten Eigentümlichkeiten Bezug zu nehmen!

Philosophen mit ganz unterschiedlichen theoretischen Interessen werden also zur Frage nach der Objektivität der Moral geführt. Es ist darum nicht überraschend, dass diese Frage ihrerseits Gegenstand einer eigenen philosophischen Disziplin, der Metaethik, geworden ist. Metaethische Theorien versuchen, den Bereich der Moral in metaphysischer, handlungstheoretischer, erkenntnistheoretischer und semantischer Hinsicht verständlich zu machen. In der Metaethik gibt es jedoch, wie in anderen Bereichen auch, gewisse Modeerscheinungen. In dem Maße etwa, wie die Sprachphi-

---

[96] Die »Gebrauchstheorie« der Bedeutung nimmt ihren Ausgang bei einigen Bemerkungen Wittgensteins. Vgl. etwa Wittgenstein *Philosophische Untersuchungen*, §43. Es ist allerdings problematisch, Wittgenstein selbst eine solche Theorie zuzuschreiben – er wollte schließlich gerade keine philosophischen Theorien entwerfen. Vgl. auch Blackburn *Spreading the Word*.

[97] Ausgangspunkt hier ist Davidson »Truth and Meaning«.

losophie für viele Philosophen im Mittelpunkt der Philosophie überhaupt stand, dominierte auch in Bezug auf die Metaethik der sprachphilosophische Zugang. Das war so ausgeprägt der Fall, dass sich bis heute (zumindest im deutschsprachigen Raum) hartnäckig das Vorurteil hält, in der Metaethik ginge es um nichts anderes als um die Analyse der Sprache der Moral. Zur Zeit gibt es eine gewisse Tendenz dazu, den handlungstheoretischen Aspekt des Rätsels in den Mittelpunkt zu stellen. Auch das ist meines Erachtens eine zu enge Sichtweise des Problems. Wie noch deutlich werden wird, sind handlungstheoretische Überlegungen für die Metaethik zwar relevant, jedoch keineswegs so zentral, wie viele Philosophen derzeit glauben.[98] Vielmehr gilt es, die Moral in allen vier genannten Dimensionen, besonders aber in den ersten drei, verständlich zu machen.

In Bezug auf diese vier Dimensionen unterscheidet man zahlreiche verschiedene Positionen. Ohne Anspruch auf Vollständigkeit sei nachfolgend eine Übersicht über die wichtigsten gegeben:[99] *Realisten* erkennen an, dass es moralische Tatsachen (Wahrheiten) beziehungsweise moralische Eigenschaften gibt, *Antirealisten* nicht; *Relativisten* glauben, dass moralische Wahrheit auf subjektive (*Subjektivisten*) oder intersubjektive (*Intersubjektivisten*) Standards hin relativ ist, *Absolutisten* lehnen das ab. *Externalisten* bestreiten, *Internalisten* verteidigen die These, dass moralische Überzeugungen intrinsische motivierende Kraft haben, Erstere glauben an die Existenz moralischer Überzeugungen, während Letztere teilweise leugnen, dass es sich bei moralischen Überzeugungen um echte Überzeugungen handelt. Man wendet die Unterscheidung zwischen Externalismus und Internalismus aber auch auf den Aspekt der Wahrheit an: Externalisten bestreiten, Internalisten behaupten, dass moralische Wahrheit intrinsisch normativ ist. Den Internalismus nennt man in diesem Zusammenhang manchmal auch *Rationalismus*. *Kognitivisten* halten moralische Erkenntnis für möglich,

98 Vgl. S. 154-158 sowie Kapitel 3.3.

99 Man beachte allerdings, dass die entsprechenden Bezeichnungen von unterschiedlichen Autoren unterschiedlich verwendet werden. Ich verwende in der folgenden Liste *eine* der Standardbedeutungen der jeweiligen Begriffe.

Nonkognitivisten nicht.[100] *Deskriptivisten* glauben, dass moralische Aussagen (zumindest auch) eine beschreibende Funktion haben (und somit wahr oder falsch sein können), ihre Gegner bestreiten das.

Innerhalb der einzelnen Lager gibt es wiederum ganz erhebliche Differenzen. Selbst wenn man beispielsweise der Ansicht ist, dass es moralische Tatsachen gibt, kann man ganz unterschiedliche Auffassungen davon haben, worin diese bestehen, ob es sich beispielsweise um natürliche Tatsachen – das heißt Tatsachen, wie sie von den (empirischen) Wissenschaften untersucht werden – handelt (*Naturalismus*) oder ob sie metaphysischen beziehungsweise religiösen Tatsachen[101] gleichen (*Supernaturalismus*) oder aber ob sie von ganz eigener Art sind (*Nonnaturalismus*). Wenn man glaubt, moralische Erkenntnis sei möglich, kann man ganz unterschiedlicher Ansicht darüber sein, *wie* wir zu entsprechenden Erkenntnissen kommen, etwa nach Art der Wissenschaft oder durch eine spezielle Form von Intuition (*Intuitionismus*),[102] die ihrerseits eher als eine Art von Wahrnehmung (*Sensibilitäts-Theorien* beziehungsweise *Ideale-Beobachter-Theorien*) oder eher als ein Vermögen der Vernunft aufgefasst werden kann (*Rationalismus*). Wenn man bezweifelt, dass moralische Aussagen (zumindest auch) eine beschreibende Funktion haben, ist man noch nicht darauf festgelegt, welche Funktion sie stattdessen haben: *Expressivisten* glauben, dass moralische Aussagen per se eine rein expressive Funktion haben – um den Ausdruck von Gefühlen geht es nach Ansicht der *Emotivisten*, um den Ausdruck der Akzeptanz einer Norm dem *Normexpressivismus* zufolge –, *Präskriptivisten* behaupten, dass moralische Aussagen vor al-

100 Häufig (vor allem im englischen Sprachraum) wird die Bezeichnung »Kognitivismus« allerdings auch für die Ansicht verwendet, dass moralische Aussagen Überzeugungen, also etwas, was wahr oder falsch sein kann, zum Ausdruck bringen. Entsprechend glaubt dann der Nonkognitivist, dass moralische Aussagen etwas zum Ausdruck bringen, was nicht wahr oder falsch sein kann, wie etwa Gefühle und Wünsche.

101 Das heißt Tatsachen der Art, wie sie Gegenstand der (klassischen) Metaphysik und der philosophischen Gotteslehre sind.

102 Allerdings bezeichnen sich manche auch als Intuitionisten, obwohl sie kein Erkenntnisvermögen sui generis ins Spiel bringen möchten. Vgl. etwa Platts »Moral Reality«, S. 285.

lem dazu dienen, Vorschriften zu machen (ähnlich wie Befehle).[103] Schließlich vertritt beinahe jeder Metaethiker eine andere Variante der genannten Positionen.

Eine Theorie über den Status der Moral sollte, wie gesagt, zu jedem der vier grundlegenden Bereiche etwas zu sagen haben. Dementsprechend kombinieren umfassende metaethische Ansätze metaphysische, handlungstheoretische, erkenntnistheoretische und semantische Thesen miteinander. Natürlich ist nicht jede Kombination sinnvoll. Beispielsweise wird derjenige, der glaubt, dass es keine moralischen Tatsachen gibt, kaum zugleich eine kognitivistische Position vertreten können: Wo es nichts zu erkennen gibt, ist Erkenntnis nicht möglich. Und ein Naturalist wird kein Intuitionist sein, denn einer der Hauptvorteile naturalistischer Ansätze besteht gerade darin, die Natur moralischer Erkenntnis ohne den Rückgriff auf Intuitionen verständlich machen zu können. Umgekehrt ist es beispielsweise für den Antirealisten (und Nonkognitivisten) naheliegend, moralische Aussagen nicht als Beschreibungen zu deuten usw.

Meines Erachtens kann man alle metaethischen Theorien als Versuche verstehen, das Rätsel der Moral, wie ich es im ersten Teil der Arbeit beschrieben habe, zu lösen. Unterschiedliche Philosophen stellen dabei unterschiedliche Aspekte des Rätsels in den Mittelpunkt. Manchen geht es vor allem um die Rätselhaftigkeit moralischer Wahrheit, andere beschäftigen sich eher mit den Fragen, die sich aus der Eigentümlichkeit moralischer Überzeugungen oder aus der Eigentümlichkeit moralischer Erkenntnis ergeben. Wieder andere diskutieren hauptsächlich die sprachphilosophischen Folgeprobleme. Die Schwierigkeit besteht jedoch stets darin, dass wir prima facie drei Aussagen für wahr halten, die nicht zugleich wahr sein können. Die allgemeine Form dieser drei Aussagen habe ich das Trilemma der Moral genannt. Dieses Trilemma fasse ich deshalb als *das* zentrale Problem der Metaethik auf.

Man kann das Problem nur lösen, wenn es gelingt, plausibel zu machen, dass tatsächlich eine der drei Aussagen falsch ist. Die ver-

---

103 Naheliegend ist eine »gemischte Position«, derzufolge moralische Aussagen eine expressive und eine präskriptive Funktion haben. Sowohl Ayer als auch Stevenson vertreten beispielsweise eine solche. Vgl. Ayer *Language, Truth and Logic*, 6. Kapitel, Stevenson »The Emotive Meaning of Ethical Terms«.

schiedenen metaethischen Ansätze unterscheiden sich vor allem darin, *welche* der drei Aussagen sie zurückweisen. Je nachdem, ob man die Objektivität der Moral, die prinzipielle Verschiedenheit von Moral und Wissenschaft oder das Monopol der Wissenschaft auf Objektivität in Frage stellt, kommt man zu drei grundlegend verschiedenen Antworten auf die Frage nach dem Status der Moral. Philosophen, die prinzipiell einen Ansatz der ersten Art vertreten, bezeichne ich nachfolgend als *Antiobjektivisten*, solche, die eine Theorie der zweiten Art propagieren, als *Antidualisten* und Vertreter der dritten Strategie als *Antimonopolisten*.

Es geht mir in diesem Teil der Arbeit jedoch nicht darum, eine genaue Einordnung aller metaethischer Positionen vorzunehmen. Ebenso wenig möchte ich eine Übersicht über sämtliche Vorzüge und Nachteile der gängigen Theorien geben.[104] Und ich werde auch nicht in erster Linie einzelne Vorschläge zur Lösung des Rätsels der Moral kritisieren. Ich verfolge vielmehr die beiden folgenden Ziele: Zum einen möchte ich *prinzipielle* Schwächen der antiobjektivistischen, antidualistischen und antimonopolistischen Strategie sichtbar werden lassen. Es wird sich zeigen, dass diesen Schwächen eine gemeinsame Schwierigkeit zugrunde liegt, die ich *das Problem des Vergleichsobjekts* nenne. Zum anderen möchte ich die drei Strategien aber auch gegen eine Reihe von Einwänden verteidigen, und zwar gegen genau die Einwände, die man in ähnlicher Weise gegen meine eigene Theorie richten könnte. Wie sich im dritten Teil der Arbeit und im Schlusskapitel zeigen wird, hat mein eigener Ansatz sowohl mit der antidualistischen als auch mit der antimonopolistischen Sichtweise vieles gemeinsam, unterscheidet sich jedoch grundlegend von einer antiobjektivistischen Position.

[104] Für einen kurzen Überblick über die metaethische Debatte vgl. Scarano »Metaethik – ein systematischer Überblick« sowie Schmidt »Realismus, Intuitionismus, Naturalismus«. Detaillierter ist die Übersicht von Darwall, Gibbard und Railton in »Toward *Fin de siècle* Ethics: Some Trends«. Eine aktuelle Lehrbuchdarstellung findet man bei Miller *An Introduction to Contemporary Metaethics*. Die zentralen Aufsätze sind in Shafer-Landau/Cuneo *Foundations of Ethics* versammelt.

2.2. Ist die Moral objektiv?

Dem Trilemma der Moral entgeht man, wenn man die Überzeugung aufgibt, dass die Moral Anspruch auf Objektivität erheben kann. Man kann dann sowohl an der grundlegenden Verschiedenheit von Moral und Wissenschaft als auch am Objektivitätsmonopol der Wissenschaft festhalten. *Antiobjektivisten* haben versucht, auf diesem Weg eine Lösung für das Rätsel der Moral zu finden.[105]

Dass die Moral Anspruch auf Objektivität erheben kann, so hatten wir gesagt, heißt nichts anderes, als dass man im Bereich der Moral von Wahrheit, Überzeugung und Erkenntnis sprechen kann. Und es lässt sich schwer leugnen, dass wir tatsächlich von moralischer Wahrheit, moralischen Überzeugungen und moralischer Erkenntnis sprechen. Antiobjektivisten, zumindest idealtypische, sind jedoch der Auffassung, dass man es im Bereich der Moral *eigentlich* nicht mit Wahrheit, Überzeugungen und Erkenntnis zu tun hat, und zwar gerade aufgrund der Eigentümlichkeiten der Moral, die diese vom Nichtmoralischen, insbesondere vom Bereich der Wissenschaft unterscheiden. Moralische Wahrheit ist eigentlich keine Wahrheit, moralische Überzeugungen sind eigentlich keine Überzeugungen und moralische Erkenntnis ist eigentlich keine Erkenntnis. Viele Antiobjektivisten schränken diese These in der ein oder anderen Weise ein, beispielsweise indem sie eine »minimalistische« Wahrheitsauffassung verteidigen, die es dann doch wieder erlaubt, im Bereich der Moral von »echter« Wahrheit zu sprechen.[106] Für meine argumentativen Zwecke ist es jedoch günstiger, zunächst einmal die Position des idealtypischen Antiobjektivisten

---

105 Philosophen, die ich dem antiobjektivistischen Lager zuordnen würde, werden in der metaethischen Literatur zumeist als Antirealisten, Nonkognitivisten und Relativisten bezeichnet. Typische Vertreter sind also Ayer, Stevenson, Hare, Blackburn, Gibbard, Foot, Harman und Wong. Vgl. die entsprechenden Angaben im Literaturverzeichnis.

106 Das gilt beispielsweise für Blackburn. Vgl. Blackburn *Ruling Passions*, S. 77ff. Gibbard versucht, auch den Begriff der Überzeugung minimalistisch zu verstehen. Vgl. etwa Gibbard »Knowing What to Do, Seeing What to Do«, S. 225. Horgan und Timmons machen in ihrem »nondescriptive cognitivism« den Unterscheid zwischen Moral und Wissenschaft sogar nur noch daran fest, dass moralische Aussagen (anders als wissenschaftliche) keine *Beschreibungen* sind. Vgl. Hor-

zu betrachten. Dieser Antiobjektivist muss vor allem zwei Fragen beantworten: (1) Worum handelt es sich bei moralischer Wahrheit, moralischen Überzeugungen und moralischer Erkenntnis *eigentlich*? (2) Wie kommt es dazu, dass wir im Bereich der Moral von Wahrheit, Überzeugungen und Erkenntnis sprechen, obwohl wir es eigentlich mit etwas anderem zu tun haben? Der Kern einer jeden antiobjektivistischen Theorie besteht darin, Antworten auf diese beiden Fragen zu liefern.

Nach Ansicht des (idealtypischen) Antiobjektivisten ist ein Satz wie »Es ist falsch, Menschen zu foltern« für sich genommen weder wahr noch falsch, er dient nicht dazu, die einfache Überzeugung auszudrücken, dass es falsch ist, Menschen zu foltern, und folglich gibt es hier auch nichts zu erkennen. Verschiedene Typen von Antiobjektivisten unterscheiden sich jedoch in ihrer Auffassung davon, wozu dieser Satz tatsächlich dient. Ich möchte im Folgenden zwei antiobjektivistische Ansätze unterscheiden. Die einen Antiobjektivisten – ich nenne sie die *expressivistischen Antiobjektivisten* – sind der Meinung, dass der Satz dazu dient, *etwas anderes* als eine Überzeugung zum Ausdruck zu bringen. Die anderen – ich nenne sie die *relativistischen Antiobjektivisten* – sind der Meinung, dass ein solcher Satz zwar dazu dient, eine Überzeugung zum Ausdruck zu bringen, aber eben nicht die, die man zunächst vielleicht vermutet, sondern eine *andere*. Beginnen wir mit den expressivistischen Antiobjektivisten.

Expressivistischer Antiobjektivismus.[107] Die klassische antiobjektivistische Antwort auf die Frage, was wir tun, wenn wir einen Satz äußern wie »Es ist falsch, Menschen zum Spaß zu foltern«, ist die des *Emotivisten*: Wir bringen ein Gefühl zum Ausdruck.[108] Wir äußern Gefühle spontan oder um unsere Umwelt an unserem Innenleben teilhaben zu lassen, aber häufig auch in der Absicht, diese Umwelt zu beeinflussen. In der Regel entschlüpfen uns moralische Behauptungen nicht einfach (wie andere Gefühlsäußerungen, die

---

gan/Timmons »Nondescriptive Cognitivism: Framework for a New Metaethics«.

107 Wenn in diesem Abschnitt von »Antiobjektivisten« die Rede ist, sind immer nur die expressivistischen Antiobjektivisten gemeint.

108 Vgl. Ayer *Language, Truth and Logic*, 6. Kapitel, sowie Stevenson »The Emotive Meaning of Ethical Terms«.

wir manchmal nicht unterdrücken können). Ihre primäre Funktion wäre es demnach, unsere Mitmenschen über unser Befinden ins Bild zu setzen. Sie könnten aber auch ähnliche Funktionen wie Bitten, Empfehlungen oder gar Befehle übernehmen.[109] Wie andere Äußerungen, mit denen wir unsere Gefühle *ausdrücken* (und anders als Äußerungen, mit denen wir unsere Gefühle *beschreiben*), können nach Ansicht des Emotivisten moralische Äußerungen nicht wahr oder falsch sein. So wie das, was der Monarchist sagt, wenn er seine Gefühle gegenüber dem König mit Hurra-Rufen und seine Gefühle das Parlament betreffend mit Buh-Rufen zum Ausdruck bringt, nicht wahr oder falsch ist, so ist auch die Äußerung »Es ist falsch, Menschen zu foltern« nicht wahr oder falsch. Natürlich kann es falsch sein, seine Gefühle zu äußern. Und natürlich kann der Ausdruck eines Gefühls »falsch« sein, insofern er unaufrichtig ist. (»Das ist doch ein falscher Hund. Erst tut er so freundlich, und dann schlägt er zu.«) Aber das, was wir sagen, wenn wir unsere (echten oder vorgetäuschten) Gefühle zum Ausdruck bringen, kann nicht in dem Sinn falsch sein, wie die Aussage, dass Rauchen gesund ist, falsch ist – genauer gesagt: Selbst wenn es falsch sein kann, spielt das keine Rolle. »Ich fresse einen Besen!« ist (meistens) eine falsche Beschreibung, als Ausdruck des Erstaunens aber weder wahr noch falsch. Da es im Bereich der Moral nach Ansicht des Emotivisten keine Wahrheit gibt, gibt es hier auch nichts zu erkennen, und deshalb kann man auch nicht im eigentlichen Sinn von moralischer Erkenntnis sprechen.

Der emotivistische Ansatz wurde von verschiedenen Philosophen variiert und weiterentwickelt. Heutigen Antiobjektivisten zufolge drücken wir mit moralischen Äußerungen nicht einfach Gefühle der Ablehnung oder Zustimmung aus, sondern bestimmte komplexe Empfindungen, eine besondere Art von Wünschen oder die Akzeptanz einer Norm. Ich werde auf diese Ansätze zurückkommen.

Wie beantwortet der Antiobjektivist die zweite Hauptfrage, also die Frage danach, warum wir im Bereich der Moral so sprechen als sei sie objektiv, obwohl sie es nicht ist ? Die seit Hobbes und Hume übliche Antwort auf diese Frage, die beispielsweise Mackie aufgreift

---

109 Der Präskriptivist stellt diese zweite Funktion in den Mittelpunkt. Vgl. Hare *The Language of Morals*.

und die Blackburn weiterentwickelt, lautet, dass wir eine Projektion vornehmen.[110] So wie wir sagen, eine Spinne sei eklig, wenn *wir* uns vor ihr ekeln, so sagen wir demnach, das Menschenfoltern sei falsch, wenn *wir* dem Menschenfoltern ablehnend gegenüber stehen. Und eine solche Projektion nehmen wir nach Ansicht des Antiobjektivisten aufgrund bestimmter psychischer Dispositionen vor.

Diese Ansicht wird dann häufig mit evolutionstheoretischen Überlegungen untermauert.[111] Der Ausbildung moralischer Überzeugungen kann angeblich eine Rolle in der Evolution des Menschen zugeordnet werden, die nichts mit der Funktion zu tun hat, die nicht-moralische Überzeugungen übernehmen: Moralische Überzeugungen dienen etwa dazu, uns zur (mit anderen koordinierten) Handlung zu bringen, in nicht-moralischen (insbesondere in wissenschaftlichen) Überzeugungen repräsentieren wir dagegen, was in der Welt vorgeht. Die evolutionäre Erklärung moralischer Ansichten entlarvt dabei die Annahme der Objektivität der Moral als Wunschvorstellung des unaufgeklärten Menschen. Der Antiobjektivist beansprucht somit, einen Platz für die Moral im Rahmen unseres neuzeitlich-naturwissenschaftlichen Weltbildes gefunden zu haben. Ohne metaphysische und erkenntnistheoretische Extravaganzen soll hier unsere moralische Praxis als Teil einer »entzauberten«, durch die Wissenschaften erklärbaren Welt verständlich gemacht werden.[112] Ist aber die antiobjektivistische Antwort auf die Frage nach der Natur der Moral akzeptabel ?

Auf den ersten Blick könnte man meinen, dass *moralische* Bedenken gegen eine solche Sichtweise sprechen. Warum sollte ich mich bemühen, herauszufinden, was ich tun soll, wenn es eigentlich keine moralische Erkenntnis gibt? Und wenn es insbesondere keine im engeren Sinn moralische Wahrheit gibt, heißt das dann nicht, dass plötzlich schreckliche Dinge erlaubt sind? Ist somit nicht Chaos und Anarchie die notwendige Konsequenz einer jeden antiobjek-

110 Vgl. Hobbes *Leviathan*, 6. Kapitel, Hume *A Treatise of Human Nature*, S. 470-476, 574-587, Mackie *Ethics*, S. 42-46, Blackburn *Spreading the Word*, 6. Kapitel.

111 Vgl. etwa Blackburn »How to Be an Ethical Antirealist«, S. 168ff., und vor allem Gibbard *Wise Choices, Apt Feelings*.

112 Vgl. zu diesem Anspruch etwa Blackburn *Spreading the Word*, S. 182, sowie ders. *Ruling Passions*, S. 49.

tivistischen Sichtweise? Kurzum: Ist die antiobjektivistische Sichtweise nicht aufgrund ihrer moralischen Konsequenzen verwerflich? Tatsächlich können solche Vorwürfe den Antiobjektivisten nicht treffen. Er vertritt eine metaethische, keine normative These. Er sagt uns, was eine moralische Wahrheit ihrer Natur nach *ist*, aber nichts darüber, was moralisch wahr ist und daher sein *soll.* Es wäre darum ein Wunder von gerade der Art, die Hume für unmöglich hielt, wenn seine Sichtweise moralische Konsequenzen hätte.

Der gegenteilige Anschein entsteht, weil man antiobjektivistische Thesen leicht als normative Thesen missdeutet. Das lässt sich besonders gut am Beispiel des – nicht ganz typischen[113] – Antiobjektivisten Mackie zeigen. Mackie vertritt die Ansicht, dass all unsere Werturteile falsch sind – daher bezeichnet er seine Theorie als eine »Error Theory« oder als »moralischen Skeptizismus«.[114] Aus Mackies These folgt aber anscheinend unmittelbar, dass all unsere Werturteile wahr wären, wenn wir gerade das Gegenteil von dem glauben würden, was wir glauben. Ich glaube beispielsweise, dass es nicht gut ist, Menschen zum Spaß zu foltern. Nach Mackie ist meine Überzeugung falsch, also ist die gegenteilige Überzeugung wahr. Glaubt Mackie, es sei gut, Menschen zum Spaß zu foltern? Kaum. Tatsächlich ist Mackie der Ansicht, dass unsere Werturteile insofern falsch sind, als sie auf der falschen Annahme basieren, dass es Werte gibt. In Russellscher Manier müsste man mein Werturteil darum etwa folgendermaßen analysieren:[115] (1) Es gibt Werte. (2) Menschen zum Spaß zu foltern, hat Unwert. Mein Urteil ist deshalb falsch, weil (1) falsch ist.[116] Nach Mackie sollte ich also

---

113 Mackie leugnet die Existenz von Werten und damit von moralischen Wahrheiten. Ebenso ergibt sich für ihn die Unmöglichkeit moralischer Erkenntnis. Er glaubt aber dennoch, daran festhalten zu können, dass moralische Überzeugungen wirklich Überzeugungen sind. Meines Erachtens ist das letztlich eine unverständliche Position, aber das ist im vorliegenden Zusammenhang nicht von Bedeutung.

114 Vgl. Mackie *Ethics*, 1. Kapitel. Eine kurze Übersicht über die Theorie Mackies und einige Einwände geben beispielsweise Darwall und Miller. Vgl. Darwall *Philosophical Ethics*, 7. Kapitel, Miller *An Introduction to Contemporary Metaethics*, 6. Kapitel.

115 Vgl. Russell »On Denoting«.

116 Und wenn man, eher Strawson folgend, davon ausgeht, dass der metaethische Anteil nicht behauptet, sondern vorausgesetzt wird, müsste man mein Urteil, dass es falsch ist, Menschen zu foltern, nicht als

das Gegenteil von (1) glauben. Und daraus, dass es keine Werte gibt, folgt selbstverständlich *nicht*, dass es gut ist, Menschen zum Spaß zu foltern. Diese Überzeugung ist Mackie zufolge vielmehr ebenso falsch wie (2). Aus Mackies metaethischer Position lassen sich also keine normativen Folgerungen ziehen, auch wenn es zunächst vielleicht so aussieht.

Der (idealtypische) Antiobjektivist möchte (in der Regel) nicht unseren gewöhnlichen Sprachgebrauch verändern. Wir sollen nicht aufhören, im Bereich der Moral von Wahrheit, Überzeugungen und Erkenntnis zu sprechen. Wir müssen uns nur darüber klar werden, dass die Wörter »Wahrheit«, »Überzeugung« und »Erkenntnis«, wenn wir sie im Bereich der Moral verwenden, nicht ihre eigentliche Bedeutung haben, sondern eine andere Funktion übernehmen. Man könnte die These des Antiobjektivisten so interpretieren, dass seiner Ansicht nach diese Wörter eine versteckte Form von Mehrdeutigkeit aufweisen: Sie haben eine eigentliche Anwendung (nämlich in der Wissenschaft und in Bereichen, die von der gleichen Art sind) und eine zweite im Bereich der Moral. Wenn ich sage »Ich bin der Überzeugung, dass manche Pilze giftig sind«, dann schreibe ich mir damit eine Überzeugung zu. Wenn ich aber sage »Ich bin der Überzeugung, dass es falsch ist, giftige Pilze zu servieren«, dann bringe ich dagegen beispielsweise (vielleicht mit Nachdruck) meine emotionale Abneigung gegen Vergiftungsattacken zum Ausdruck. Würde man die entsprechenden Wörter durch einen Index kennzeichnen, so würde man sofort erkennen, dass sich aus den Thesen des Antiobjektivisten keine moralischen Konsequenzen ergeben: Er behauptet, dass keine unserer moralischen Äußerungen $\text{wahr}_{\text{wissenschaftlich}}$ ist, woraus natürlich nicht folgt, dass alle diese Äußerungen $\text{falsch}_{\text{moralisch}}$ (und die gegenteiligen Äußerungen $\text{wahr}_{\text{moralisch}}$) sind, wenn man wie der Antiobjektivist davon ausgeht, dass $\text{wahr}_{\text{wissenschaftlich}}$ nicht dasselbe wie $\text{wahr}_{\text{moralisch}}$ ist. Man kann das auch so ausdrücken: Von *außen* betrachtet gibt es seiner Ansicht nach im Bereich der Moral keine Wahrheit, aber *innerhalb* des moralischen Diskurses kann der Anti-

falsch, sondern als weder wahr noch falsch ansehen. Vgl. dazu Strawson »On Referring«. Der Text von Mackie lässt meines Erachtens sowohl die Russellsche als auch die Strawsonsche Lesart zu.

objektivist genau die gleichen Ansichten vertreten wie der Objektivist.[117] Die antiobjektivistische Position ist insofern mit (nahezu) beliebigen normativen Theorien verträglich.

Umgekehrt gilt im Übrigen genau dasselbe: Wer meint, Antiobjektivist werden zu müssen, weil er etwa Toleranz für wichtig hält und jedem seine moralischen Ansichten lassen möchte, verwickelt sich nicht, wie man vielleicht glauben könnte, in einen Widerspruch. Toleranz für einen universellen Wert und damit die Aussage »Tolerant zu sein, ist richtig« für eine Wahrheit$_{\text{moralisch}}$ zu halten, ist kompatibel damit, metaethischer Antiobjektivist zu sein, also zu bezweifeln, dass es in der Moral Wahrheit$_{\text{wissenschaftlich}}$ gibt. Wer um der Toleranz willen Antiobjektivist wird, begeht vielmehr einen naturalistischen »Fehl-Umkehrschluss«, indem er ein Sein aus einem Sollen ableitet. Tatsächlich folgt der Antiobjektivismus ebenso wenig aus einer normativen These wie normative Thesen aus dem Antiobjektivismus.[118]

Ist man aber nicht doch innerlich gespalten, wenn man einerseits der Ansicht ist, dass es eigentlich keine moralische Wahrheit etc. gibt, andererseits aber weiterhin beispielsweise glaubt, dass es falsch ist, Menschen zum Spaß zu foltern? Kann man diese Überzeugung dann überhaupt noch ernst nehmen, wenn es sich doch eigentlich nur um ein Gefühl oder einen Wunsch etc. handelt? Auch diesen Vorwurf der »schizoiden Einstellung« weisen Antiobjektivisten zu Recht zurück.[119] Denn selbst wenn moralische Überzeugungen letztlich »nur« Gefühle oder Wünsche wären, wäre das kein Grund, sie nicht ernst zu nehmen. Wie Blackburn schreibt:

> If your attitude to me is one of contempt and disdain, or if you desire me dead, am I supposed to console myself by reflecting that these are merely attitudes and desires?[120]

[117] Diesen Gedanken macht Blackburn besonders deutlich. Vgl. Blackburn »How to Be an Ethical Antirealist«.

[118] Zur (angeblichen) normativen Motivation insbesondere einer relativistischen Sichtweise vgl. beispielsweise Benn *Ethics*, S. 17ff.

[119] Vgl. Blackburn *Spreading the Word*, S. 197ff.

[120] Vgl. Blackburn »Moral Relativism and Moral Objectivity«, S. 197.

Tatsächlich nehmen wir kaum etwas so ernst wie unsere Gefühle und Wünsche.

Dass metaethische Positionen (weitgehend) unabhängig von normativen Positionen sind, gilt nicht nur in Bezug auf den Antiobjektivismus. Solange man an den Eigentümlichkeiten der Moral festhält, trennen nämlich gerade sie normative Theorien von der Metaethik. Denn in der Metaethik geht es um begriffliche Wahrheiten, Überzeugungen und Erkenntnisse. Deshalb weist die Metaethik die Eigentümlichkeiten der Moral nicht auf. Sie ist von ganz anderer Art. Und selbst wenn man die Eigentümlichkeiten der Moral zurückweist, kann man die (weitgehende) Unabhängigkeit von Metaethik und »normativer«[121] Ethik nicht aufgeben, solange man »normative« Erkenntnis nicht als begriffliche Erkenntnis deuten möchte – eine Position, die zu Recht kaum vertreten wird. Wir unterscheiden nun einmal, wie in Kapitel 1.3 ausgeführt, sehr scharf zwischen moralischer Blindheit und sprachlicher Inkompetenz. Auf metaethischen Bäumen wachsen darum tatsächlich keine ethischen Früchte, weder wohlschmeckende noch bittere.[122]

Auch wenn ich den Antiobjektivismus aus normativer Sicht für unproblematisch halte, glaube ich nicht, dass mit dieser Strategie das Rätsel der Moral gelöst werden kann. Der Antiobjektivist möchte den Status der Moral durch einen Vergleich klären: Er behauptet, dass die Moral prinzipiell von der gleichen Art ist wie ein Bereich, der keinen Anspruch auf Objektivität erheben kann: der Bereich der Gefühle und Wünsche. Dass Letzterer keinen Anspruch auf Objektivität erheben kann, ist unstrittig.[123] Problematisch ist dagegen, wie wir sehen werden, die These, dass die Moral von der gleichen Art ist. Betrachten wir dazu wieder die drei wesentlichen Aspekte.

---

[121] Wenn man die intrinsische Normativität der Moral ablehnt, ist die »normative« Ethik nicht mehr wirklich normativ – daher die Anführungszeichen.

[122] Für die (weitgehende) Unabhängigkeit von Metaethik und normativer Ethik argumentiere ich ausführlich in »Normativer und metaethischer Relativismus«.

[123] Vgl. S. 31.

A. Moralische Wahrheit. Der Antiobjektivist leugnet die Objektivität der Moral, weil er sowohl dem Objektivitätsmonopol der Wissenschaft als auch der Verschiedenheit von Moral und Wissenschaft – und das heißt im Wesentlichen: den Eigentümlichkeiten der Moral – gerecht werden möchte. Gelingt ihm das? Der ersten Eigentümlichkeit zufolge ist moralische Wahrheit intrinsisch normativ (und damit auf unsere Vernunft bezogen) und superveniert auf nicht-moralischer Wahrheit. Betrachten wir zunächst kurz den ersten Punkt. Wie wir im Kapitel 1.3 gesehen haben, ist die Vorstellung einer intrinsisch normativen moralischen Wahrheit an die Idee externer Rationalität gebunden. In der empiristischen Tradition, in der Antiobjektivisten stehen, wird diese Art von Rationalität abgelehnt. Die Vernunft ist dieser Auffassung zufolge kein Vermögen, das uns bei der Wahl der Ziele helfen kann. Wie Hume sagt:

> 'Tis not contrary to reason to prefer the destruction of the whole world to the scratching of my finger. 'Tis not contrary to reason for me to chuse my total ruin, to prevent the least uneasiness of an *Indian* or person wholly unknown to me. 'Tis as little contrary to reason to prefer even my own acknowledg'd lesser good to my greater, and have a more ardent affection for the former than the latter.[124]

Die Vernunft dient nicht dazu, zu bestimmen, was zu tun richtig ist, sondern ist allein dafür da, die geeigneten Mittel zum Erreichen unserer faktischen Ziele zu finden. Die einzige Form von Rationalität, die hier akzeptiert wird, ist somit instrumentelle Rationalität. Der erste Teil der ersten Eigentümlichkeit der Moral ist darum aus antiobjektivistischer Perspektive hinfällig, weil es weder moralische Wahrheiten noch intrinsische Normativität im relevanten Sinn gibt.

Tatsächlich bin ich, wie noch deutlich werden wird, der Ansicht, dass diese eingeschränkte Sichtweise unserer Vernunft unangemessen ist. Und ich werde später auch den Begriff der externen Rationalität gegen Angriffe von dieser Seite verteidigen.[125] Da meine Ablehnung der antiobjektivistischen Position jedoch nicht auf diesen Überlegungen basiert, lasse ich die komplizierte Frage, ob der An-

---

124 Vgl. Hume *A Treatise of Human Nature*, S. 416.
125 Vgl. S. 146-152.

tiobjektivist der intrinsischen Normativität der Moral gerecht werden oder aber diese Eigentümlichkeit berechtigterweise ablehnen kann, hier auf sich beruhen.

Die Supervenienz moralischer »Wahrheit« auf nicht-moralischer Wahrheit kann der Antiobjektivist leicht verständlich machen: Moralische »Wahrheit« superveniert auf nicht-moralischer Wahrheit, weil eine moralische »Wahrheit« nichts anderes als die Projektion einer bestimmten Einstellung – eines Gefühls, eines Wunsches etc. – in Bezug auf eine nicht-moralische Wahrheit ist. Wenn aber unsere moralischen Urteile Einstellungen zu nicht-moralischen Sachverhalten zum Ausdruck bringen, dann ist es nicht verwunderlich, dass wir auf zwei Sachverhalte, die sich in allen relevanten nicht-moralischen Eigenschaften gleichen, mit denselben Einstellungen reagieren und deshalb dieselben moralischen Urteile fällen. Das ist eine schlichte Forderung der Konsistenz, ohne die unsere ganze Praxis des Bewertens von Handlungsmöglichkeiten ihren Sinn verlieren würde. Denn der Zweck dieser Praxis besteht gerade darin, unsere Handlungen in einer natürlichen Welt anzuleiten. Es ist dadurch insbesondere verständlich, warum die Supervenienzbeziehung so grundlegend ist, dass sie schon in unsere moralischen Begriffe »eingebaut« ist, dass also das Wissen um diese Beziehung zu unserer sprachlichen Kompetenz bezüglich moralischer Ausdrücke gehört.[126]

Der Antiobjektivist wird also, so nehmen wir einmal an, den beiden Aspekten der Eigentümlichkeit moralischer Wahrheit gerecht, indem er den Bereich der Moral mit dem der Gefühle und Wünsche vergleicht. Dass es aber auch einen wesentlichen Unterschied zwischen beiden Bereich in Bezug auf den Begriff der Wahrheit gibt, bringt eine bekannte Überlegung von Geach zum

126 Eine elaborierte Version dieser antiobjektivistischen Erklärung der Supervenienzbeziehung findet man bei Scarano *Moralische Überzeugungen*, S. 74-78, der sich dabei vor allem auf Blackburn bezieht. Vgl. Blackburn *Spreading the Word*, S. 184-186, sowie ders. »Supervenience Revisited«; siehe auch Gibbard »The Reasons of a Living Being«. Scarano weist insbesondere auf den Zusammenhang zwischen der antirealistischen Erklärungsstrategie und der klassischen Forderung nach Universalisierbarkeit moralischer Urteile hin. Vgl. ebd. S. 77.

Vorschein.[127] Betrachten wir dazu das folgende Beispiel für einen logischen Schluss:

(1) Es ist richtig, seinen Freunden zu helfen.
(2) Wenn es richtig ist, seinen Freunden zu helfen, dann ist es richtig, seinen Verwandten zu helfen.

---

(3) Es ist richtig, seinen Verwandten zu helfen.

Wir betrachten das als einen gültigen Schluss (modus ponens: *A*, wenn *A* dann *B*, also *B*), und dazu muss der Satz »Es ist richtig, seinen Freunden zu helfen« in der Prämisse (1) und in der Prämisse (2) die gleiche Bedeutung haben. In Prämisse (2) wird der Satz jedoch offensichtlich nicht als eine Behauptung verwendet. Jemand, der (2) äußert, sagt nichts darüber, ob er es für richtig oder falsch hält, seinen Freunden (oder seinen Verwandten) zu helfen. Er nimmt überhaupt keine Wertung vor. Dementsprechend kann der Antiobjektivist die Äußerung des Satzes »Es ist richtig, seinen Freunden zu helfen« im Kontext von Prämisse (2)[128] nicht als Ausdruck eines Gefühls, Wunsches etc. deuten. Insbesondere kann die Bedeutung des Satzes in diesem Kontext nicht nach dem Modell expressiver Ausdrücke wie »Hurra« verstanden werden. Da der Satz aber in Prämisse (1) und in Prämisse (2) dieselbe Bedeutung haben muss – wir könnten sonst den Schluss ja nicht als gültig betrachten –, kann seine Bedeutung auch in (1) nicht nach dem Modell expressiver Ausdrücke gedeutet werden, obwohl er hier dazu dient, eine moralische Überzeugung zum Ausdruck zu bringen.[129]

---

[127] Vgl. Geach »Ascriptivism« und ders. »Assertion«. Geach beruft sich dabei auf Frege, weshalb man häufig auch vom »Frege-Geach-Argument« spricht.

[128] Man spricht hier davon, dass der Satz in einen nichtbehaupteten Kontext (»unasserted context«) eingebettet auftritt. Vgl. Blackburn *Spreading the Word*, S. 190.

[129] Es gibt weitere Beobachtungen, die in eine ähnliche Richtung weisen, etwa in Hinblick auf die Analyse komplexer moralischer Äußerungen: Was sagt der Antiobjektivist beispielsweise zum folgenden Satz: »Man darf nur für eine Handlung bestraft werden, von der man wusste, dass sie falsch ist«. Was bringt man mit dem Satz zum Ausdruck? Brink, von dem das Beispiel stammt, glaubt, der Nonkognitivist könnte hier

Man kann diesen Gedanken auch so ausdrücken: Wenn man eigentlich nicht von moralischen Wahrheiten sprechen kann, dann kann man im Bereich der Moral auch eigentlich nicht von gültigen logischen Schlüssen sprechen, denn einen Schluss bezeichnen wir genau dann als gültig, wenn aus der Wahrheit der Prämissen die Wahrheit der Konklusion zwingend folgt. Hier haben wir aber ein Beispiel vor uns, bei dem wir von einem gültigen logischen Schluss sprechen, obwohl wir angeblich (aufgrund des moralischen Charakters) weder bei Prämisse (1) noch bei der Konklusion von Wahrheit sprechen können. Was also heißt hier »logisch gültig«? Analoge Überlegungen machen das gesamte logische Vokabular, also Ausdrücke wie »ist inkonsistent«, »folgt aus«, »ist die Negation von« etc., unter antiobjektivistischen Vorzeichen erklärungsbedürftig.

Damit ist, so möchte man sagen, eine Schwierigkeit für den Antiobjektivisten benannt, aber noch kein definitiver Einwand. Denn tatsächlich haben verschiedene Antiobjektivisten, vor allem Blackburn und Gibbard, detaillierte Vorschläge dazu gemacht, wie man diese Schwierigkeit beseitigen kann.[130] Die Frage, ob sie damit erfolgreich waren (oder vielleicht noch sein können), hat eine Vielzahl von Untersuchungen provoziert, die ich hier nicht diskutieren möchte, denn meines Erachtens ergibt sich für den Antiobjektivisten folgendes Dilemma:[131] Je besser es ihm gelingt, zu zeigen, dass wir das logische Vokabular auch im Bereich der Moral in gewohnter Weise anwenden können, desto mehr zeigt er auch, dass sich der Bereich der Moral in diesem Punkt vom Bereich der Gefühle und

keine Antwort finden. Vgl. Brink *Moral Realism and the Foundations of Ethics*, S. 27ff. Ich denke, dass eine Antwort jedenfalls ziemlich kompliziert wäre, bin aber nicht davon überzeugt, dass man keine finden kann. Wie wäre es beispielsweise damit: Drückt der Satz vielleicht das negative »moralische« Gefühl gegenüber der Bestrafung eines Menschen aus, der kein solches Gefühl seiner Tat gegenüber hatte, der gegenüber wir aber dieses Gefühl haben?

130 Einen Überblick gibt Miller *An Introduction to Contemporary Metaethics*, 4. und 5. Kapitel. Zur wichtigsten Literatur vgl. Shafer-Landau/Cuneo *Foundations of Ethics*, S. 463.

131 Ähnlich argumentieren hier Hale, Wright, Dworkin und Harth. Vgl. Hale »The Compleat Projectivist«, »Can There Be a Logic of Attitudes«, »Postscript«; Wright »Realism, Antirealism, Irrealism, Quasi-Realism«, »Minimalism, Deflationism, Pragmatism, Pluralism«; Dworkin »Objectivity and Truth«; Harth *Wert und Wahrheit*, S. 48-51.

Wünsche unterscheidet. Denn mit Ausdrücken von Gefühlen oder Wünschen (wie etwa »Hurra!« oder »Es lebe der König!«) kann man gerade keine logischen Schlüsse aufbauen, man kann sie nicht in entsprechender Weise in komplexe Aussagen einbetten, nicht negieren etc. Der Status der Moral sollte aber gerade durch die Analogie zu diesem Bereich verständlich gemacht werden. Genau in dem Maße wie es dem Antiobjektivisten daher gelingt, die genannte Schwierigkeit aus der Welt zu schaffen, schafft er auch seine eigene Erklärung für den Status der Moral aus der Welt. Er kommt dann entweder zu der These, dass moralische Wahrheit letztlich doch von der Art wissenschaftlicher Wahrheit ist, und wird damit vom Antiobjektivisten zum Antidualisten. Oder aber er kommt zu der These, dass moralische Wahrheit eine Wahrheit eigener Art ist. Und auf diese Weise wird er zum Antimonopolisten. Das ist nicht weiter verwunderlich, wenn man an das Trilemma der Moral zurückdenkt: Je mehr man den Argumenten, die für eine der Thesen sprechen, gerecht werden will, desto mehr ist man gezwungen, eine der anderen Thesen zurückzuweisen. Aber damit hat man dann natürlich wieder den einen oder anderen Teil der Argumente gegen sich, denen man ursprünglich gerecht werden wollte. Auf die Schwierigkeiten, die sich dann ergeben, werde ich in den beiden folgenden Kapiteln noch ausführlich zu sprechen kommen.

B. Moralische Überzeugung. Auch in Bezug auf moralische Überzeugungen ist zunächst zu prüfen, ob der Antiobjektivist der entsprechenden Eigentümlichkeit der Moral gerecht wird. Diese besteht in der intrinsischen motivierenden Kraft moralischer Überzeugungen für den rationalen Menschen. Und gerade die Tatsache, dass moralische Überzeugungen uns motivieren können, möchte der Antiobjektivist in erster Linie verständlich machen. Wir hatten gesagt, dass typische Handlungserklärungen die Handlung durch den Verweis auf einen Wunsch und eine Zweck-Mittel-Überzeugung verständlich machen.[132] Wir können jetzt ergänzen, dass anstelle des Wunsches auch ein Gefühl oder eine andere motivierende Einstellung angeführt werden kann. Beispielsweise wie in dieser Handlungserklärung:

132 Vgl. S. 55, 56.

(1) Gustav ist voller Mitleid für die Armen.
(2) Gustav glaubt, dass er den Armen helfen kann, indem er Geld spendet.

---

(3) Darum spendet Gustav Geld.

Erklärungsbedürftig ist, dass die Zuschreibung einer moralischen Überzeugung in solchen Handlungserklärungen ebenfalls als erste Prämisse fungieren kann. Das ist jedoch leicht verständlich, wenn moralische Überzeugungen eigentlich keine Überzeugungen, sondern Gefühle, Wünsche oder sonstige motivierende Einstellungen *sind*. Und genau das behauptet der Antiobjektivist. Die motivierende Kraft moralischer Überzeugungen kann er darum, wie es scheint, perfekt erklären.

Problematisch für den Antiobjektivisten ist allerdings die These, dass derjenige, der sich von seinen moralischen Überzeugungen nicht motivieren lässt, *irrational* ist. Aus emotivistischer Sicht würde diese These etwa folgendermaßen lauten: Jemand, der sich von den Gefühlen, die er durch Urteile wie »Es ist richtig, A zu tun« zum Ausdruck bringt, nicht leiten lässt, ist irrational. Aber warum sollte es irrational sein, sich von seinen Gefühlen nicht leiten zu lassen? Ist nicht das Gegenteil der Fall? Wer sich von seinen Gefühlen leiten lässt, gilt uns normalerweise doch viel eher als irrational (etwa als willensschwach) als derjenige, der seine Gefühle unter Kontrolle hat. Plausibler ist es vielleicht, zu sagen, dass derjenige, der sich von seinen *Wünschen* nicht leiten lässt, irrational ist. Der Antiobjektivist kann hier wieder auf instrumentelle Rationalität verweisen. Demnach ist derjenige irrational, der nicht die geeigneten Mittel zur Verwirklichung seiner Ziele ergreift. Und unsere Ziele sind eben gerade das, was wir zu erreichen wünschen.

Allerdings ist es zweifelhaft, ob damit wirklich verständlich zu machen ist, dass derjenige, der sich von seinen moralischen Überzeugungen nicht motivieren lässt, irrational ist. Ich möchte hier auf zwei (miteinander zusammenhängende) Schwierigkeiten hinweisen. Zum einen ist es meines Erachtens unter antiobjektivistischen Vorgaben nicht unbedingt irrational, nicht das zu tun, was der eigenen Ansicht nach die besten Gründe von uns verlangen (sofern diese Redeweise hier überhaupt verständlich gemacht werden kann).[133] Irrational sind wir dieser Auffassung zufolge nur dann, wenn wir nicht das tun, wonach wir uns *de facto* am meisten fühlen (oder was wir *de facto* am meisten wünschen). Ob wir auch noch glauben, dass wir entsprechende Gründe haben, ist irrelevant. Insbesondere kann es ja sein, dass wir fälschlicherweise glauben, die besten Gründe für Handlung A zu haben; dann sind wir nur rational, wenn wir *gegen* diese Überzeugung handeln, also A nicht ausführen. Für einen Vertreter externer Rationalität ist diese Vorstellung für sich genommen noch nicht weiter beunruhigend. Natürlich kann es sein, dass wir in einer Hinsicht rational handeln, auch wenn wir etwas nicht tun, wofür wir glauben, die besten Gründe zu haben.[134] Problematisch ist, dass der Antiobjektivist anscheinend überhaupt keine Hinsicht benennen kann, in der wir in diesem Fall *auch* irrational handeln. Gerade für die Form von Irrationalität, um die es bei der zweiten Eigentümlichkeit der Moral geht, interne Irrationalität, hat der Antiobjektivist daher anscheinend keinen Platz.

Eine zweite Überlegung weist in dieselbe Richtung: Nehmen wir an, jemand, der aufrichtig den Satz äußert »Es ist alles in allem richtig, A zu tun«, bringt damit tatsächlich einen Wunsch (oder ein Gefühl etc.) zum Ausdruck. Ist es dann aber überhaupt noch möglich, dass die Person *nicht* entsprechend motiviert ist? Kann man denn nach Ansicht des Antiobjektivisten gegen seine Wünsche (Gefühle etc.) motiviert sein? Und umgekehrt: *Zeigt* die Tatsache, dass jemand in der ein oder anderen Weise gehandelt hat, nicht gerade, wohin ihn seine Wünsche (Gefühle etc.) drängten? Wenn also jemand Handlung A ausgeführt hat, obwohl er vorher sagte, es sei alles in allem richtig, A nicht auszuführen: folgt dann nicht direkt, dass seine Äußerung entweder nicht aufrichtig war oder aber dass sich seine Einstellung zwischen Äußerung und Handlung geändert hat? Manche Antiobjektivisten leugnen auf dieser Grundlage die Existenz von Willensschwäche (als Form praktischer Irrationalität).[135] Tatsächlich müsste man sogar das ganze Phänomen interner Irrationalität aufgeben. Schließlich kann es

---

133 Vgl. auch, was oben, S. 52, 53, über den Zusammenhang zwischen intrinsischer Normativität und Motivationsthese gesagt wurde.

134 Vgl. das Beispiel S. 56, 57.

135 Vgl. dazu etwa Blackburn *Ruling Passions*, S. 191.

keine Forderung der Rationalität sein, intern konsistent zu bleiben, wenn man das überhaupt nicht vermeiden kann.

Die zweite Eigentümlichkeit der Moral bleibt somit anscheinend nur noch in der verkürzten Form bestehen: Moralische Überzeugungen (im weiteren Sinn) sind per se motivierend – nicht nur für den rationalen Menschen, sondern für jeden. Wie schon in Bezug auf die erste Eigentümlichkeit der Moral glaube ich nicht, dass der Antiobjektivist damit der Natur von Rationalität gerecht werden kann, möchte diese Überlegung hier jedoch nicht vertiefen. Denn selbst wenn es die antiobjektivistische Strategie erlauben sollte, die motivierende Kraft moralischer Überzeugungen (also ihre Eigentümlichkeit) angemessen verständlich zu machen, führt der Vergleich von moralischen Überzeugungen mit Gefühlen oder Wünschen zu anderen Schwierigkeiten.

Moralische Überzeugungen unterscheiden sich nämlich grundlegend von Gefühlen ebenso wie von Wünschen. Betrachten wir zunächst Erstere. Hier muss man sich fragen, *welche* Gefühle wir mit moralischen Urteilen angeblich zum Ausdruck bringen. Welches Gefühl bringe ich etwa zum Ausdruck, wenn ich sage, dass es richtig ist, Blinden über die Straße zu helfen (vorausgesetzt, sie wollen und brauchen Hilfe)? Und ist es das gleiche Gefühl, das ich zum Ausdruck bringe, wenn ich sage, es sei richtig, Steuern zu zahlen, oder es sei richtig, mir eine Belohnung für eine vollbrachte Leistung zu gönnen? Wird überhaupt *ein* Gefühl durch Urteile der Form »Es ist richtig, A zu tun« zum Ausdruck gebracht? Oder möchte der Emotivist sagen, dass diese Worte ganz verschiedene Gefühle ausdrücken können? Dann möchte man natürlich wissen, was diesen Gefühlen gemeinsam ist – wäre ihnen nichts gemeinsam, so wäre die Funktion des Satzes »Es ist richtig, A zu tun« höchst mysteriös. Er würde dazu dienen, eine Menge von Gefühlen auszudrücken, die nichts miteinander gemeinsam haben. Und darauf zu verweisen, dass eben das »ethische Gefühl« ausgedrückt wird,[136] erklärt überhaupt nichts. Weiterhin scheint nicht jede moralische Äußerung von einem »fühlbaren« Gefühl begleitet zu sein.[137] Muss jemand, der sagt, es sei richtig, seine Versprechen zu halten, dabei immer etwas fühlen? Und wenn er nichts fühlt, ist

136 Vgl. Ayer *Language, Truth and Logic*, S. 110, 111.
137 Vgl. dazu Brink *Moral Realism and the Foundations of Ethics*, S. 26, 27.

er dann ein Heuchler? Ist er wie derjenige, der lacht, ohne erheitert zu sein? Oder sind moralische Gefühle etwa Gefühle, die sich nach nichts anfühlen? Gibt es so etwas? Tatsächlich hat es einen guten Grund, dass wir moralische Überzeugungen als Überzeugungen ansehen. Das einzige »Gefühl«, das ihnen gemeinsam ist, ist das »Gefühl« des Für-wahr-haltens: Wenn ich sage, dass es richtig ist, A zu tun, dann gibt es nur ein Gefühl, das ich notwendigerweise dabei habe, nämlich das »Gefühl«, eine Tatsache zu beschreiben. Und dieses Gefühl habe ich auch, wenn ich sage, dass vor mir ein Tisch steht. Moralische Überzeugungen fühlen sich nicht wie Gefühle, sondern wie Überzeugungen an.[138] Der Emotivist, so können wir sagen, wird der *Phänomenologie moralischer Überzeugungen* nicht gerecht.

Ähnlich ergeht es aber auch dem Antiobjektivisten, wenn er moralische Überzeugungen in Analogie zu Wünschen verstehen möchte.[139] Zwar passen Wünsche besser als Emotionen zur Phänomenologie moralischer Überzeugungen, aber doch nicht wirklich gut. Ich habe nicht den Wunsch Steuern zu zahlen, auch wenn ich es für richtig halte. Moralische Überzeugungen müssten also ganz spezielle Wünsche sein. Aber worin besteht ihr spezieller Charakter?[140]

Auch hier ist zunächst einmal wieder nur eine Schwierigkeit benannt, die Antiobjektivisten auszuräumen versucht haben. Eine moderne Form des Antiobjektivismus vertritt beispielsweise Allan Gibbard.[141] Er ist der Ansicht, dass moralische Äußerungen dem

---

138 Damit soll nicht geleugnet werden, dass moralische Äußerungen häufig von bestimmten Gefühlen begleitet sind, etwa dem der Entrüstung, der Scham etc. (den sogenannten »moralischen Gefühlen«).

139 Vgl. dazu etwa Scarano *Moralische Überzeugungen*, 4. Kapitel.

140 Nach Scarano kann man die entsprechenden Wünsche durch ihren kategorischen Charakter beschreiben. Aber was heißt hier genau »kategorisch«, insbesondere vor dem Hintergrund, dass man nicht nur die Natur von *im engeren Sinn* moralischen Überzeugungen erklären muss?

141 Vgl. Gibbard *Wise Choices, Apt Feelings*. Einen kurzen Überblick über seine Theorie gibt Gibbard in seinem gleichnamigen Aufsatz »Wise Choices, Apt Feelings«; in *Thinking How to Live* entwickelt er seinen Ansatz weiter.

Ausdruck der »Akzeptanz einer Norm« dienen.[142] Auch nach dieser Theorie sind moralische Äußerungen nicht (in einem substanziellen Sinn) wahr oder falsch (und daher ist die Moral nicht objektiv). Gibbards Ansatz bietet jedoch von Anfang an weniger Angriffsfläche für die Einwände, mit denen der Emotivist zu kämpfen hat, weil das, was wir durch moralische Äußerungen angeblich zum Ausdruck bringen, hier als etwas sehr Abstraktes beschrieben wird. Ob der Normexpressivist der Phänomenologie moralischer Überzeugungen gerecht wird oder nicht, ist nicht mehr so einfach zu beurteilen. Es hängt davon ab, was man sich unter der Akzeptanz einer Norm genauer vorzustellen hat.

Aber wie schon in Bezug auf moralische Wahrheit ergibt sich für diese und andere Varianten des Antiobjektivismus[143] das bereits beschriebene Dilemma: Je weiter sie sich von der emotivistischen Grundposition wegbewegen, desto besser werden zwar die Chancen, mit den Schwierigkeiten des Emotivisten fertig zu werden, aber desto weniger sind diese Positionen noch als antiobjektivistische Positionen zu erkennen. Die Hauptschwierigkeit in Gibbards Ansatz besteht beispielsweise darin, die Natur der »Akzeptanz einer Norm« verständlich zu machen. Wenn es sich dabei nicht um ein Gefühl handelt, um was handelt es sich dann? Was ist der Unterschied zwischen der Akzeptanz einer Norm und einer echten Überzeugung? Tut jemand, der eine Norm akzeptiert, etwas anderes als derjenige, der glaubt, dass es richtig ist, das zu tun, was die Norm fordert, beziehungsweise das zu unterlassen, was sie verbietet? »Akzeptieren« liegt sicherlich sehr nahe bei »für wahr halten«, und auf dieser Nähe beruhen gerade die Vorteile von Gibbards Theorie. Aber Gibbard erkauft sich diese Vorteile durch den *Weg in die Abstraktion*. Der Rückgriff auf den Begriff der Normakzeptanz hilft genau in dem Maße, den Problemen des Emotivisten zu entgehen, in dem wir unter der Akzeptanz einer Norm eine *Überzeugung sui generis* verstehen. Das aber ist gerade die Position

---

142 In *Thinking How to Live* spricht Gibbard von »states of contingency planning« statt von »states of norm acceptance«. Für die nachfolgende Diskussion spielt der Unterschied keine Rolle.

143 Neben Gibbards Theorie ist hier vor allem Simon Blackburns Quasi-Realismus zu nennen. Vgl. dazu Blackburn *Spreading the Word*, 5. und 6. Kapitel, *Essays in Quasi-Realism*, vor allem die Essays 1, 3 und 6-11, und *Ruling Passions*, Kapitel 1-4.

des Antimonopolisten, der ja glaubt, es gäbe eine eigene Form von moralischer Objektivität, die nicht mit wissenschaftlicher Objektivität identisch ist. Der Antiobjektivist wird in genau dem Maße mit seinen eigenen Problemen fertig, in dem er zum Antimonopolisten wird![144] Die einzige Alternative zum Weg in die Abstraktion scheint zu sein, moralische Überzeugungen dann eben doch in Analogie zu »gewöhnlichen« (also wissenschaftlichen) Überzeugungen verständlich zu machen. Dann aber ist unter der Hand aus der antiobjektivistischen Position eine antidualistische geworden. Darwall fasst dieses Dilemma so:

> The more uncontroversially noncognitive a mental state is, the less plausible a noncognitivist position that asserts that ethical claims and convictions express that mental state is apt to seem. What convinces us that the child's spinach-response ›yeccchhh!‹ does not have a truth value is likely to convince us as well that it cannot express any ethical conviction. Similarly, to the extent that there seems to be a clear intuitive difference between directing someone to do something and saying it is something she ought to do, so also is prescriptivism likely to seem implausible. On the other side, to the extent that it is plausible that a given mental state (approval, for example, or perhaps the acceptance of a norm) is expressed by ethical claims, it may begin to seem questionable that the mental state is genuinely noncognitive.[145]

Dieses Dilemma ist, wie gesagt, eine der notwendigen Folgen des Trilemmas der Moral. Je mehr man sich der Akzeptanz des ersten Satzes annähert, desto schwieriger wird es, an den beiden anderen Überzeugungen festzuhalten. Je plausibler der Antiobjektivist die Phänomenologie moralischer Überzeugungen erklären kann, desto mehr ist er gezwungen, moralische Überzeugungen von echten »Nichtüberzeugungen«, wie Gefühlen oder Wünschen, zu unterscheiden, und desto mehr nähert er sich der Behauptung, dass moralische Überzeugungen Überzeugungen eigener oder wissenschaftlicher Art sind.

---

[144] Gibbard sieht durchaus, dass sein Ansatz antimonopolistische (und auch gewisse antidualistische) Tendenzen aufweist. Er glaubt jedoch, insbesondere die Probleme des Antimonopolisten lösen zu können. Vgl. Gibbard *Thinking How to Live*.

[145] Vgl. Darwall *Philosophical Ethics*, S. 79.

C. Moralische Erkenntnis. Betrachten wir schließlich, wie der Antiobjektivist mit moralischer Erkenntnis zurechtkommt. Hier kann er auf den ersten Blick problemlos die entsprechende Eigentümlichkeit verständlich machen, also erklären, warum »moralische Erkenntnis« weder von der Art empirischer noch von der Art formaler Erkenntnis ist und nicht dazu taugt, die zahlreichen, tatsächlich vorhandenen moralischen Meinungsverschiedenheiten zu entscheiden: Es gibt hier schlicht nichts, was erkannt werden könnte, und Meinungsverschiedenheiten sind letztlich keine *Meinungs*verschiedenheiten, sondern aufeinanderprallende Gefühle, Wünsche etc. So wird insbesondere die Vielfalt moralischer Haltungen (und damit die Häufigkeit moralischer »Meinungsverschiedenheiten«) verständlich, denn die vielen verschiedenen individuellen Anlagen, die Herkunft, die Erziehung, das soziale und kulturelle Umfeld prägen sicherlich unsere emotionalen Reaktionen, Wünsche etc., von denen manche dann in moralischen Äußerungen ihren Ausdruck finden.

Wird der Antiobjektivist damit jedoch unserer Vorstellung von moralischen Meinungsverschiedenheiten gerecht? Betrachten wir ein konkretes Beispiel. Zwei Personen scheinen über eine moralische Frage zu streiten: Der eine ist beispielsweise der Ansicht, dass es richtig ist, sich an einer militärischen Auseinandersetzung mit dem Land X zu beteiligen, der andere nicht. Der Antiobjektivist versucht die Natur derartiger Auseinandersetzungen im Wesentlichen auf zwei Weisen verständlich zu machen. Zum einen weist er uns darauf hin, dass viele scheinbar moralische Streitigkeiten tatsächlich Streitigkeiten über nicht-moralische Fragen sind. Wenn jemand sagt, die Beteiligung an einem militärischen Einsatz sei richtig, dann hat er dafür ja Gründe. Beispielsweise könnte sein Grund sein, dass durch einen solchen Einsatz die Zahl der Opfer eines Konfliktes minimiert wird. Wenn nun sein Gegner sagt, der Einsatz sei falsch, dann tut er das vielleicht deshalb, weil er glaubt, dass die Zahl der Opfer durch einen Militäreinsatz größer wird als sie ohne einen solchen wäre. Worüber sich die beiden also letztlich streiten, ist keine moralische Frage, sondern eine Sachfrage: Auf welche Weise wird die Zahl der Opfer des Konflikts minimiert? Wäre diese nicht-moralische Frage geklärt, so wäre auch der (scheinbar) moralische Streit beendet. Und diese Frage lässt sich, zumindest prinzipiell, durch empirische Erkenntnis beantworten. Nach Ansicht des Antiobjektivisten sind viele moralische Streitigkeiten in dieser Weise nichts anderes als versteckte Streitigkeiten über nicht-moralische Fragen.[146] Es geht dementsprechend hier auch nicht um moralische, sondern um nicht-moralische Erkenntnis.

Meines Erachtens hat der Antiobjektivist mit dieser Beobachtung völlig recht. *Häufig* geht es bei unseren scheinbar moralischen Streitigkeiten in Wahrheit um nicht-moralische Meinungsverschiedenheiten. Entscheidend ist jedoch, ob *alle* moralischen Auseinandersetzungen in dieser Weise auf nicht-moralische Auseinandersetzungen reduzierbar sind, ob es also keine genuin moralischen Auseinandersetzungen gibt, die auf genuine moralische Erkenntnisse zielen. Und das scheint nicht der Fall zu sein. Manchmal streiten wir uns auch darüber, ob es richtig ist, eine Handlung auszuführen, wenn wir bezüglich aller nicht-moralischen Fragen derselben Ansicht sind. Der eine kann der Ansicht sein, dass man ein bestimmtes Versprechen halten muss, der andere kann anderer Ansicht sein, auch wenn beide sich völlig einig darüber sind, welche Vorgeschichte das Versprechen hat und welche Folgen ein Versprechensbruch hätte.

Der Antiobjektivist hat jedoch eine zweite Strategie, um moralische Auseinandersetzungen verständlich zu machen. Er behauptet, dass wir uns über die Natur moralischer Streitigkeiten täuschen. Wenn zwei Menschen mit unterschiedlichen moralischen Überzeugungen aufeinandertreffen, dann geht es nach Ansicht des Antiobjektivisten nur scheinbar darum, wer *recht* hat. Tatsächlich geht es eher darum, wer sich durchsetzt. Was hier aufeinanderprallen, sind nicht Überzeugungen, sondern Gefühle oder Wünsche etc. Eine Analogie führt die Idee plastisch vor Augen: Nehmen wir an, den Hund Waldi packt eine innige Zuneigung zu der Vorstellung, sich die Wurst auf dem Tisch zu schnappen. Ein zweiter Hund, Fiffi, kommt hinzu und wird vom gleichen Gefühl ergriffen. Allerdings bezieht es sich nicht auf die Vorstellung, dass sich Waldi die Wurst schnappt, sondern er selbst, Fiffi. Nicht beide können die Wurst bekommen, und so kommt es zum Streit zwischen den Hunden. Die Hunde streiten, aber sie streiten nicht darum, wer recht hat. Es geht schlicht darum, wer am Ende die Wurst bekommt. Nach Ansicht des Antiobjektivisten geht es bei morali-

---

146 Vgl. etwa Ayer *Language, Truth and Logic*, S. 114, 115.

schen Auseinandersetzungen letztlich in gleicher Weise nicht um Erkenntnis, sondern um die Wurst. Das ist nicht nur eine polemische Überspitzung der antiobjektivistischen Position. So schreibt beispielsweise Stevenson:

> Let me give an example of disagreement in interest. *A.* »Let's go to a cinema to-night.« *B.* »I don't want to do that. Let's go to the symphony.« *A* continues to insist on the cinema, *B* on the symphony.
>
> This is disagreement in a perfectly conventional sense. They can't agree on where they want to go, and each is trying to redirect the other's interests. (Note that imperatives are used in the example).
>
> It is disagreement in *interest* which takes place in ethics. When *C* says »This is good,« and *D* says »No, it's bad,« we have a case of suggestion and counter-suggestion. Each man is trying to redirect the other's interest.[147]

Diese Beschreibung wird jedoch sicherlich nicht unserer gewöhnlichen Sichtweise moralischer Auseinandersetzungen gerecht. Wir unterscheiden im Allgemeinen recht genau zwischen dem Versuch, unsere Gesprächspartner von der Wahrheit unserer Meinung zu überzeugen, sie also zu einer Erkenntnis zu führen, und dem Versuch, sie durch Überredung (oder durch Einsatz stärkerer Mittel) dazu zu bringen, zu tun (oder zu glauben), was in unserem Sinne ist.

Der Unterschied zwischen Überzeugen und Überreden besteht dabei im Übrigen nicht darin, dass wir im ersten Fall Argumente verwenden, im zweiten Fall nicht. Wir können schließlich niemanden überreden, indem wir immer nur stur unsere Meinung wiederholen. Der Unterschied besteht vielmehr darin, dass wir beim Überreden bereit sind, alle Erwägungen anzuführen, von denen wir glauben, dass sie von der Person, die wir überreden möchten, als Argumente betrachtet werden. Wenn wir dagegen jemanden überzeugen möchten, konfrontieren wir ihn nur mit dem, was auch wir selbst als Argumente ansehen. Es hilft dem Antiobjektivisten darum nicht viel weiter, wenn er die Vereinbarkeit seiner Sichtweise mit der Tatsache, dass wir auch bei moralischen Ausei-

---

[147] Vgl. Stevenson »The Emotive Meaning of Ethical Terms«, S. 79.

nandersetzungen auf die Mittel rationaler Argumentation zurückgreifen, nachweist.[148] Entscheidend ist, dass wir bei moralischen Streitigkeiten auf diese Mittel zurückgreifen, um die andere Partei (oder aber auch uns selbst) zu einer moralischen Einsicht zu bringen, nicht, um unsere Wünsche durchzusetzen. Auch in Hinblick auf Erkenntnis erweist sich die Moral darum von ganz anderer Art als der Bereich der Gefühle und Wünsche. Und wieder stehen Antiobjektivisten nur vor der Wahl ihre Position zur antimonopolistischen oder zur antidualistischen Sichtweise hin zu verschieben, wenn sie diese Schwierigkeit vermeiden wollen.

Der expressivistische Antiobjektivist möchte den Status der Moral durch den Vergleich mit dem Bereich der Gefühle und Wünsche verständlich machen. Daraus erwachsen jedoch Schwierigkeiten, die nur zu lösen sind, wenn man diesen Vergleich aufgibt. Ich möchte den Grund, warum ich die antiobjektivistische Strategie letztlich für ungeeignet halte, um das Rätsel der Moral zu lösen, darum so auf den Punkt bringen: *Der expressivistische Antiobjektivist wählt das falsche Vergleichsobjekt.*

Relativistischer Antiobjektivismus. Neben den expressivistischen Varianten des Antiobjektivismus gibt es eine zweite Gruppe von Ansätzen, denen man am besten gerecht wird, wenn man sie ebenfalls der antiobjektivistischen Strategie zuordnet: die relativistischen Ansätze. Der Terminus »relativistisch« wird in unterschiedlicher Weise verwendet.[149] Im vorliegenden metaethischen Zusammenhang sind vor allem zwei Verwendungsweisen relevant. In einem weiten Sinn kann man jeden Philosophen als moralischen Relativisten bezeichnen, der die Objektivität der Moral leugnet, insbesondere die These, dass moralische Urteile wie »Es ist falsch, Menschen zu foltern« für sich genommen einfach wahr oder falsch sind. In diesem Sinn wären auch die bisher behandelten antiobjektivistischen Theorien als relativistisch zu bezeichnen.

---

148 Vgl. dazu Scarano *Moralische Überzeugungen*, Kapitel 5.4. Scarano versucht dort auf der Grundlage einer antiobjektivistischen Position, die Möglichkeiten rationaler Kritik an moralischen Überzeugungen aufzuzeigen.

149 Die wichtigsten Verwendungsweisen nennt Brandt. Vgl. Brandt »Ethical Relativism«.

Ich möchte den Begriff des Relativismus im Folgenden jedoch in einem etwas engeren Sinn verwenden. Charakteristisch für eine relativistische Auffassung in diesem engeren Sinn ist die These, dass die Moral in Hinblick auf ihre Objektivität von der gleichen Art ist wie der Bereich reiner Geschmacksurteile beziehungsweise wie der Bereich bloßer Konvention. Für diese gilt, ebenso wie für den Bereich der Gefühle und Wünsche, dass sie keine Objektivität beanspruchen können.[150] Auch der relativistische Antiobjektivist möchte also den Status der Moral durch den Vergleich mit einem eindeutig nichtobjektiven Bereich klären. Er wählt nur ein anderes Vergleichsobjekt als der expressivistische Antiobjektivist. Betrachten wir kurz die einfachste Variante des relativistischen Antiobjektivismus: den *indexikalischen Relativismus*.[151]

Nach Ansicht des indexikalischen Relativisten sagt derjenige, der den Satz »Es ist falsch, Menschen zu foltern« äußert, nicht einfach, dass es falsch ist, Menschen zu foltern, sondern dass diese Handlungsweise einem bestimmten Standard nicht entspricht. Es gibt dann verschiedene Möglichkeiten, die Frage zu beantworten, *welcher* Standard hier relevant ist, und dementsprechend gibt es auch verschiedene Formen des Relativismus.[152] (1) Dem *individuellen Relativisten* zufolge bringt derjenige, der den Satz »Es ist falsch, Menschen zu foltern« äußert, zum Ausdruck, dass der Akt des Folterns nicht dem Standard entspricht, der durch seinen eigenen Geschmack, seine eigene Wünsche etc. definiert ist. (2) Dem *kulturellen Relativisten* zufolge bringt der Sprecher mit dem Urteil

---

[150] Vgl. S. 31-34.

[151] Relativistische Ansätze dieser Art vertreten unter anderem Wong und Harman. Vgl. Wong *Moral Relativity*, Harman/Thomson *Moral Relativism and Moral Objectivity*. Es gibt andere Formen des Relativismus, wie etwa Kölbels Wahrheitsrelativismus (vgl. Kölbel *Truth without Objectivity*, »Faultless Disagreement« sowie »Indexical Relativism vs Genuine Relativism«) oder auch Harths ethischen Fiktionalismus (vgl. Harth *Wert und Wahrheit*), eine Fortführung der Position Crispin Wrights. Die meisten Einwände, die ich hier gegen den indexikalischen Relativismus vorbringe, lassen sich meines Erachtens unmittelbar auf diese Varianten übertragen.

[152] Manchmal spricht man in diesem Zusammenhang auch von »subjektivistischen« beziehungsweise »intersubjektivistischen« (im Gegensatz zu »objektivistischen«) Ansätzen. Vgl. etwa Sayre-McCord »Introduction. The Many Moral Realisms«, S. 16-19.

zum Ausdruck, dass der Akt des Folterns nicht dem Standard entspricht, der durch die Gebräuche, Überlieferungen etc. der Kultur des Sprechers gegebenen ist. (3) Dem *historischen Relativisten* zufolge bringt der Sprecher zum Ausdruck, dass der Akt des Folterns nicht dem Standard entspricht, der in seiner Zeit vorherrscht, und so weiter. Man kann diese Thesen auch so beschreiben: Wenn ein Sprecher den Satz äußert »Es ist falsch, Menschen zu foltern«, dann stimmt er derselben Proposition zu, wie wenn er den Satz äußert »Es ist, gemessen am Maßstab *meines* Geschmacks/*meiner* Kultur/*meiner* Zeit etc., falsch, Menschen zu foltern« – daher die Bezeichnung »indexikalischer Relativismus«.[153]

Der Relativist teilt somit die Ansicht des expressivistischen Antiobjektivisten, dass der Satz »Es ist falsch, Menschen zu foltern« (für sich genommen) nicht wahr oder falsch sein kann. Das liegt aber seiner Auffassung zufolge nicht daran, dass wir mit dem Satz etwas anderes als eine Überzeugung zum Ausdruck bringen. Der Grund ist vielmehr der gleiche, aus dem auch die Sätze »Der Kirschkuchen schmeckt gut«, »Man schmatzt nicht bei Tisch« oder »Der Turm steht rechts« für sich genommen nicht wahr oder falsch sein können: Bei all diesen Sätzen variiert der Wahrheitswert mit dem Kontext der Äußerung. Dementsprechend liegt zunächst nicht fest, *welche* Überzeugung mit diesen Sätzen ausgedrückt wird. Sobald man den Äußerungskontext jedoch festlegt, hat der Satz »Es ist falsch, Menschen zu foltern« einen Wahrheitswert (den man auch erkennen kann) und dient dazu, eine ganz bestimmte Überzeugung zum Ausdruck zu bringen.

Auf diese Weise hat der Relativist natürlich auch eine direkte Antwort auf die Frage, warum wir im Bereich der Moral von Wahrheit, Überzeugung und Erkenntnis sprechen. Diese Begriffe sind dem Bereich der Moral tatsächlich angemessen, vorausgesetzt, man legt den Kontext der Äußerung eines moralischen Urteils fest. Dass wir die indexikalische Natur moralischer Äußerungen häufig übersehen, beschert uns nach Ansicht des Relativisten gerade unsere metaethischen Probleme. Betrachten wir, ob diese nun tatsächlich aus der Welt geschafft sind.

153 Vgl. dazu Streiffer *Moral Relativism and Reasons for Action*, 1. Kapitel.

A. Moralische Wahrheit. Der relativistische Antiobjektivist ist zunächst einmal tatsächlich einige der Probleme los, mit denen der expressivistische Antiobjektivist zu kämpfen hat. So kann er etwa ohne Schwierigkeiten mit dem Geach-Problem umgehen:[154] Den moralischen Schluss, den wir oben (S. 91) betrachtet haben, sehen wir aus genau dem gleichen Grund als gültig an, aus dem wir auch den folgenden Schluss als gültig ansehen:

(1) Der Turm befindet sich auf der rechten Seite.
(2) Wenn der Turm sich auf der rechten Seite befindet,
dann befindet sich auch die Schule auf der rechten Seite.

---

(3) Die Schule befindet sich auf der rechten Seite.

Wir betrachten diesen Schluss als gültig, und der Satz »der Turm befindet sich auf der rechten Seite« hat in Prämisse (1) die gleiche Bedeutung wie in Prämisse (2). Dennoch hat Prämisse (1) keinen festgelegten Wahrheitswert, weil der Satz einen indexikalischen Ausdruck enthält. Entscheidend ist nur, dass diese Prämisse einen Wahrheitswert hat, sobald sie in einem festgelegten Kontext geäußert wird (und natürlich dass sich der Kontext im Verlauf des Schlusses nicht ändert).[155] Der Relativist scheint so die Schwierigkeiten der antiobjektivistischen Semantik überwinden zu können.

---

[154] Darauf weist beispielsweise Dreier hin. Vgl. Dreier »Internalism and Speaker Relativism«. Beeindruckt von der Leistungsfähigkeit einer relativistischen Semantik versucht Scarano, diese Semantik mit einem ansonsten expressivistischen Antiobjektivismus zu verbinden. Vgl. Scarano *Moralische Überzeugungen*, Kapitel 5.3. Ob das tatsächlich gelingt, kann hier offen bleiben, da ich nachfolgend auch gegen die Angemessenheit einer relativistischen Semantik argumentieren werde.

[155] In gleicher Weise kann man übrigens auch entsprechende Schlüsse deuten, die echte Geschmacksurteile enthalten, denn diese lassen sich als versteckt indexikalische Urteile auffassen. Vgl. S. 31-33. Das ist eine völlig harmlose »kognitivistische« Deutung von Geschmacksurteilen. Aus diesem Grund halte ich beispielsweise die Kritik von Czaniera am Geach-Argument für verfehlt. Czaniera schreibt: »*Der Geach-Frege-Point schießt weit über das Ziel hinaus, indem er uns auf eine kognitivistische Deutung auch von Geschmacksurteilen festzulegen scheint.*« Vgl. Czaniera *Gibt es moralisches Wissen?*, S. 206 (im Original kursiv). Reine Geschmacksurteile lassen sich nach dem Modell indexikalischer Ur-

Der Schein trügt jedoch. Zwar kann der Relativist mit dem Geach-Problem umgehen. Dafür ergeben sich andere Schwierigkeiten aus seiner These, dass moralische Urteile wie Urteile, die indexikalische Ausdrücke enthalten, zu deuten sind. Dass moralische Urteile nämlich *nicht* derart kontextabhängig sind, scheint unmittelbar aus zwei (miteinander verwandten) sprachlichen Beobachtungen zu folgen:[156]

1. Betrachten wir etwa den folgenden Wortwechsel:

> Klaus: »Es ist unter keinen Umständen richtig, einen Menschen zu töten.«
> Franz: »Es ist unter bestimmten Umständen durchaus richtig, einen Menschen zu töten.«

Würden wir Zeuge dieses Wortwechsels werden, so wäre es für uns völlig klar, dass Franz und Klaus sich widersprechen. Man stelle sich dazu nur vor, was wir zu folgender Fortsetzung des Gesprächs sagen würden:

> Maria: »Da habt ihr ja beide völlig recht, aber warum regt ihr euch so auf?«

Diese Äußerung erschiene uns klarerweise unsinnig. Wäre die semantische Analyse des, sagen wir: kulturellen, Relativisten angemessen, so würden Klaus und Franz sich nicht widersprechen und dementsprechend wäre Marias Äußerung auch nicht unsinnig. Klaus würde zum Ausdruck bringen, dass es gemessen an den moralischen Vorstellungen *seiner* Kultur unter keinen Umständen richtig ist, einen Menschen zu töten. Franz würde sagen, dass es gemessen an den moralischen Vorstellungen *seiner* Kultur unter bestimmten Umständen durchaus richtig ist, einen Menschen zu töten. Und beides könnte, wie Maria sagt, wahr sein. Also wider-

---

teile kognitivistisch deuten. Und insofern die Geschmacksurteile keine *reinen* Geschmacksurteile sind, verlangen sie sowieso eine objektivistische (das heißt insbesondere eine kognitivistische) Interpretation.

[156] Vgl. beispielsweise Lyons »Ethical Relativism and the Problem of Incoherence«.

sprechen Klaus und Franz sich nicht.[157] Die Tatsache, dass wir die Äußerungen von Klaus und Franz als sich widersprechend und die Äußerung Marias als unsinnig empfinden, zeigt an, dass wir moralische Urteile nicht für in relevanter Hinsicht kontextabhängig halten.

Man betrachte zum Vergleich ein analoges Beispiel, bei dem tatsächlich eine Kontextabhängigkeit vorliegt:

> Klaus: »Ich bin ein Mann.«
> Maria: »Ich bin kein Mann.«
> Franz: »Da habt ihr beide völlig recht.«

Niemand würde glauben, dass Klaus und Maria sich widersprechen, und niemand würde die Äußerung von Franz für unsinnig halten. Das Gespräch über die Frage, ob es unter bestimmten Umständen richtig oder nicht richtig ist, einen Menschen zu töten, verstehen wir offensichtlich anders. Die semantische Analyse des kulturellen Relativisten ist demnach kontraintuitiv; sie widerspricht unserem natürlichen Sprachgefühl. Entsprechende Überlegungen gelten für andere Varianten des Relativismus.

2. Auch das folgende Beispiel spricht gegen die angebliche Kontextabhängigkeit moralischer Aussagen:

> Klaus: »(Ich bin nach langem Nachdenken zu der Überzeugung gekommen:) Es ist unter bestimmten Umständen richtig, einen Menschen zu töten.«
> Franz: »(Ich habe schon immer geglaubt:) Es ist unter bestimmten Umständen richtig, einen Menschen zu töten.«

Würden wir diesen Dialog mit anhören, so wären wir ganz sicher der Auffassung, dass Klaus und Franz sich geeinigt hätten. Man stelle sich vor, Maria ergänzt Folgendes:

---

[157] Selbst wenn Klaus und Franz derselben Kultur angehören, würde man wohl nicht von einem echten Widerspruch sprechen. Jedenfalls kann es sein, dass Klaus und Franz sich *eindeutig* nicht widersprechen, wenn nämlich der eine einer anderen Kultur angehört als der andere und die beiden Kulturen verschiedene moralische Vorstellungen haben.

> Maria: »Da stimme ich Klaus völlig zu, aber Franz täuscht sich.«

Diese Äußerung erschiene uns wiederum unsinnig. Nach der Analyse des Relativisten erhalten wir aber auch hier das kontraintuitive Resultat, dass Klaus und Franz sich nicht geeinigt haben. Klaus sagt wiederum etwas über *seine* Kultur und Franz über *seine*. Also könnte, wie Maria sagt, die Äußerung des einen wahr, die des anderen falsch sein. So verstehen wir das Beispiel aber offensichtlich nicht.

Man betrachte wiederum zum Vergleich ein analoges Beispiel mit klarerweise kontextabhängigen Aussagen:

> Klaus: »Ich bin ein Mann.«
> Maria: »Ich bin ein Mann.«
> Franz: »Da stimme ich Klaus völlig zu, aber Maria täuscht sich.«

Hier ist klar, dass Klaus und Maria sich auf gar nichts geeinigt haben. Dementsprechend ist auch die Äußerung von Franz sinnvoll. Den moralischen Diskurs verstehen wir anders, also nicht so wie ihn der kulturelle Relativist analysiert. Und Entsprechendes gilt wiederum für die anderen Varianten des Relativismus.[158] Der expressivistische Antiobjektivist hat bestimmte Probleme, weil er die Rede von moralischer Wahrheit ablehnt. Der Relativist umgeht diese, indem er die Rede von moralischer Wahrheit zulässt, wenn auch nur in Bezug auf kontextabhängige moralische Urteile. Wie man sieht, schafft er sich damit aber neue Schwierigkeiten, die keineswegs leichter zu lösen sind als die des Expressivisten.[159]

B. Moralische Überzeugung. Der Relativist hat, anders als der Expressivist, keine Schwierigkeiten mit der Phänomenologie mora-

---

[158] Es lassen sich zudem weitere sprachliche Beobachtungen anführen, die für einige, aber nicht für alle Varianten des Relativismus problematisch sind. Vgl. dazu Streiffer *Moral Relativism and Reasons for Action*, S. 10-12.

[159] In »Das semantische Problem des moralischen Relativisten« diskutiere ich verschiedene Versuche, die angeführten Schwierigkeiten in den Griff zu bekommen, und argumentiere dafür, dass sie scheitern.

lischer Überzeugungen. Moralische Überzeugungen fühlen sich an wie Überzeugungen, weil moralische Äußerungen tatsächlich dazu dienen, Überzeugungen zum Ausdruck zu bringen. Allerdings sollte man daraus nicht schließen, dass der Relativist der Natur moralischer Überzeugungen besser gerecht wird als der expressivistische Antiobjektivist. Wo dieser Probleme mit der Phänomenologie moralischer Überzeugungen hat, hat jener nämlich grundlegende Probleme mit deren Eigentümlichkeit: ihrer motivierenden Kraft. Betrachten wir das genauer.

Moralische Überzeugungen, so hatten wir gesagt, sind für den rationalen Menschen intrinsisch motivierend. Die Überzeugung, dass eine bestimmte Handlung den Standards einer Kultur oder Zeit entspricht, ist dagegen *nicht* intrinsisch motivierend. Es stellt keinen *begrifflichen* Widerspruch dar, von einer Person A zu sagen, sie sei der Überzeugung, dass eine Handlung X nicht den vorherrschenden Standards ihrer Kultur oder Zeit entspricht, dass A die Handlung X ausführt und dass A dennoch nicht (intern) irrational, also beispielsweise willensschwach, ist. Es kann ja sein, dass die Person A die Standards ihrer Kultur oder Zeit für falsch hält. Und dann wäre die Person gerade irrational, beispielsweise willensschwach, wenn sie täte, was die Kultur oder Zeit von ihr verlangt, anstatt nach ihrem eigenen besten Urteil zu handeln. Ein kultureller oder historischer Relativist kann also die intrinsische motivierende Kraft moralischer Überzeugungen nicht erklären.

Man könnte meinen, dass ein individueller Relativist dieses Problem umgeht. Nehmen wir also an, jemand, der sagt »Es ist richtig, Handlung X auszuführen«, bringt damit die Überzeugung zum Ausdruck, dass die Handlung X *seinen eigenen* Standards entspricht. Jetzt scheinen wir den (der zweiten Eigentümlichkeit der Moral gemäß) geforderten begrifflichen Widerspruch erzeugen zu können: Kann man von einer Person A sagen, sie sei der Überzeugung, dass eine Handlung X (alles in allem) ihren Standards entspricht, dass A die Handlung X nicht ausführt und dass A dennoch nicht irrational ist? Scheinbar nicht. Doch der Schein trügt. Es ist nicht die Überzeugung, dass etwas dem eigenen Standard entspricht, *für sich genommen*, die für den rationalen Menschen motivierende Kraft hat. Nur zusammen mit der normativen Überzeugung, dass es richtig ist, sich von seinen eigenen Standards leiten zu lassen, bekommt diese Überzeugung für den rationalen Menschen motivierende Kraft.

Man könnte einwenden, dass diese normative Überzeugung doch bereits notwendig mit dem Besitz eines *Standards* verbunden ist. Dass eine Handlung meinen eigenen Standards entspricht, heißt doch nichts anderes, als dass die Handlung nach meiner Ansicht richtig ist. Meines Erachtens ist das eine sehr plausible Sichtweise, nur kann der individuelle Relativist so gerade nicht argumentieren. Denn auf der Grundlage dieser Sichtweise verschwindet seine Theorie: Er behauptet, dass mein Urteil »Es ist richtig, Handlung X auszuführen« dazu dient, meine Überzeugung auszudrücken, dass Handlung X (alles in allem) meinen Standards entspricht. Wenn aber das wiederum nichts anderes heißt, als dass ich es für richtig halte, Handlung X auszuführen, dann würde der individuelle Relativist letztlich nur Folgendes sagen: Das Urteil »Es ist richtig, Handlung X auszuführen« dient dazu, die Überzeugung zum Ausdruck zu bringen, dass es richtig ist, Handlung X auszuführen. Aber die Natur dieser Überzeugung wollte der Relativist gerade klären.

Man kann sich weiterhin fragen, ob der individuelle Relativist die motivierende Kraft moralischer Überzeugungen zumindest dann verständlich machen könnte, wenn man von dem Phänomen interner Irrationalität absieht.[160] Aber selbst das ist nicht der Fall. Dass die bloße Überzeugung, dass eine bestimmte Handlung alles in allem meinen eigenen Standards entspricht, keine *intrinsische* motivierende Kraft hat, sieht man daran, dass diese Überzeugung ja falsch sein kann: Ich kann mich, zumindest prinzipiell, darüber täuschen, was meinen eigenen Standards entspricht und was nicht (auch wenn ich mich tatsächlich darüber selten täuschen werde). Selbst wenn wir annehmen, dass ich notwendigerweise motiviert wäre, eine Handlung auszuführen, die alles in allem meinen Standards entspricht,[161] so stellt doch die Tatsache, dass ich *glaube*, dass eine Handlung meinen Standards entspricht, nicht sicher, dass sie ihnen tatsächlich entspricht, und hat deshalb nicht

---

160 Auch der Expressivist hatte ja, wie wir gesehen haben, Schwierigkeiten, dieser gerecht zu werden. Vgl. S. 94-96.

161 Diese These erlangt Plausibilität, wenn der Relativist unter »meinen Standards entsprechen« so etwas wie »meinen (stärksten) Wünschen oder Neigungen entsprechen« versteht.

unbedingt die entsprechende Motivation zur Folge. Die Überzeugungen, die wir nach Ansicht des Relativisten mittels moralischer Äußerungen zum Ausdruck bringen, sind also auch dann nicht intrinsisch motivierend, wenn wir vom Phänomen praktischer Irrationalität absehen.

Auch diese Überlegung setzt wieder die (zugunsten des Relativisten gemachte) Annahme voraus, dass die Überzeugung, dass eine Handlung meinen Standards entspricht, nicht selbst bereits eine normative Überzeugung ist. Denn wenn diese Überzeugung nichts anderes wäre als die Überzeugung, dass es richtig ist, die Handlung auszuführen, dann wäre sie (für den rationalen Menschen) zwar intrinsisch motivierend – die relativistische Theorie wäre dann aber inhaltsleer.[162] Der relativistische Antiobjektivist kann mit der zweiten Eigentümlichkeit der Moral also wesentlich schlechter als der expressivistische Antiobjektivist umgehen.

Entsprechendes gilt dann natürlich auch für die erste Eigentümlichkeit der Moral, also die intrinsische normative Kraft moralischer *Wahrheiten*. Die Tatsache, dass eine Handlung den Standards meiner Kultur (meiner Zeit etc.) entspricht, kann durchaus ein Grund sein, die Handlung auszuführen. Aber das Urteil, dass die Handlung den Standards entspricht, ist nicht selbst ein Urteil über ein Sollen beziehungsweise über das Vorliegen von Gründen. Es stellt keinen begrifflichen Widerspruch dar, zu sagen: »Alles in allem entspricht Handlung X den Standards meiner Kultur (meiner Zeit etc.), aber ich sollte X nicht ausführen, das heißt, die besten Gründe sprechen dafür, X nicht auszuführen.« Dagegen ist es ein Widerspruch, wenn man sagt: »Es ist alles in allem richtig, die Handlung X auszuführen, aber ich sollte X nicht ausführen, das heißt, die besten Gründe sprechen dafür, X nicht auszuführen.« Demnach kann die Äußerung »Es ist alles in allem richtig, X auszuführen« nicht einfach Ausdruck der Überzeugung sein, dass X alles in allem den Standards meiner Kultur (meiner Zeit etc.) entspricht.

Auch hier steht der individuelle Relativist letztlich nicht besser da. Zwar könnte er darauf hinweisen, dass es einen begrifflichen Widerspruch darstellt, wenn jemand sagt: »Alles in allem

---

[162] Wie gesagt: Die relativistische Theorie würde dann nur noch besagen, dass derjenige, der sagt »Es ist richtig, die Handlung auszuführen«, die Überzeugung zum Ausdruck bringt, dass es richtig ist, die Handlung auszuführen.

entspricht X meinen eigenen Standards, aber ich sollte X nicht ausführen.« Aber damit hätte er gerade zugegeben, dass auch die Tatsache, dass etwas meinen Standards entspricht, intrinsisch normativ und damit genauso problematisch ist wie die Tatsache, dass es richtig ist, X auszuführen. Wenn er andererseits unter »meinen eigenen Standards entsprechen« etwas Unproblematisches wie »meinen stärksten Neigungen entsprechen« versteht, verschwindet wiederum der begriffliche Widerspruch, denn man kann selbstverständlich der Ansicht sein, dass eine Handlung den stärksten eigenen Neigungen entspricht, man sie aber dennoch nicht ausführen sollte. Auch der ersten Eigentümlichkeit der Moral wird der Relativist also nicht gerecht.

Den Schwierigkeiten mit der ersten und zweiten Eigentümlichkeit der Moral kann der Relativist nur entgehen, indem er leugnet, dass die Moral diese Eigentümlichkeiten wirklich aufweist. Mit dieser Überlegung werde ich mich im nächsten Kapitel ausführlich beschäftigen.

C. Moralische Erkenntnis. In Bezug auf die Erklärung moralischer Erkenntnis sieht es für den Relativisten zunächst einmal recht gut aus. Man kann sogar sagen, dass die Hauptmotivation für die Entwicklung einer relativistischen Theorie von der Beobachtung der individuellen, gesellschaftlichen, kulturellen etc. Vielfalt moralischer Vorstellungen (und der daraus resultierenden Häufigkeit von Meinungsverschiedenheiten) ausgeht.[163] Genau diese Vielfalt erklärt die Theorie. Die Geschmäcker, Bräuche, Konventionen etc. und damit die Standards, an denen gemessen wird, sind eben verschieden. Und wenn moralische Urteile letztlich nur darüber etwas aussagen, ob eine Handlung einem bestimmten Standard entspricht, dann müssen diese Urteile so unterschiedlich wie die zugrunde liegenden Standards ausfallen. Der Grund, warum wir weder mit empirischen noch mit formalen Erkenntnismitteln zu einer Einigung kommen, besteht darin, dass wir es überhaupt nicht mit echten Meinungsverschiedenheiten zu tun haben. Und dass

---

[163] Wie beispielsweise Harman sagt: »[Relativism, G.E.] is a reasonable inference from the most plausible explanation of the range of moral diversity that actually exists«. Vgl. Harman/Thomson *Moral Relativism and Moral Objectivity*, S. 10. Vgl. auch Harman »Is There a Single True Morality«.

wir glauben, es müsse sich doch herausfinden lassen, wer recht hat, liegt nach Ansicht des Relativisten gerade daran, dass wir die Natur der Moral nicht richtig verstehen.

Aber auch in Bezug auf die Frage nach der Natur moralischer Erkenntnis beziehungsweise nach der Natur moralischer Streitigkeiten ergeben sich Schwierigkeiten. Ob es »an sich« unter allen Umständen falsch ist, einen Menschen zu töten oder nicht, lässt sich nach Ansicht des Relativisten nämlich nicht erkennen. Diese Frage ist vielmehr ebenso sinnlos wie die Frage, ob der Turm an sich rechts oder links steht. Aber genau darüber, was an sich richtig oder falsch ist, scheinen wir häufig zu streiten. Genau hier suchen wir nach Erkenntnis. Natürlich kann es nach Ansicht des Relativisten moralische Erkenntnis insofern geben, als es eine Frage der Psychologie, Soziologie, Ethnologie, Geschichtswissenschaft etc. ist, welche moralischen Standards eine Person, Gruppe, Kultur, Zeit etc. tatsächlich anlegt. Dementsprechend kann man auch empirisch herausfinden, ob eine bestimmte Handlung dem relevanten Standard entspricht oder nicht. Aber darum scheint es in genuin moralischen Auseinandersetzungen gerade nicht, oder jedenfalls nicht nur, zu gehen. Wir streiten uns vielmehr (auch noch) darum, welche Standards die richtigen sind. Und das ist nach Ansicht des Relativisten schlicht sinnlos. Der Relativist hat in seiner Theorie also Platz für moralische Auseinandersetzungen und Erkenntnisse – aber leider den falschen.

Die Schwierigkeiten, mit denen der relativistische Antiobjektivist zu kämpfen hat, ergeben sich daraus, dass er den Status der Moral durch den Vergleich mit dem Bereich der reinen Geschmacksurteile beziehungsweise der bloßen Konvention klären möchte. Tatsächlich ist die Moral aber von ganz anderer Art. Wie schon in Bezug auf den expressivistischen Antiobjektivisten können wir darum sagen, dass auch der Relativist das falsche Vergleichsobjekt wählt.[164]

[164] Man hat auch versucht, Elemente des expressivistischen und des relativistischen Antiobjektivismus miteinander zu verbinden. Vgl. etwa Scarano *Moralische Überzeugungen*. Dass solche Theorien die Probleme beider Ansätze erben, zeigt Harth. Vgl. Harth *Wert und Wahrheit*, 1. Teil, IV. Kapitel, sowie ders. »Rezension: Nico Scarano *Moralische Überzeugungen*«.

Die Moral unterscheidet sich grundlegend von den Bereichen, die keine Objektivität beanspruchen können, sowohl vom Bereich der Gefühle und Wünsche als auch vom Bereich der reinen Geschmacksurteile und bloßen Konventionen. Vielleicht sollte man darum nicht die erste Prämisse des Trilemmas der Moral – die These, dass die Moral Objektivität beanspruchen kann –, sondern eher die zweite Prämisse – die These, dass die Moral sich grundlegend von der Wissenschaft unterscheidet – zurückweisen. Mit dieser Strategie werden wir uns jetzt auseinandersetzen.

2.3. Unterscheidet sich die Moral von der Wissenschaft?

Ist man der Ansicht, dass die Strategie des Antiobjektivisten nicht zur Auflösung des Trilemmas der Moral führt, so bietet sich ein zweiter Lösungsweg an: der Ansatz der *Antidualisten*.[165] Diese sind zunächst einmal vom Objektivitätsmonopol der Wissenschaft überzeugt: Wenn in einem Bereich Anspruch auf Objektivität erhoben werden kann, wenn also in einem Bereich von Wahrheit, Überzeugung und Erkenntnis die Rede sein kann, dann muss dieser Bereich von ähnlicher Art sein wie die Wissenschaft. Zugleich sind Antidualisten jedoch von den Beobachtungen beeindruckt, die darauf hindeuten, dass wir annehmen, die Moral könne Anspruch auf Objektivität erheben. Die Tatsache, dass wir uns so verhalten (insbesondere, dass wir so sprechen) als könnte die Moral diesen Anspruch erheben, wird ihrer Ansicht nach am besten dadurch erklärt, dass sie diesen Anspruch tatsächlich erheben kann. Die Wahrheitsfähigkeit moralische Aussagen, die Phänomenologie moralischer Überzeugungen, die Natur moralischer Streitigkeiten und Erkenntnis wären somit zumindest *ebenso* gut (oder schlecht) verständlich wie entsprechende Phänomene im Bereich der Wissenschaft. Wenn aber allein die Wissenschaft und was von ihrer Art ist Objektivität beanspruchen kann und wenn dennoch die Moral zu Recht Anspruch auf Objektivität erhebt, dann kann die Moral nicht von grundlegend anderer Art sein als die Wissenschaft. Und so ist der Antidualist gezwungen, die Verschiedenheit von Moral und Wissenschaft zu bestreiten.

Antidualisten gehen häufig davon aus, dass derjenige, der den Objektivitätsanspruch der Moral leugnet, die Beweislast trägt. Nicht die Objektivität, sondern deren Ablehnung muss demnach begründet werden.[166] Meines Erachtens sieht der Antidualist die ar-

---

165 Die Philosophen, die ich als Antidualisten bezeichne, werden in der metaethischen Literatur meistens »Realisten« oder genauer »Naturalisten« genannt. Typische Vertreter einer antidualistischen Strategie sind beispielsweise Boyd, Brink, Railton, Schaber und Sturgeon. Vgl. die entsprechenden Angaben im Literaturverzeichnis.

166 Vgl. dazu beispielsweise Brink *Moral Realism and the Foundations of Ethics*, 2. Kapitel. Nicht nur *moralischen* Realisten ist die Auffassung eigen, dass ihre Position die dialektische Ausgangsposition ist, dass also nicht sie Argumente für, sondern die Gegner Argumente gegen den

gumentative Lage allerdings verzerrt, wenn er glaubt, dass seine Position, anders als die des Antiobjektivisten (und auch anders als die des Antimonopolisten), die prima facie plausible Ausgangshaltung repräsentiert. Nicht nur die These, dass die Moral Anspruch auf Objektivität erheben kann, stützt sich auf Beobachtungen über unser gewöhnliches Verhalten (insbesondere unseren gewöhnlichen Sprachgebrauch), sondern *alle drei* Thesen des Trilemmas der Moral! Die Tatsache, dass wir uns so verhalten (und so sprechen), als könne die Moral Anspruch auf Objektivität erheben, kann vor dem Hintergrund der Annahme, dass nur die Wissenschaft Anspruch auf Objektivität erheben kann, tatsächlich am besten dadurch erklärt werden, dass man die grundlegende Verschiedenheit von Moral und Wissenschaft ablehnt. Aber ebenso kann die Tatsache, dass wir uns so verhalten (und so sprechen), als sei die Moral grundlegend von der Wissenschaft verschieden, vor dem Hintergrund der Annahme des Objektivitätsmonopols der Wissenschaft am besten dadurch erklärt werden, dass man den Anspruch der Moral auf Objektivität ablehnt. Entsprechendes könnte der Antimonopolist anführen. Wie die Vertreter der anderen Ansätze auch, muss darum der Antidualist zeigen, wie seine Theorie mit bestimmten Beobachtungen über unsere gewöhnliche Praxis im Umgang mit dem Bereich der Moral fertig wird. In seinem Fall geht es um die Beobachtungen, die gegen die Gleichbehandlung von Moral und Wissenschaft sprechen. Mit anderen Worten: Die Hauptaufgabe des Antidualisten besteht darin, aufzuzeigen, dass es sich bei den Eigentümlichkeiten der Moral in Wahrheit nicht um Eigentümlichkeiten handelt.[167]

Dabei kann der Antidualist im Wesentlichen zwischen zwei Argumentationsweisen wählen: Entweder er zeigt, dass das, was wie eine Eigentümlichkeit der Moral aussieht, tatsächlich *auch* bei der Wissenschaft zu finden ist. Oder aber er zeigt, dass das, was wie eine Eigentümlichkeit der Moral aussieht, tatsächlich bei der Moral *nicht* zu finden ist. Typische Antidualisten verfolgen, was ich

Realismus anführen müssen. Vgl. beispielsweise Devitt *Realism and Truth*, 5. Kapitel.

167 Man beachte: Hier wird nur behauptet, dass der *moralische* Realist für sich nicht die dialektische Ausgangsposition beanspruchen kann – über die argumentative Lage im Streit um nicht-moralische Realismusthesen ist damit nichts gesagt.

eine *gemischte Strategie* nennen möchte: Was wir als die Eigentümlichkeiten der Moral bezeichnet hatten, versuchen sie *teilweise* auch im Bereich der Wissenschaft nachzuweisen. Und wo dieser Nachweis nicht möglich ist, versuchen sie aufzuzeigen, dass es ein Irrtum ist, zu glauben, die Moral selbst besitze die entsprechende Eigentümlichkeit. Betrachten wir zunächst die Eigentümlichkeit, bei der diese Strategie am besten zu funktionieren scheint: die Eigentümlichkeit moralischer *Erkenntnis*.

A. Moralische Erkenntnis. Die Eigentümlichkeit moralischer Erkenntnis besteht, so scheint es zumindest, darin, dass moralische Erkenntnis (1) weder eindeutig empirischer noch eindeutig formaler Art ist und (2) häufig nicht zur Entscheidung der zahlreichen, tatsächlich vorhandenen Meinungsverschiedenheiten genügt. Nach Ansicht des typischen Antidualisten handelt es sich beim ersten Teil dieser Aussage um einen Irrtum; der zweite Teil dagegen ist nicht falsch, bringt aber keine *Eigentümlichkeit* der Moral zum Ausdruck. Die These, dass es sich bei moralischer Erkenntnis nicht um eine Form von formaler Erkenntnis handelt, betrachtet der Antidualist als richtig. Dass wir aber glauben, moralische Erkenntnis sei von anderer Art als empirische Erkenntnis, beruht seiner Ansicht nach auf einer unangemessenen Vorstellung davon, wie die empirische Wissenschaft zu ihren Ergebnissen kommt. Betrachten wir das genauer.

Wir können zweifellos nicht einfach beobachten, ob eine Handlung richtig oder falsch ist. Aber es wäre nach Ansicht des Antidualisten naiv, zu glauben, dass wir irgendein bedeutenderes[168] Ergebnis der Wissenschaft durch einfache Beobachtung überprüfen könnten. Die Betonung liegt dabei auf »einfach«. Wir gehen natürlich davon aus, dass *empirische* Wissenschaften ihre Ergebnisse (auch) aus der Erfahrung gewinnen. Das Verhältnis zwischen Theorie und Beobachtung ist jedoch keineswegs einfach. Der Antidualist kann hier vor allem auf die Ergebnisse der wissenschaftstheo-

[168] Man denke etwa an Newtons Gesetze. *Kein* bedeutendes Ergebnis der Wissenschaft ist die Erkenntnis, dass der Hund Waldi vier Beine hat. (Das kann man tatsächlich durch einfache Beobachtung überprüfen.)

retischen Forschung der letzten hundert Jahre verweisen.[169] Eines dieser Ergebnisse, das fast schon zu einem Gemeinplatz der Wissenschaftstheorie geworden ist, besteht in der Erkenntnis, dass alle Beobachtung theorieabhängig ist, das heißt, dass jede empirische Überprüfung einer Theorie A selbst auf der Annahme von mehr oder minder eng verwandten Theorien B, C, … basiert.[170] Das hat dann unter anderem zur Folge, dass es nicht möglich ist, A direkt zu widerlegen: Wenn das Versuchsergebnis anders ausfällt, als A erwarten lässt, so kann es sein, dass A falsch ist oder dass B falsch ist oder dass C falsch ist …[171] Häufig fällt es uns allerdings nicht besonders schwer, zu entscheiden, welche Theorie wir aufgeben sollten.

Vor diesem Hintergrund ist es nicht verwunderlich, dass wir auch moralische Thesen nicht empirisch testen können, ohne bereits bestimmte Annahmen über moralische Zusammenhänge zu machen, und dass uns die Empirie nicht immer eindeutig sagt, welche moralischen Thesen wir gegebenenfalls aufgeben sollen. Prinzipiell befinden wir uns hier in genau der gleichen Position wie in Hinblick auf wissenschaftliche Thesen: Erst wenn wir gewisse moralische Hintergrundannahmen machen, wird die Gesamtheit aus Hintergrundannahmen und einer bestimmten moralischen These empirisch überprüfbar. Und hier fällt es uns ebenfalls oft nicht schwer, zu entscheiden, ob wir die Hintergrundannahmen oder die fragliche moralische These aufgeben sollen. Sturgeon gibt folgendes Beispiel für eine empirische Überprüfung einer moralischen Hypothese:

---

169 Kurze Überblicke über die Entwicklung der modernen Wissenschaftstheorie geben beispielsweise Chalmers *Wege der Wissenschaft* sowie Lauth/Sareiter *Wissenschaftliche Erkenntnis*.

170 Vgl. dazu vor allem Hanson *Patterns of Discovery*, Kuhn *The Structure of Scientific Revolutions*, Feyerabend *Wider den Methodenzwang* und Popper *Logik der Forschung*. Vgl. auch Newton-Smith *The Rationality of Science*.

171 Damit gerät, wie man schon sehr früh erkannte, Poppers Falsifikationismus in Schwierigkeiten. Vgl. dazu Neurath »Pseudorationalismus der Falsifikation«. Die Behauptung, dass wissenschaftliche Theorien immer nur als Ganze (holistisch) an der Erfahrung überprüft werden können, ist die bekannte Quine-Duhem-These.

> From the surprising moral thesis that Adolf Hitler was a morally admirable person, together with a modest piece of moral theory to the effect that no morally admirable person would, for example, instigate and oversee the degradation and death of millions of persons, one can derive the testable consequence that Hitler did not do this. But he did, so we must give up one of our premises; and the choice of which to abandon is neither difficult nor controversial. [172]

Die Taten Hitlers *allein* widerlegen die (moralische) These, dass er eine moralisch bewunderungswürdige Person war, natürlich nicht. Aber wenn wir davon ausgehen, dass eine Person nicht moralisch bewunderungswürdig ist, falls sie bestimmte Dinge tut, wenn wir also eine bestimmte (in diesem Fall unkontroverse) moralische Hintergrundannahme einführen, dann sagt uns allein die Erfahrung, ob Hitler Bewunderung verdient (weil die Erfahrung uns sagt, was er getan hat). Auf diese Weise können wir moralische Beobachtungen anstellen.

Das Beispiel ist völlig analog zu wissenschaftlichen Tests: Die Nebelkammerspur allein sagt uns noch nicht, dass da ein Proton geflogen ist. Erst wenn wir eine bestimmte *physikalische* Theorie zugrunde legen, können wir aus unserer Beobachtung auf das Vorbeifliegen eines Protons schließen beziehungsweise das Vorbeifliegen des Protons »sehen«. Auf diese Weise können wir also eine *physikalische* (und damit wissenschaftliche) Beobachtung machen. So wie physikalische Beobachtungen physikalische Hintergrundannahmen voraussetzen, setzen moralische Beobachtungen moralische Hintergrundannahmen voraus. Moralische Thesen sind demzufolge ganz genau wie wissenschaftliche Thesen überprüfbar: zwar nicht einfach, aber eben doch durch Beobachtung.

Von diesen Überlegungen ausgehend lässt sich dann der Vergleich zwischen moralischer und wissenschaftlicher Erkenntnis ausbauen. Beispielsweise wird man darauf hinweisen, dass der Wissenschaftler, ebenso wie der praktisch kluge Mensch, zuerst eine Ausbildung (Erziehung) benötigt, die ihn dazu befähigt, wissenschaftliche Zusammenhänge zu sehen, dass dabei, ebenso wie in der Moralerziehung, viel »know-how« (im Unterschied zu bloß faktischem Wissen) erworben werden muss, dass in der Wissenschaft

[172] Vgl. Sturgeon »Moral Explanations«, S. 232. Es spielt im gegenwärtigen Zusammenhang keine Rolle, dass Sturgeon hier die Beurteilung einer Person statt einer Handlung betrachtet.

die »Intuition« eine ebenso große Rolle spielt wie in der Moral, dass der Wissenschaftler wie der »Moralfachmann« eine Theorie sucht, die der Gesamtheit seiner Überzeugungen möglichst gut gerecht wird – beide streben ein »Überlegungsgleichgewicht« (»reflective equilibrium«) an – und dass aufgrund solcher Gemeinsamkeiten auch die Entwicklung der Wissenschaft nach ähnlichen Mustern verläuft wie die Entwicklung unserer Moralvorstellungen.[173]

Sind damit unsere Zweifel an der empirischen Natur moralischer Erkenntnis ausgeräumt? Es bleibt ein ungutes Gefühl. Aber es ist nicht leicht, dieses ungute Gefühl in ein gutes Argument zu verwandeln. Harman beispielsweise hat versucht, eine Disanalogie zwischen moralischer und wissenschaftlicher Erkenntnis aufzuzeigen, indem er darauf hingewiesen hat, dass man wissenschaftliche (im Unterschied zu moralischen) Tatsachen zur Erklärung der Beobachtungen, die wir machen, benötigt:

> Nevertheless, observation plays a role in science that it does not seem to play in ethics. The difference is that you need to make assumptions about certain physical facts to explain the occurrence of the observation that supports a scientific theory, but you do not seem to need to make assumptions about any moral facts to explain the occurrence of the so-called moral observations I have been talking about. In the moral case, it would seem that you need only make assumptions about the psychology or moral sensibility of the person making the moral observation. In the scientific case, theory is tested against the world.[174]

Wir müssen annehmen, dass ein Proton vorbeigeflogen ist, um erklären zu können, dass wir eine Nebelkammerspur gesehen haben. Zur Erklärung unserer »Beobachtung«, dass Hitler ein schlechter Mensch war, müssen wir dagegen keine moralischen Eigenschaften in der Welt annehmen. Es genügt hier, auf unsere moralischen Prinzipien oder unsere moralischen Empfindungen hinzuweisen.

---

173 Vgl. dazu vor allem Boyd »How to Be a Moral Realist« sowie Brink *Moral Realism and the Foundations of Ethics*, 5. Kapitel. Ich werde diese Gedanken im Kapitel 3.4 weiter verfolgen.

174 Vgl. Harman *The Nature of Morality*, S. 6. (Die oben zitierten Ausführungen von Sturgeon sind bereits eine Reaktion auf Harmans Einwand.)

Ob dieses Argument den Realisten ernsthaft in Bedrängnis bringt, ist jedoch höchst umstritten, weshalb ich meine Zurückweisung der antidualistischen Strategie nicht darauf stützen möchte.[175] Da zudem, wie später klar werden wird,[176] mein eigener Ansatz für Harmans Einwand nicht anfällig ist, verzichte ich auf eine weitere Analyse dieser Debatte. Meiner Ansicht nach beruhen die Zweifel, die wir an der Beobachtbarkeit moralischer Eigenschaften haben, nicht auf deren mangelnder Erklärungskraft, sondern auf der intrinsischen Normativität moralischer Wahrheit. Wir wissen prinzipiell nicht, was es heißt, ein Sollen oder das Vorliegen von Gründen zu beobachten. Und daher erscheint der Bereich des Moralischen *als Ganzer* unbeobachtbar zu sein. Während Protonen beispielsweise einfach nur zu klein sind, um direkt wahrgenommen zu werden, bestimmte Töne einfach nur eine Frequenz haben, für die unsere Ohren unempfindlich sind etc., ist die Schlechtigkeit einer Handlung nicht zu klein, zu hoch oder zu schwach für unsere Sinne. Sie ist vielmehr von der falschen Kategorie. Aber bei dieser Überlegung greifen wir bereits auf eine andere Eigentümlichkeit der Moral zurück – die Eigentümlichkeit moralischer *Wahrheit* –, so dass wir die antidualistische Deutung der Eigentümlichkeit moralischer *Erkenntnis* vorläufig so stehen lassen müssen. Auf die Probleme, die der Antidualist mit der intrinsischen Normativität moralischer Wahrheit hat, werde ich noch ausführlich eingehen.

Kommen wir zunächst aber zum zweiten Aspekt der Eigentümlichkeit moralischer Erkenntnis: der Tatsache, dass moralische Erkenntnis häufig nicht dazu genügt, die Vielzahl moralischer Meinungsverschiedenheiten zu entscheiden. Natürlich ist der Antidualist auch hier zunächst in keiner schlechten Position, wenn er moralische und wissenschaftliche Erkenntnis einander angleicht, denn auch wissenschaftliche Beobachtung ist häufig nicht dazu geeignet, wissenschaftliche Meinungsverschiedenheiten auszuräumen. Auch die Vorstellung, dass Wissenschaftler ihre Streitigkeiten stets durch ein *experimentum crucis* entscheiden könnten, muss als naiv bezeichnet werden. Man denke beispielsweise an die Auseinandersetzung zwischen Anhängern des ptolemäischen und An-

---

175 Einen Überblick über die wichtigsten Stationen der Debatte gibt Miller *An Introduction to Contemporary Metaethics*, 8. Kapitel. Zur Literatur vgl. Shafer-Landau/Cuneo *Foundations of Ethics*, S. 332.

176 Vgl. S. 209-211.

hängern des kopernikanischen Weltbildes, die sich über mehr als hundert Jahre hinzog, wobei die Kopernikaner trotz zahlreicher Entscheidungsexperimente, die *gegen* sie entschieden haben, letztlich die Oberhand gewannen.[177]

Dennoch bleibt die Beobachtung zu erklären, dass wir heute in der Welt eine Vielzahl verschiedener Moralsysteme, aber eine vergleichsweise einheitliche Wissenschaft vorfinden. Aber auch hier hat der Antidualist viele Auswege offen.[178] Zunächst einmal ist es gar nicht so klar, dass es sich hier wirklich um eine Beobachtung handelt. Man kann etwa darauf hinweisen, dass viele Meinungsverschiedenheiten nur aussehen wie moralische Meinungsverschiedenheiten, in Wirklichkeit aber lediglich auf unterschiedlichen Ansichten zu nicht-moralischen Fragen basieren.[179] Außerdem kommt es darauf an, welcher Art die Verschiedenheit zwischen den Moralvorstellungen tatsächlich ist. Handelt es sich vielleicht nur um die Anwendung recht einheitlicher Grundsätze auf sehr unterschiedliche Lebensumstände?[180] Dann wäre der Unterschied zwischen den verschiedenen Moralvorstellungen dem Unterschied zwischen Chemie und Physik vergleichbar. Beide Wissenschaften beschäftigen sich mit unterschiedlichen Fragestellungen, auch wenn sie eine Reihe gemeinsamer theoretischer Grundlagen (wie beispielsweise die Quantentheorie) teilen.[181] Vielleicht teilen wir mit den Mitgliedern anderer Kulturen ebenfalls grundlegende Moralvorstellungen, auch wenn diese in der Anwendung auf ganz unterschiedliche Lebensumstände nur noch schwer als die gleichen erkennbar sind.

Weiterhin können auch tatsächlich vorhandene, tief greifende Unterschiede auf verschiedene Weise erklärt werden. Der Antidua-

---

[177] Vgl. hierzu vor allem Feyerabend *Wider den Methodenzwang*, Kuhn *The Copernican Revolution* sowie ders. *The Structure of Scientific Revolutions*.

[178] Vgl. zum Folgenden Brink *Moral Realism and the Foundations of Ethics*, S. 197-209, Railton »Moral Realism« sowie Scanlon *What We Owe to Each Other*, S. 354-360.

[179] Darauf macht, wie wir bereits gesehen haben, auch der Antiobjektivist mit Nachdruck aufmerksam. Vgl. S. 100, 101.

[180] Selbst Mackie räumt ein, dass mit diesem Hinweis sein »argument from relativity« (gegen die Objektivität der Moral) zumindest teilweise entkräftet werden kann. Vgl. Mackie *Ethics*, S. 37.

[181] Hier vereinfache ich stark. Das tatsächliche Verhältnis zwischen den beiden Wissenschaften ist komplex und schwer überschaubar.

list kann beispielsweise darauf hinweisen, dass es sehr leicht ist, in Bezug auf die Wissenschaft eine einheitliche Erfahrungsgrundlage zu schaffen. Der Chemiker in Bagdad kann prinzipiell dieselben Experimente wie der Chemiker in Peking oder Seattle durchführen. Es ist daher kein Wunder, dass er zu sehr ähnlichen chemischen Theorien kommt. Im Unterschied dazu unterscheiden sich die alltäglichen Lebenserfahrungen der drei Forscher (und noch mehr die ihrer Landsleute), auf die ihre Moralvorstellungen eine Reaktion sind, sicherlich ganz erheblich. Wissenschaftler, die derart verschiedenes Datenmaterial zur Verfügung hätten, kämen sicherlich ebenfalls zu sehr unterschiedlichen Theorien.

Unsere wissenschaftlichen Vorstellungen sind eine Reaktion auf unsere wissenschaftlichen Erfahrungen. Und diese sind immer nur ein kleiner (und darum mit anderen leichter teilbarer) Bruchteil unserer Gesamterfahrung. Für die Moralvorstellungen ist ein viel breiteres Spektrum von Lebenserfahrungen relevant. Deshalb ist es so schwer, hier eine gemeinsame Erfahrungsgrundlage zu schaffen. In Bezug auf manche Aspekte ist das sogar vielleicht unmöglich, da beispielsweise kein Mensch zugleich vollständig in zwei Kulturen erzogen worden sein kann. Die Erziehung ist aber vielleicht ganz entscheidend dafür, welche Erfahrungen wir überhaupt machen können und welche nicht. Es ist somit durchaus möglich, zu erklären, warum moralische Vorstellungen schwerer zu vereinheitlichen sind als wissenschaftliche. Und generell gilt: Der Antidualist hat keine Schwierigkeiten mit Vielfalt im Bereich der Moral und Einheitlichkeit im Bereich der Wissenschaft, solange er eine Erklärung für den Unterschied zwischen Moral und Wissenschaft anzubieten hat, die nicht die Gleichartigkeit beider in Hinblick auf ihre Objektivität in Frage stellt.

Zu bedenken ist auch, dass die Beantwortung der Frage, ob wir bei Moral und Wissenschaft vor allem die Vielfalt der jeweils vorhandenen Vorstellungen oder deren Einheitlichkeit sehen, von der gewählten Perspektive abhängt: Betrachten wir verschiedene Kulturen zu einer Zeit, so sind wir vermutlich vor allem von der Vielfalt der moralischen Vorstellungen und von der Einheitlichkeit der wissenschaftlichen Vorstellungen beeindruckt.[182] Betrachten wir dagegen eine Kultur zu verschiedenen Zeiten, so sind wir mit einer Fülle sich ständig ändernder wissenschaftlicher Vorstellungen konfrontiert, während die Ansichten zur Moral oft über extrem lange Zeitspannen gleich bleiben. Man stelle sich beispielsweise nur die Frage, wie viel ein heutiger Physiker wohl noch aus der *Physik* von Aristoteles lernen könnte und wie sehr im Vergleich dazu unsere heutigen Moralvorstellungen doch alles in allem noch denen gleichen, die Aristoteles in seiner *Nikomachischen Ethik* betrachtet!

Insgesamt komme ich darum zu dem Schluss, dass der Antidualist recht hat, wenn er in Bezug auf den zweiten Aspekt der Eigentümlichkeit moralischer Erkenntnis, also in Bezug auf die Tatsache, dass moralische Erkenntnis nicht dazu genügt, die zahlreichen, tatsächlich vorhandenen Meinungsverschiedenheiten im Bereich der Moral zu entscheiden, keine entscheidenden Unterschiede zwischen Moral und Wissenschaft sieht. Und dieses Ergebnis ist, wie wir noch sehen werden, auch für meine eigene Sichtweise des Status der Moral relevant.[183]

B. Moralische Wahrheit. Betrachten wir als nächstes, wie der Antidualist mit der ersten Eigentümlichkeit der Moral umgeht, denn auch hier verfolgt er eine gemischte Strategie: (1) die intrinsische Normativität moralischer Wahrheit bestreitet er, (2) die Supervenienz moralischer auf nicht-moralischer Wahrheit erkennt er an, betrachtet das Phänomen jedoch nicht als Spezifikum der Moral. Untersuchen wir zunächst den zweiten Punkt.

Die Supervenienz moralischer Wahrheiten auf nicht-moralischen Wahrheiten besteht, vereinfacht gesagt, darin, dass zwei Situationen, die in relevanter nicht-moralischer Hinsicht übereinstimmen, auch in moralischer Hinsicht gleich sind.[184] Der Antidualist bestreitet das nicht, sieht jedoch eine Parallele dazu im Bereich der Wissenschaft. So ist es beispielsweise durchaus plausibel, an-

---

182 Wobei selbst das vermutlich nur gilt, wenn wir die verschiedenen Kulturen *heute* betrachten. Wie einheitlich waren weltweit wohl die wissenschaftlichen Vorstellungen im Mittelalter?! Und selbst heute lehnen manche Kulturen und Subkulturen die moderne Wissenschaft als Ganze ab.

183 Vgl. Kapitel 3.4.

184 Vgl. S. 50, 51.

zunehmen, dass die Eigenschaft, Wasser zu sein, auf der Eigenschaft, H_2O zu sein, superveniert. Nichts kann aufhören oder anfangen, Wasser zu sein, ohne zugleich aufzuhören oder anzufangen, H_2O zu sein. Das liegt daran, dass Wasser letztlich nichts anderes als H_2O *ist*. Ebenso sind nach Ansicht mancher Antidualisten moralische Eigenschaften letztlich nichts anderes als bestimmte natürliche Eigenschaften.[185] Das heißt nicht, dass moralische Ausdrücke nichts anderes *bedeuten* als bestimmte Ausdrücke, die natürliche Eigenschaften bezeichnen. Es ist ja auch nicht so, dass »Wasser« dasselbe bedeutet wie »H_2O«. Nicht Begriffsanalyse, sondern chemische Forschung hat die Identität von Wasser und H_2O ans Licht gebracht. Ebenso erkennen wir nach Ansicht des Antidualisten auch nicht durch Begriffsanalyse, sondern durch empirische Forschung, welche moralischen Eigenschaften mit welchen natürlichen identisch sind. Dennoch haben wir es in beiden Fällen nicht nur mit kontingenten, sondern mit notwendigen Zusammenhängen zu tun.[186] Dass es keine Änderung in moralischer Hinsicht ohne Änderung in relevanter nicht-moralischer Hinsicht geben kann, ist somit verständlich gemacht.[187]

Dennoch ist nicht klar, ob der Antidualist dieser Eigentümlichkeit der Moral wirklich gerecht werden kann.[188] Denn bei der Tatsache, dass moralische auf nicht-moralischen Eigenschaften supervenieren, handelt es sich um eine *begriffliche* Wahrheit. Nur derjenige

---

185 Diese Antidualisten nennt man *Reduktionisten*. Nicht-Reduktionisten gehen davon aus, dass moralische Eigenschaften zwar nicht mit natürlichen Eigenschaften identisch sind, aber durch diese konstituiert werden. Der Unterschied besteht vor allem darin, dass nach Ansicht des nicht-reduktionistischen Antidualisten moralische Eigenschaften multibel durch natürliche Eigenschaften realisierbar sind, nach Ansicht des Reduktionisten nicht. Für meine Überlegungen spielt die Unterscheidung jedoch keine Rolle, weshalb ich mich auf die Diskussion des (einfacheren) reduktionistischen Ansatzes beschränke.

186 Vgl. dazu vor allem Putnam »The Meaning of ›Meaning‹« und Kripke *Naming and Necessitiy*.

187 Und weder Moores Argument der offenen Frage noch Humes Sein-Sollen-Argument scheinen eine Angriffsfläche zu finden. Vgl. dazu Brink *Moral Realism and the Foundations of Ethics*, 6. Kapitel.

188 Vgl. zum Folgenden vor allem Blackburn *Spreading the Word*, S. 184ff, ders. »Supervenience Revisited« sowie Scarano *Moralische Überzeugungen*, S. 87, 88.

verwendet moralische Ausdrücke kompetent, der diese Wahrheit kennt. Im Unterschied dazu kann man kaum sagen, dass derjenige den Ausdruck »Wasser« nicht kompetent verwenden kann, der nicht weiß, dass die Eigenschaft, Wasser zu sein, auf gewissen physikalischen oder chemischen Eigenschaften superveniert. Wie Blackburn schreibt:

> Now I do not think there is any very strong sense in which being water has to be a property underlain by physical or chemical basis. Of course, *we* are familiar with the idea that any such property must be a matter of chemistry. But there is no good reason for saying that people who fail to realise this are incompetent with the kind term ›water‹. They just know less about the true scientific picture of what it is that explains the phenomenologically important, macro-properties of kinds. They are not, in my view, in at all the same boat as persons who fail to respect the supervenience of the moral on the natural.[189]

Es gibt hier also, wie es scheint, einen wesentlichen Unterschied zwischen Moral und Wissenschaft in Bezug auf Supervenienz.

Meines Erachtens hätte der Antidualist eine gute Antwort auf diese Herausforderung. Er könnte nämlich darauf verweisen, dass es *im Bereich der Wissenschaft* durchaus zu unserer begrifflichen Kompetenz gehört, zu wissen, dass Wasser zu sein auf gewissen physikalischen oder chemischen Eigenschaften superveniert. Nur in der *alltäglichen* Verwendung des Ausdrucks »Wasser« muss man das nicht wissen, um als sprachlich kompetent zu gelten. Der Antidualist könnte also darauf verweisen, dass die Parallelität zwischen Moral und Wissenschaft wieder besteht, sobald man den Ausdruck »Wasser« als wissenschaftlichen Ausdruck, nicht als Ausdruck der Alltagsprache deutet. Dass wir den Ausdruck in beiden Bereichen verwenden, verschleiert diese Tatsache.

Allerdings bleibt auch so scheinbar ein wichtiger Unterschied zwischen Moral und Wissenschaft bestehen. Während wir nämlich im Bereich der Moral eine Erklärung dafür haben, *warum* die Anerkennung der Supervenienzbeziehung konstitutiv für den moralischen Sprachgebrauch ist, scheint eine solche Erklärung im Be-

[189] Vgl. Blackburn »Supervenience Revisited«, S. 142.

reich der Wissenschaft zu fehlen.[190] Ich hatte bei der Einführung der Supervenienzbeziehung erläutert, dass diese grundlegend für die Funktion der Moral ist, unser Handeln als Reaktion auf nichtmoralische Eigenschaften der Welt zu bestimmen. Und auch der Antiobjektivist konnte darauf verweisen, dass die handlungsleitende Funktion unserer Bewertungspraxis untergraben würde, wenn die Supervenienzbeziehung keine Beachtung fände. Aber worin sollte hier die Analogie im Bereich der Wissenschaft bestehen? Ich werde im Rahmen meines eigenen Ansatzes dafür argumentieren, dass der Antidualist hier argumentative Ressourcen hätte, wenn er keine gemischte Strategie verfolgen würde.[191]

Kommen wir zum ersten Teil der Eigentümlichkeit moralischer Wahrheit. Hier scheint der Antidualist nichts anderes tun zu können, als zu bestreiten, dass moralische Wahrheiten intrinsisch normativ sind. Der Grund dafür ist, dass wissenschaftliche Wahrheiten, nach deren Modell moralische Wahrheiten hier ja verstanden werden sollen, allem Anschein nach diese Eigenschaft nicht besitzen. Entscheidend ist dabei meines Erachtens nicht, dass wissenschaftliche Wahrheiten nicht mit *begrifflicher* Notwendigkeit normativ sind, sondern dass sie überhaupt nicht intrinsisch normativ sind. Auf den ersten Blick könnte ein Antidualist sogar zugestehen, dass es zwar eine begriffliche Beziehung zwischen moralischen Wahrheiten und Gründen für Handlungen gibt, nicht aber zwischen wissenschaftlichen Wahrheiten und Gründen für Handlungen, obwohl moralische Wahrheiten wissenschaftliche Wahrheiten sind. Denn zwischen moralischen und wissenschaftlichen Wahrheiten besteht seiner Ansicht nach eine metaphysisch notwendige, aber keine begrifflich notwendige Beziehung.[192] Dennoch: Auch

---

190 Blackburn und Scarano, der dessen Einwand aufgreift, sehen das Problem für den Realisten (hier: Antidualisten) darin, dass dieser *keine* Erklärung für die Supervenienz des Moralischen hat. Meines Erachtens muss man begriffliche Zusammenhänge nicht erklären. Das Problem ist eher, dass wir im Fall der Moral eine Erläuterung geben können, die im Bereich der Wissenschaft scheinbar nicht zur Verfügung steht, dass es hier also einen relevanten Unterschied gibt.

191 Vgl. S. 189-192.

192 Vgl. Gibbard »Knowing What to Do, Seeing What to Do«, *Thinking How to Live*, 5. Kapitel, und »Normative Properties«. Kritisch dazu Stratton-Lake »Introduction«, S. 7ff., sowie die nachfolgenden Bemerkungen.

mit dieser Sichtweise wäre man auf die These festgelegt, dass gewisse wissenschaftliche Wahrheiten eine notwendige (wenn auch keine begrifflich notwendige) Beziehung zu Gründen für Handlungen hätten. Und das würde diese wissenschaftlichen Wahrheiten dann von allen anderen wissenschaftlichen Wahrheiten unterscheiden, sie wären dementsprechend genauso »seltsam« wie moralische Wahrheiten etc. Der Antidualist möchte den Status moralischer Wahrheiten aber klären, indem er sie mit »gewöhnlichen« wissenschaftlichen Wahrheiten vergleicht. Also bleibt ihm nur, die intrinsische Normativität moralischer Wahrheiten zu bestreiten.[193]

Die Schwierigkeit liegt hier vor allem darin, dass die erste Eigentümlichkeit der Moral eine *begriffliche* Wahrheit zum Ausdruck zu bringen scheint. Man kann, so scheint es jedenfalls, nicht so etwas sagen wie »Es ist alles in allem richtig, A zu tun, aber man sollte A nicht tun« oder »Es ist alles in allem richtig, A zu tun, aber die besten Gründe sprechen dagegen, A zu tun«. Der Antidualist muss also leugnen, dass es sich hier tatsächlich um einen begrifflichen Zusammenhang handelt.

Zunächst einmal kann der Antidualist natürlich einräumen, dass es einen *engen Zusammenhang* zwischen moralischen Urteilen und Urteilen über ein Sollen beziehungsweise über Gründe gibt.[194] Er könnte etwa sagen: »Fast immer (oder sogar immer), wenn es richtig ist, A zu tun, sollte man A tun.« Aber der Zusammenhang ist für ihn kein begrifflich notwendiger Zusammenhang. Auch wenn man also sogar immer, wenn es richtig ist, A zu tun, A tun sollte, so stellt es doch keinen Widerspruch dar, wenn jemand sagt, es sei richtig, A zu tun, aber er sollte A nicht tun – jemand, der so etwas sagt, hätte sich dann zwar geirrt, aber eben nicht über die Bedeutung des Ausdrucks »es ist richtig, dass ...« oder »man sollte ...«, sondern einfach darüber, *was* er tun sollte beziehungsweise was richtig ist und was nicht.

Meines Erachtens ist der Antidualist hier in einer sehr ähnlichen Position wie derjenige, der bestreiten wollte, dass Junggesellen mit begrifflicher Notwendigkeit unverheiratet sind. Es hilft nichts,

193 Das tun Antidualisten – nicht-reduktionistische wie reduktionistische – auch explizit. Vgl. etwa Brink *Moral Realism and the Foundations of Ethics*, 3. Kapitel, sowie Railton »Moral Realism«.

194 So reagiert beispielsweise Boyd. Vgl. Boyd »How to Be a Moral Realist«, S. 214ff.

wenn er einräumt, dass sich tatsächlich fast alle oder sogar alle Junggesellen gegen die Ehe entschieden haben. Jemand, der sagt, Hans sei zwar ein Junggeselle, aber dennoch verheiratet, glaubt nicht einfach fälschlicherweise, dass Hans ein Junggeselle ist, der die Gewohnheiten seines Standes durchbrochen hat – er versteht den Ausdruck »Junggeselle« nicht. Der Antidualist scheint den Ausdruck »es ist richtig, A zu tun« ebenfalls nicht zu verstehen.

Es ist allerdings kaum möglich, jemanden vom Vorliegen eines begrifflichen Zusammenhangs zu überzeugen, wenn er ihn nicht von Anfang an sieht. Wenn jemand erst einmal fragt, warum Junggesellen unverheiratet sein sollen, dann kann man ihm schon nicht mehr antworten. Er versteht offensichtlich den Ausdruck »Junggesellen« anders als wir. Ähnlich geht es uns mit dem Antidualisten. Wenn er fragt, warum moralische Wahrheiten denn intrinsisch normativ sein sollen, dann können wir ihm nicht antworten. Sie *sollen* ja nicht intrinsisch normativ sein, sie *sind* es einfach. So verwenden wir die entsprechenden Wörter eben. Natürlich steht es dem Antidualisten frei, Wörter anders zu verwenden, als wir das normalerweise tun. Er könnte etwa sagen: »So wie ich den Ausdruck ›moralische Wahrheit‹ verstehe, impliziert er kein Sollen.« Das Problem an dieser Haltung wäre, dass man dann den antidualistischen Ansatz nicht mehr als Antwort auf das Trilemma der Moral verstehen könnte, denn dort gehen wir von unserem gewöhnlichen Begriff der Moral aus. Wir können diese Schwierigkeit nicht einfach dadurch aus der Welt schaffen, dass wir aufhören (im gewöhnlichen Sinn) von Moral zu sprechen.

Man kann sich fragen, auf welche Weise es dazu kommen kann, dass die antidualistische Leugnung der intrinsischen Normativität moralischer Wahrheit überhaupt irgendjemandem plausibel erscheint. Der Grund dafür ist nicht nur die Verzweiflung, die uns in Anbetracht des Trilemmas der Moral packt. Vielmehr gibt es eine wichtige Überlegung, die scheinbar dagegen spricht, dass wir es hier mit einem begrifflichen Zusammenhang zu tun haben. Diese Überlegung lässt sich jedoch am besten anhand der antidualistischen Auseinandersetzung mit der zweiten Eigentümlichkeit der Moral deutlich machen, die ich im Folgenden behandeln werde.

C. MORALISCHE ÜBERZEUGUNG. So wie der Antidualist die intrinsische Normativität moralischer Wahrheit leugnet, so leugnet er nämlich auch die intrinsische motivierende Kraft moralischer Überzeugungen für rationale Menschen. Seiner Ansicht nach ist es kein begrifflicher Widerspruch zu sagen: »Fritz glaubte, dass es richtig sei, die Handlung A auszuführen, aber er führte die Handlung A nicht aus (obwohl er gekonnt hätte), und doch war Fritz nicht irrational.« Wie kommt der Antidualist auf die Idee, dass das eine sinnvolle Äußerung sein könnte? Der Grund ist einfach: Es gibt, das wissen wir alle, Menschen, die nicht tun, was zu tun moralisch richtig wäre. Darunter, so können wir annehmen, sind sicher viele Menschen, die durchaus wissen, was zu tun moralisch richtig wäre. Sie tun es einfach nicht. Aber sind sie deshalb notwendigerweise irrational? Betrachten wir dazu ein Beispiel.[195]

Der Bankräuber Fritz weiß, dass es richtig wäre, dem Bankangestellten nichts anzutun. Das verlangt, wie er weiß, die Moral von ihm. Aber ihn kümmert die Moral nicht. Darum erschießt er den Bankangestellten, der sich seinem Ziel in den Weg stellt, an das Geld der Bank zu kommen. Kann man aber sagen, dass Fritz irrational ist? *Vielleicht* ist er irrational, etwa wenn das Erschießen des Angestellten kein geeignetes Mittel ist, um an das Geld zu kommen – es könnte ja sein, dass der Bankangestellte der einzige gewesen wäre, der den Tresor hätte öffnen können –, und Fritz das auch weiß. Dann ist Fritz vielleicht unbeherrscht und somit praktisch irrational. Aber allein die Tatsache, dass Fritz gegen die (ihm bewusste) Forderung der Moral handelt, scheint ihn noch nicht zu einem irrationalen Menschen zu machen. Nichts spricht dafür, dass Fritz den Bankangestellten zwangsläufig aus Willensschwäche oder Unbeherrschtheit oder sonst einer Form interner Irrationalität erschießt. Es kann sein, dass er völlig kaltblütig und überlegt abdrückt. Daraus folgt aber, dass derjenige, der nicht tut, was seiner eigenen Ansicht nach die Moral von ihm verlangt, nicht unbedingt irrational ist. Und das heißt, wie es scheint, nichts anderes, als dass der begriffliche Zusammenhang zwischen moralischem Urteil, Motivation und Rationalität tatsächlich nicht besteht. Personen wie Fritz, die wissentlich das moralisch Falsche tun ohne irrational zu sein, nennt man *Amoralisten*. Allein die *mögliche* Existenz solcher Amoralisten genügt, um die zweite Eigentümlichkeit der Mo-

---

195 Die nachfolgenden Überlegungen habe ich erstmals in meinem Aufsatz »Das Amoralistenargument« vorgestellt.

ral zurückzuweisen. Und ein Blick in die Literatur (vielleicht auch in die Welt) scheint zu zeigen, dass Amoralisten durchaus möglich sind. Da, wie wir im Kapitel 1.3 gesehen haben, die zweite Eigentümlichkeit direkt aus der intrinsischen Normativität moralischer Wahrheit folgt, würde die mögliche Existenz eines Amoralisten – per Kontraposition – auch zeigen, dass moralische Wahrheit nicht intrinsisch normativ ist. Der Antidualist hätte somit seine Haltung in Bezug auf die erste und zweite Eigentümlichkeit der Moral gerechtfertigt.[196]

Verschiedene Philosophen haben sich gegen dieses *Amoralistenargument* gewandt. Nach Ansicht von Hare beispielsweise verwendet der Amoralist den Ausdruck »es ist richtig, die Handlung H auszuführen« in seinen Urteilen nicht im gewöhnlichen Sinn.[197] Er bringt, wenn er die entsprechenden Worte äußert, eher seine Überzeugung zum Ausdruck, dass *andere Menschen* die Handlung H für falsch halten beziehungsweise dass sie der herrschenden Moral widerspricht.[198] Hare würde hier von einem »inverted-commas-use« des Ausdrucks »richtige Handlung« sprechen. Der Amoralist spricht also nur von der in Anführungszeichen richtigen Handlung.

Wenn beispielsweise Fritz zu dem Schluss kommt, dass es richtig wäre, dem Bankangestellten nichts zu tun, dann bedeutet das

---

[196] Dieses Argument gegen die Existenz (des ersten Teils) der ersten und der zweiten Eigentümlichkeit der Moral hat vor allem Brink ausgearbeitet. Vgl. Brink *Moral Realism and the Foundations of Ethics*, 3. Kapitel. Vgl. auch Shafer-Landau *Moral Realism*, 6. Kapitel.

[197] Vgl. Hare *The Language of Morals*, S. 124-126, 163-165. Hare diskutiert dort den Gebrauch der Wörter »gut« und »sollen«. Seine Überlegungen lassen sich jedoch unmittelbar auf den vorliegenden Fall übertragen.

[198] Man beachte: Der Bezug auf andere Menschen oder auf die herrschende Moral ist hier naheliegend, aber nicht zwingend. Es geht einfach darum, dass der Amoralist die Handlung an einem moralischen Standard misst, der nicht *sein* moralischer Standard ist. (Tarkian spricht in diesem Zusammenhang von einem »moralischen Kodex«. Vgl. Tarkian »Moralische Begriffe, praktische Gründe und die Amoralistin«, S. 625.) Man kann sich also auch vorstellen, dass er einen Standard vor Augen hat, der nicht vorherrschend ist, den sich vielleicht sogar überhaupt niemand zu eigen macht. Zur Vereinfachung werde ich im Folgenden allerdings immer nur den naheliegenden Fall betrachten.

nur, dass er zu dem Schluss kommt, dass die meisten anderen Menschen es für richtig halten, dem Bankangestellten nichts anzutun, beziehungsweise dass das eine Forderung der herrschenden Moral ist. Und natürlich ist es nicht unbedingt irrational, das zu tun, was andere für falsch halten oder was den überkommenen Sitten zuwiderläuft. Warum sollte Fritz schon allein deshalb unvernünftig sein, weil er sich nicht an das hält, was andere von ihm erwarten? Die Tatsache, dass er nicht tut, was seinem Urteil nach das Richtige ist, spricht gemäß dieser Interpretation also nicht gegen den intrinsischen Zusammenhang zwischen moralischem Urteil, Motivation und Rationalität. Denn bei diesem gehen wir ja davon aus, dass die entsprechende Person die Handlung H *selbst* wirklich für falsch (und nicht nur für in Anführungszeichen falsch) hält. Nach dieser Deutung ist der Amoralist ein Mensch, der nicht wirklich ein moralisches Urteil fällt. Er verwendet den Ausdruck »die Handlung H ist richtig« lediglich, um bestimmte empirische Gegebenheiten zu bezeichnen, denn ob eine bestimmte Handlung der herrschenden Moral entspricht oder nicht, ist eine rein empirische Frage. Und nur deshalb, weil er nicht wirklich ein *moralisches* Urteil fällt, bleibt er vom Vorwurf der Irrationalität verschont, wenn er nicht tut, was seinem Urteil nach das Richtige ist.

Wie stark ist diese Verteidigung der Moral? Der Vertreter des Amoralistenarguments sagt: Hier gibt es, zumindest möglicherweise, Menschen, von denen wir sagen würden, dass sie moralische Urteile fällen, nicht nach ihnen handeln und doch nicht praktisch irrational sind. Also besteht kein begrifflicher Zusammenhang zwischen moralischem Urteil, Motivation und Rationalität. Sein Gegner sagt dagegen: Tatsächlich gibt es Menschen, von denen wir sagen würden, dass sie nicht ihrem Urteil entsprechend handeln und doch nicht praktisch irrational sind. Da es aber einen begrifflichen Zusammenhang zwischen moralischem Urteil, Motivation und Rationalität gibt, können wir bei diesen Urteilen nicht von echten moralischen Urteilen sprechen – es kann sich vielmehr nur um Urteile über das in Anführungszeichen Richtige handeln. Wir haben es hier offensichtlich mit dem bekannten Phänomen zu tun, dass des einen Philosophen modus ponens des anderen Philosophen modus tollens ist.

Diese Pattsituation hat dazu geführt, dass »unabhängige« Argumente für den untersuchten begrifflichen Zusammenhang gesucht wurden.[199] Meines Erachtens ist das jedoch ein wenig aussichtsreiches Unterfangen: Für das Vorliegen eines *begrifflichen* Zusammenhangs kann es keine empirischen Argumente geben, und alle Verweise auf andere begriffliche Zusammenhänge sind gerade nicht in der gewünschten Weise unabhängig.[200] Es bleibt darum nur, das Amoralistenbeispiel selbst genauer unter die Lupe zu nehmen.

Auf den ersten Blick könnte man denken, dass vielleicht beide Parteien recht haben. Es ist ja durchaus plausibel, anzunehmen, dass wir in einem Sinn sagen können, dass der Amoralist ein echtes moralisches Urteil fällt, in einem anderen Sinn jedoch nicht. Der Ausdruck »die richtige Handlung« hätte dementsprechend zwei verschiedene Verwendungsweisen. In einem Sinn könnte man tatsächlich zu dem Schluss kommen, dass eine Handlung richtig ist, ohne dass man irrational wäre, wenn man nicht zu der Handlung motiviert wäre. In einem anderen Sinn wäre gerade das nicht möglich.[201]

Tatsächlich ist dieser Vermittlungsversuch jedoch zum Scheitern verurteilt, denn demjenigen, der die Moral mit Hareschen Mitteln verteidigen möchte, geht es ja allein darum, zu zeigen, dass der Amoralist *in einem bestimmten Sinn* kein moralisches Urteil fällt. Er möchte deutlich machen, dass es eine gewöhnliche Verwendungsweise des Ausdrucks »die richtige Handlung« *gibt*, so dass der be-

---

199 Vgl. dazu vor allem die Diskussion um Smiths »Verlässlichkeitsargument«: Smith *The Moral Problem*, S. 71ff., Lillehammer »Smith on Moral Fetishism«, Cuneo »An Externalist Solution of the Moral Problem«, Kiefer *Aspekte des moralischen Realismus* und andere.

200 Daraus weist in Bezug auf Smiths Verlässlichkeitsargument Miller hin. Vgl. Miller »An Objection to Smith's Argument for Internalism«.

201 Tarkian weist zu Recht darauf hin, dass die »Phänomenologie der Moralsprache« im vorliegenden Fall nicht dazu geeignet ist, zu entscheiden, welches die richtige Sichtweise ist. Vgl. Tarkian »Moralische Begriffe, praktische Gründe und die Amoralistin«, S. 627. Wenn aber unser gewöhnlicher Sprachgebrauch offen für beide Sichtweisen ist, dann kann man – anders als Tarkian das anzunehmen scheint – auch nicht mit Hilfe anderer Mittel (etwa durch den Vergleich der zugrunde liegenden, metaethischen Gesamttheorien) entscheiden, welche Sichtweise richtig (oder besser) ist. Es gibt dann eben nicht *die* richtige Sichtweise. Vielmehr muss jede adäquate metaethische Theorie der Tatsache gerecht werden, dass unser gewöhnlicher Sprachgebrauch hier für zwei Lesarten offen ist. Meines Erachtens ist gerade das auf der Grundlage der Hareschen Überlegungen möglich.

griffliche Zusammenhang, auf den es ihm ankommt, besteht. Und genau das muss der Vertreter des Amoralistenarguments bestreiten.[202] Das Amoralistenbeispiel wäre ziemlich uninteressant, wenn es nur daran erinnern würde, dass wir *auch* in einem Sinn von Moral sprechen, in dem diese nicht intrinsisch normativ ist, dass es also *auch* eine Verwendungsweise des Ausdrucks »die richtige Handlung« gibt, die keinen entsprechenden begrifflichen Zusammenhang mit sich bringt. Das wird man kaum bestreiten wollen. Aussagen wie »Die Moral der 50er Jahre war verlogen« wären sonst sinnlos. Die entscheidende Frage ist darum: Spricht das Amoralistenbeispiel dagegen, dass wir *einen* gewöhnlichen Gebrauch der Worte »moralisches Urteil« (beziehungsweise »die richtige Handlung«) adäquat beschreiben, wenn wir sagen, dass der Amoralist *kein* solches Urteil fällt?

Aber auch das scheint der Fall zu sein! Denn kann es nicht Menschen geben, die tatsächlich selbst zu dem Schluss kommen, dass das, was sie tun, falsch ist, nicht nur, dass andere es für falsch halten oder dass es der herrschenden (oder sonst irgendeiner) Moral widerspricht, die aber dennoch in ihrer Handlung nicht irrational sind? Müssen wir unserem Bankräuber Fritz wirklich unterstellen, dass er in irgendeinem Sinn gar nicht meint, es sei falsch, den Bankangestellten zu erschießen, um ihn vor dem Vorwurf der Irrationalität zu bewahren? Es sieht nicht so aus. Denn es kann ja durchaus Menschen geben, denen die Moral einfach nicht besonders wichtig ist. Sie sehen, dass eine Handlung falsch ist, aber es ist ihnen einfach wichtiger, ihren eigenen Vorteil zu suchen, als das Richtige zu tun. Warum soll diese Verhaltensweise notwendigerweise intern irrational, also beispielsweise willensschwach oder unbeherrscht sein? Die Verteidigung unseres begrifflichen Zusammenhangs mit Hareschen Mitteln greift demnach offensichtlich zu kurz.

Der Grund für das Versagen dieser ersten Verteidigung der internen Beziehung zwischen moralischem Urteil, Motivation und

---

[202] Man beachte: Sowohl der Vertreter des Amoralistenarguments als auch sein Gegner sind darauf angewiesen, den gewöhnlichen Gebrauch der Worte »Moral« und »richtige Handlung« zu *analysieren* – nicht etwa einen (theorieabhängigen) Gebrauch *einzuführen* –, solange sie das Phänomen der Moral (nicht irgendein theoretisches Phänomen) verständlich machen möchten.

(interner) Rationalität ist, dass nach wie vor eine Äquivokation im Spiel ist, auf die ich bereits verschiedentlich hingewiesen habe.[203] Wir sagen manchmal »Es ist richtig, A zu tun«, wenn wir meinen »Es ist *im engeren Sinn moralisch betrachtet* richtig, A zu tun.« Manchmal verwenden wir den Ausdruck aber auch so: »Es ist *alles in allem* (also *im weiteren Sinn moralisch betrachtet*) richtig, A zu tun.« Betrachten wir unter dieser Vorgabe noch einmal unser Beispiel. Nehmen wir an, Fritz hält es für wichtiger, reich zu sein, als dass im engeren Sinn moralischen Anforderungen der Situation Rechnung getragen wird. Dann kann es tatsächlich ohne Weiteres sein, dass Fritz zu dem Ergebnis kommt, dass es zwar im engeren Sinn moralisch betrachtet richtig wäre, dem Bankangestellten nichts zu tun, dass es aber alles in allem richtig ist, den Bankangestellten zu erschießen (weil nur so er selbst an sein Ziel kommt). Und wenn er dann den Bankangestellten erschießt, ist er natürlich nicht irrational, also etwa willensschwach, denn er tut ja, was er für das alles in allem Richtige hält (auch wenn er nicht das tut, was er für im engeren Sinn moralisch richtig hält). Jemanden, der in diesem Sinn rationalerweise nicht tut, was er für richtig hält, kann man sich leicht vorstellen. Es handelt sich um einen Menschen, der im engeren Sinn moralischen Überlegungen nicht den Platz einräumt, der ihnen (nach Ansicht der meisten) zukommt. Was man jedoch bräuchte, um den internen Zusammenhang zwischen dem im weiteren Sinn moralischen Urteil des Handelnden, seiner Motivation und seiner Rationalität leugnen zu können, wäre eine Person, die zu dem Schluss kommt, dass es *alles in allem* (also im weiteren Sinn moralisch) richtig ist, A zu tun, dennoch A nicht tut und trotzdem nicht irrational ist. Und eine solche Person kann es meines Erachtens tatsächlich aus begrifflichen Gründen nicht geben. Jemand, der nicht ausreichend motiviert ist, das zu tun, was er für das alles in allem Richtige hält, *ist* notwendigerweise irrational.

Man kann diese Überlegung auch so auf den Punkt bringen. Nicht alle Menschen, die falsch handeln, handeln auf die gleiche Weise falsch. Es gibt vielmehr zwei grundsätzlich verschiedene Arten, wie eine Person falsch handeln kann: Entweder die Person hat die falschen Ansichten darüber, was (alles in allem) richtig und was falsch ist. Dann kann sie falsch handeln, ohne intern irratio-

---

[203] Vgl. S. 10-15, 43, 44, 54.

nal, also beispielsweise willensschwach, zu sein. Ein Beispiel dafür wäre ein Bankräuber, der sich sagt: »Schön ist es nicht, wenn ich den Bankangestellten erschieße. Aber dass ich das Geld bekomme, ist objektiv betrachtet wichtiger als das Leben dieses Menschen (weil ich ein Herrenmensch bin, dem es erlaubt ist, über Leichen zu gehen).« Oder sogar: »Ob der Bankangestellte zu Schaden kommt oder nicht, spielt keine Rolle. Dass ich das Geld bekomme, ist das einzige, was zählt.« Ein solcher Bankräuber ist nicht willensschwach, wenn er schießt. Er hat nur (nach meiner Ansicht, die alle Leser hoffentlich teilen) die falschen Prioritäten. Die Handlung spricht keineswegs gegen den begrifflichen Zusammenhang zwischen moralischem Urteil, Motivation und Rationalität (und untergräbt folglich auch nicht die intrinsische Normativität der Moral). Die Person tut ja, was ihrer Ansicht nach das Richtige ist, was also ihrer Ansicht nach die Moral im weiteren Sinn gebietet. Sie hat nur leider die falschen Ansichten. Dass es solche Menschen geben kann, zeigt nicht, dass moralische Überzeugungen keine motivierende Kraft für den rationalen Menschen haben, sondern dass es Menschen gibt, die sich darüber täuschen, *was* die Moral (im weiteren Sinn) gebietet.

Die andere Möglichkeit, wie jemand das Falsche tun kann, besteht darin, dass die Person zwar die richtigen Ansichten darüber hat, was zu tun (alles in allem) richtig und was falsch ist, jedoch intern irrational, also willensschwach oder unbeherrscht etc., handelt. Hier ist das Beispiel ein Bankräuber, der sich sagt: »Es ist (alles in allem) falsch, den Bankangestellten zu erschießen. Aber sei's drum, ich kann der Verlockung des Geldes einfach nicht widerstehen.« Dieser Mensch weiß durchaus, was zu tun (alles in allem) richtig ist (nämlich das, was wir auch für das im engeren Sinn moralisch Richtige halten). Es fehlt ihm nicht an der Fähigkeit, zu erkennen, was zu tun das Richtige ist. Er tut es nur deshalb nicht, weil er willensschwach oder unbeherrscht ist. Auch die mögliche Existenz solcher Menschen spricht natürlich nicht gegen den begrifflichen Zusammenhang zwischen moralischem Urteil, Motivation und Rationalität und folglich auch nicht gegen die intrinsische Normativität der Moral (im weiteren Sinn).

Wir handeln also falsch, weil wir es entweder nicht besser wissen,[204] oder aber, weil wir gegen unser besseres Wissen handeln; und im letzteren Fall sind wir intern irrational.[205] In der Praxis wird es oft sehr schwer sein, zu beurteilen, welcher der beiden Fälle vorliegt. Häufig wird man zu dem Schluss kommen, dass man es mit einer Mischung aus beiden zu tun hat. Ein Kaufhausdieb glaubt vielleicht teilweise wirklich, dass es die Besitzer des Kaufhauses verdienen, bestohlen zu werden – »Die haben so viel, unsereiner hat gar nichts« –, teilweise wird er vielleicht aber auch einräumen, dass es eigentlich nicht richtig war, die Süßigkeiten zu stehlen – »Ich konnte eben einfach nicht widerstehen.« Besonders der Übergang zwischen Selbsttäuschung und wirklicher Täuschung ist fließend.

Entscheidend ist jedoch, dass die These von der motivierenden Kraft moralischer Überzeugungen für den rationalen Menschen nur dann untergraben wäre, wenn es eine dritte Art von falschen Handlungen gäbe. Es müsste möglich sein, dass wir gegen unser besseres Wissen handeln, aber nicht irrational sind. Bezogen auf unser Beispiel müsste es also einen Bankräuber geben, der den Bankangestellten erschießt, der aber weiß, dass das Leben des Angestellten viel wertvoller ist als seine persönliche Bereicherung, und der dennoch nicht irrational, also etwa willensschwach oder unbeherrscht ist. Er müsste sich sagen können: »Alles in allem betrachtet (nicht nur im engeren Sinn moralisch betrachtet) wäre es natürlich richtig gewesen, den Bankangestellten nicht zu erschießen, und das wusste ich auch, aber es war dennoch nicht Willensschwäche oder mangelnde Selbstbeherrschung oder Selbsttäuschung oder sonst eine Form interner Irrationalität, die mich den Mann hat erschießen lassen.« Es gibt viele schlimme Verbrecher. Aber ei-

---

204 Neben dem bereits betrachteten Fall, in dem jemand eine falsche moralische Überzeugung hat, gibt es auch noch die Fälle, in denen jemand einfach relevante empirische Tatsachen nicht kennt und darum falsch handelt.

205 In seltenen Fällen kann auch beides zusammenkommen: Wir tun etwas Falsches, weil wir falsche Vorstellungen davon haben, was man tun sollte, und dann, etwa aus Willensschwäche, nicht einmal diesen Vorstellungen gemäß handeln. Dass man nicht tut, was man selbst fälschlicherweise für richtig hält, garantiert noch nicht, dass man das Richtige tut.

nen solchen Bankräuber kann es meiner Ansicht nach aus begrifflichen Gründen nicht geben.[206]

Wir finden das Amoralistenbeispiel also plausibel, weil wir automatisch den engeren Sinn von »moralisch« zugrunde legen. Bei dem der zweiten Eigentümlichkeit der Moral zugrunde liegenden begrifflichen Zusammenhang geht es aber (ebenso wie bei der intrinsischen Normativität moralischer Wahrheit) um *im weiteren Sinn* moralisch richtige Handlungen. Es ist darum verständlich, warum uns das Beispiel irritiert, obwohl es nicht wirklich gegen den begrifflichen Zusammenhang spricht, auf dem die zweite (und der erste Teil der ersten) Eigentümlichkeit der Moral beruht. Man sieht jetzt, warum es wichtig ist, den Status der Moral im engeren Sinn nicht allein für sich zu untersuchen, sondern im Zusammenhang mit dem Status der Moral im weiteren Sinn.[207]

Der Antidualist kann natürlich sagen, dass es ihm eben nur um die Moral im engeren Sinn ging, nicht um die Moral im weiteren Sinn. (Das entspräche auch einer gebräuchlicheren Verwendung des Ausdrucks »Amoralist«.) Damit ist ihm aber meines Erachtens aus zwei Gründen nicht geholfen:

1. Die (mögliche) Existenz böser Menschen (egal welcher Art) kann, wie wir gesehen haben, der intrinsischen Normativität der Moral im weiteren Sinn nichts anhaben. Und das ist entscheidend. Denn wenn die Moral im engeren Sinn tatsächlich nicht nur bestimmt, was das in einer Hinsicht betrachtet Richtige ist, sondern auch, was das alles in allem betrachtet Richtige ist, dann ist auch sie intrinsisch normativ. Und wenn sie tatsächlich nicht bestimmt, was das alles in allem Richtige ist, dann sollten wir ihrer intrinsischen Normativität nicht nachtrauern, denn letztlich sollte es uns

---

206 Miller ist der Ansicht, dass nur die inhaltliche Leere des Ausdrucks »praktisch irrational« den untersuchten begrifflichen Zusammenhang gegen Gegenbeispiele immunisiert. Vgl. Miller *An Introduction to Contemporary Metaethics*, S. 221. Meines Erachtens ist diese Kritik jedoch unbegründet. Der Ausdruck »praktisch irrational« kann nämlich durch folgende, sicherlich nicht nichtssagende Explikation inhaltlich bestimmt werden: Praktisch irrational ist jemand, der nicht tut, wofür seiner eigenen Ansicht nach die besten Gründe sprechen. Wir haben diese Explikation schon zur Ableitung der zweiten Eigentümlichkeit der Moral aus der intrinsischen Normativität der Moral verwendet. Vgl. S. 52, 53.

207 Vgl. S. 14, 15.

doch auf das *alles in allem* Richtige ankommen. Zu entscheiden, *ob* die Moral im engeren Sinn bestimmt, was alles in allem richtig ist (und worin die Moral im engeren Sinn eigentlich genau besteht), ist, wie schon gesagt, Aufgabe der normativen Ethik, nicht der Metaethik.[208] Die skeptische Herausforderung, mit der uns der Amoralist konfrontiert, muss deshalb vom normativen Ethiker ernst genommen werden.[209] Die metaethisch zentrale Frage ist jedoch die nach der Objektivität der Moral im weiteren Sinn. Welche Strategie möchte der Antidualist in Bezug auf diese Frage wählen? Man gewinnt den Eindruck, dass viele Antidualisten hier zu einer antiobjektivistischen Strategie neigen – was natürlich wieder zu den in Kapitel 2.2 beschriebenen Problemen zurückführt.

2. Das Beispiel des Amoralisten zeigt, dass im engeren Sinn moralische Urteile nicht mit begrifflicher Notwendigkeit die Handlungen des rationalen Menschen *bestimmen*. Man kann daraus aber nicht schließen, dass sie *überhaupt keine* motivierende Kraft haben. Hier ist nochmals an die Hareschen Überlegungen zu erinnern. Die entscheidende Frage war ja, ob es eine gewöhnliche Verwendungsweise des Ausdrucks »die moralisch richtige Handlung« *gibt*, so dass eine begriffliche Verbindung zur Motivation des rationalen Menschen besteht. Das ist aber der Fall, denn das Amoralistenbeispiel spricht keineswegs gegen die These, dass wir von moralisch richtigen Handlungen auch in einer Weise sprechen, die den folgenden, abgeschwächten internen Zusammenhang zwischen dem im engeren Sinn moralischen Urteil, der Motivation und der Rationalität eines Handelnden garantiert:

> Wenn ein Handelnder – in einem bestimmten Sinn – zu dem Schluss kommt, dass es (unter den Umständen C) moralisch richtig ist, die Handlung H auszuführen, dann trägt das (unter den Umständen C) zu seiner Motivation bei, oder er ist (praktisch) irrational.

[208] Vgl. S. 12, 13, 43, 44.

[209] Vgl. dazu etwa Bayertz *Warum überhaupt moralisch sein?* Welche Formen moralischer Skepsis sinnvoll sind und welche nicht, diskutiere ich in »Das Amoralistenargument«, S. 254-256.

Dass ein moralisches Urteil zur Motivation einer Person beiträgt, hatten wir bereits folgendermaßen expliziert:[210] Wenn die Person der Ansicht wäre (beziehungsweise ist), dass andere Hinsichten keine Rolle spielen, dann wäre (beziehungsweise ist) die Person tatsächlich zu der nach dem Urteil in einer Hinsicht richtigen Handlung motiviert.[211] Und der Zusatz »in einem bestimmten Sinn« soll gerade deutlich machen, dass hier nicht vom Hareschen »inverted-commas-use« oder Ähnlichem die Rede ist, sondern dass die Person die Handlung als (zumindest in bestimmter Hinsicht) *gut* oder *wertvoll* ansieht. Sie urteilt also nicht einfach, dass die Handlung irgendeinem Bewertungsstandard entspricht, sondern dass sie einem *ihrer* Bewertungsstandards entspricht.

Die Tatsache, dass der Amoralist rationalerweise nicht tut, was seinem Urteil nach das moralisch betrachtet Richtige ist, spricht nicht dagegen, dass er ein »echtes« moralisches Urteil fällt (nicht nur eines im »inverted-commas-use«) und dass dieses Urteil zu seiner Motivation beiträgt, wenn in seinen Augen die (im engeren Sinn) moralische Hinsicht nicht die wichtigste ist. Aber für einen solchen Amoralisten muss dann gelten: Wäre er der Ansicht, dass andere Hinsichten keine Rolle spielen, so wäre er zu einer entsprechenden Handlung motiviert. Der schwächere begriffliche Zusammenhang zwischen dem (im engeren Sinn) moralischen Urteil, der Motivation und der Rationalität eines Handelnden würde nur dann nicht bestehen, wenn es eine Person geben könnte, die rationalerweise nicht tut, was sie für moralisch richtig hält, die aber auch noch der Meinung ist, dass andere Hinsichten keine Rolle spielen. Und eine solche Person kann es wiederum aus begrifflichen Gründen nicht geben.

---

210 Vgl. S. 54.

211 Dass moralische Urteile immer zur Motivation beitragen, heißt also nicht, dass sie immer »ein bisschen« motivieren, auch wenn sie nicht bestimmen, was der Handelnde letztlich tut. Die Beispiele amoralischen Verhaltens, die Shafer-Landau anführt (vgl. ders. *Moral Realism*, S. 148ff.; ebenso Halbig *Praktische Gründe und die Realität der Moral*, S. 367ff.), sind deshalb hier nicht einschlägig. Ob man moralische Urteile als *pro tanto* oder als *prima facie* motivierend ansieht – vgl. zu dieser Unterscheidung ebenfalls Shafer-Landau *Moral Realism*, S. 148 –, ist für meine Argumentation also gleichgültig. Entscheidend ist, dass sie *intrinsisch* motivierend sind.

Auch wenn der Antidualist der Eigentümlichkeit moralischer Erkenntnis (teilweise) gerecht werden kann, stößt er also sowohl bezüglich der ersten als auch bezüglich der zweiten Eigentümlichkeit der Moral auf den harten Fels unserer sprachlichen Praxis. Auch er scheint letztlich das falsche Vergleichsobjekt zu wählen. Die Moral scheint aufgrund ihrer Eigentümlichkeiten eben doch von ganz anderer Art zu sein als die Wissenschaft.

2.4. Ist nur die Wissenschaft objektiv?

Wenn weder die Vorstellung, dass die Moral Objektivität beanspruchen kann, noch die Überzeugung, dass sich die Moral grundlegend von der Wissenschaft unterscheidet, zurückgewiesen werden kann, dann bleibt nur ein Ausweg aus dem Trilemma der Moral: Man muss leugnen, dass nur die Wissenschaft (oder was von gleicher Art ist wie sie) Anspruch auf Objektivität erheben kann, oder wie man auch sagen könnte: Man muss das Monopol der Wissenschaft auf Objektivität in Frage stellen. Damit kommen wir zur dritten Gruppe von metaethischen Ansätzen, den Ansätzen der *Antimonopolisten*.[212]

Antimonopolistische Theorien zeichnen sich dadurch aus, dass ihre Vertreter glauben, die Moral könne *in eigener Weise* Anspruch auf Objektivität erheben. Es gibt demnach moralische Wahrheit, moralische Überzeugungen und moralische Erkenntnis. Allerdings ist eben all das von eigener Art (*sui generis*), und das heißt vor allem: nicht von der gleichen Art wie wissenschaftliche Wahrheit, wissenschaftliche Überzeugungen und wissenschaftliche Erkenntnis. Es ist, so die Vertreter dieser Positionen, schlicht ein Fehlurteil, wenn wir meinen, nur die Wissenschaft könne Anspruch auf Objektivität erheben.

Wenn man die Objektivität der Moral nicht leugnet, gerät man, anders als die Antiobjektivisten, nicht mehr mit den Beobachtungen in Konflikt, die uns dazu bringen, zu glauben, dass die Moral Anspruch auf Objektivität erheben kann. Dass wir von moralischer Wahrheit, moralischen Überzeugungen und moralischer Erkenntnis sprechen, ist nicht weiter verwunderlich, wenn man davon ausgeht, dass es tatsächlich angemessen ist, diese Begriffe im Bereich der Moral anzuwenden. Die Wahrheitsfähigkeit moralischer Aus-

---

212 Als antimonopolistisch in meinem Sinn können recht verschiedene metaethische Theorien gelten. Paradigmatisch sind natürlich die klassischen intuitionistische Ansätze von Sidgwick, Moore und Ross (die beispielsweise Audi heute aufgreift) sowie die Theorien moderner Nonnaturalisten wie Wiggins, McDowell und Shafer-Landau. Aber auch Theorien wie etwa Korsgaards Kantianismus, Firths Idealer-Beobachter-Theorie, Smiths »Idealer-Beurteiler-Theorie« und Scanlons Kontraktualismus können dieser Kategorie zugeordnet werden. Vgl. die entsprechenden Angaben im Literaturverzeichnis.

sagen beziehungsweise die Semantik der Moral, die Phänomenologie moralischer Überzeugungen sowie die Natur moralischen Streits und moralischer Erkenntnis erzeugen somit auf den ersten Blick keine Schwierigkeiten.

Der Antimonopolist vermeidet zudem die Probleme des Antidualisten. Wenn man bereit ist, der Moral eine Natur sui generis zuzugestehen, dann machen die Eigentümlichkeiten moralischer Wahrheit, moralischer Überzeugung und moralischer Erkenntnis keine Schwierigkeiten mehr. Diese müssen nicht mehr erklärt werden; sie *bestimmen* vielmehr, worin die besondere Natur der Moral besteht. Moralische Wahrheit ist demnach zunächst einmal nichts anderes als eine Form von Wahrheit, die intrinsisch normativ ist und auf nicht-moralischer Wahrheit superveniert; moralische Überzeugungen sind Überzeugungen, die für den rationalen Menschen motivierende Kraft haben; und moralische Erkenntnis ist eine Form von nicht-wissenschaftlicher Erkenntnis, die es häufig nicht erlaubt, die zahlreichen moralischen Streitigkeiten zu entscheiden.

Allerdings ist der Antimonopolist mit einem eigenen, schwerwiegenden Problem konfrontiert. Auf der einen Seite ist es für ihn nicht leicht, sich vom Antiobjektivisten abzugrenzen, denn die These, dass moralische Wahrheit, moralische Überzeugung und moralische Erkenntnis Wahrheit, Überzeugung und Erkenntnis eigener Art sind, ist zunächst völlig unbestimmt. Und solange nicht genauer bestimmt ist, was »sui generis« hier bedeuten soll, kann auch der expressivistische Antiobjektivist, selbst der Emotivist behaupten, dass auch seiner Ansicht nach die Moral in *ganz* eigener Art Objektivität beanspruchen kann. Selbst ein Gefühl könnten wir beispielsweise als »Überzeugung sui generis« bezeichnen. Je näher der Antimonopolist jedoch der antiobjektivistischen Position kommt, desto mehr hat er wieder mit deren Schwierigkeiten zu kämpfen, die vor allem daher rühren, dass eine »Objektivität *ganz* eigener Art« eben keine Objektivität mehr ist.

Der Antimonopolist muss also moralische Wahrheit, moralische Überzeugung und moralische Erkenntnis in einer Art und Weise charakterisieren, die diese noch als Wahrheit, Überzeugung und Erkenntnis im gewöhnlichen Sinn erkennbar werden lässt. Da hier aber die Wissenschaft unser Paradigma ist, droht auch von der antidualistischen Seite her Gefahr. Je stärker der Antimonopolist nämlich moralische Objektivität der Objektivität der Wissenschaft annähert, desto sicherer entgeht er zwar den Schwierigkeiten des Antiobjektivisten, desto mehr sieht er sich jedoch wiederum mit den antidualistischen Problemen konfrontiert. Dem Antimonopolisten muss darum ein gefährlicher Spagat zwischen klar antiobjektivistischen Ansätzen auf der einen Seite und klar antidualistischen Ansätzen auf der anderen gelingen. Und dabei ist es entscheidend, dass dieser Spagat nicht nur verbal gelingt, sondern dass wir wirklich ein klares Bild davon bekommen, was der Antimonopolist meint, wenn er von moralischer Wahrheit, moralischen Überzeugungen und moralischer Erkenntnis spricht. Es gibt also zwei klare Strategien mit klaren Problemen: die antiobjektivistische und die antidualistische. Diese Strategien sind sowohl klar als auch problematisch, weil sie den Status der Moral durch den Vergleich mit Bereichen zu klären versuchen, die klarerweise gerade keinen Anspruch auf Objektivität erheben können (wie der Bereich der Gefühle und Wünsche sowie der Bereich der reinen Geschmacksurteile und bloßen Konventionen) oder die einen solchen Anspruch klarerweise erheben können (wie der Bereich der Wissenschaft selbst). Jede Position dazwischen hat mit der Schwierigkeit zu kämpfen, zu bestimmen, was moralische Wahrheit, Überzeugung und Erkenntnis ist, wenn es sich dabei weder um »echte« Nicht-Wahrheit, Nicht-Überzeugung und Nicht-Erkenntnis (wie nach Ansicht des Antiobjektivisten) noch um »echte« (das heißt im Wesentlichen: wissenschaftliche) Wahrheit, Überzeugung und Erkenntnis (wie nach Ansicht des Antidualisten) handelt. Es fehlt diesen Positionen, so kann man sagen, ein geeignetes Vergleichsobjekt. Dieses Problem werde ich das *Unbestimmtheitsproblem* nennen.

Wie in den beiden letzten Kapiteln geht es mir auch im Folgenden um zweierlei: Zum einen werde ich die antimonopolistische Strategie gegen Einwände verteidigen, die auch gegen meinen eigenen Lösungsvorschlag gerichtet werden könnten. Ich möchte vor allem deutlich machen, dass es kein zwingendes Argument dafür gibt, dass das Unbestimmtheitsproblem nicht im Sinne des Antimonopolisten gelöst werden *kann*. Dazu werde ich mich insbesondere mit einer Reihe von Überlegungen auseinandersetzen, die zeigen sollen, dass es die Eigentümlichkeiten der Moral, an denen der Antimonopolist festhalten möchte, unmöglich machen, moralische Wahrheit, moralische Überzeugung und moralische Erkenntnis in einem wiedererkennbaren Sinn als Wahrheit, Überzeugung und Erkenntnis verständlich zu machen. Zum anderen soll jedoch auch klar werden, warum ich nicht glaube, dass es Antimonopolisten gelungen ist, den Status der Moral zu klären: weil das Unbestimmtheitsproblem bisher tatsächlich nicht gelöst *ist*. Wie in den vorangegangenen Kapiteln werde ich die Aspekte der moralischen Wahrheit, der moralischen Überzeugung und der moralischen Erkenntnis getrennt betrachten.

A. MORALISCHE WAHRHEIT. Moralische Wahrheit ist intrinsisch normativ, das heißt, wie wir gesehen haben, dass moralische Wahrheiten ein Sollen beziehungsweise das Vorliegen von Gründen implizieren. Wenn es eine moralische Wahrheit ist, dass es falsch ist, Menschen zu foltern, dann ist es auch eine Wahrheit, dass man Menschen nicht foltern soll beziehungsweise dass die besten Gründe dafür sprechen, Menschen nicht zu foltern. Indem moralische Wahrheiten das Vorliegen von Gründen implizieren, stellen sie eine objektive Forderung der Rationalität dar: Wer nicht tut, was die Moral von ihm verlangt, handelt nicht nach Gründen, die objektiv betrachtet vorliegen, und ist darum in einem gewissen Sinn als irrational zu bezeichnen. Er wird einem Anspruch an die Vernunft (einem Grund) nicht gerecht. Ich hatte hier von einer externen Form von Irrationalität gesprochen und diese von interner Irrationalität, um die es in der zweiten Eigentümlichkeit der Moral geht, abgegrenzt.[213]

Nach Ansicht vieler Philosophen sind jedoch die hier angenommene externe Form von Rationalität und damit auch die Vorstellung von einer objektiven moralischen Wahrheit letztlich unverständlich. Bekannt ist in diesem Zusammenhang eine Überlegung von Bernard Williams.[214] Williams geht davon aus, dass man nur dann sagen kann, es gäbe einen Grund für eine Handlung, wenn dieser Grund prinzipiell auch einen Beitrag zur Erklärung leisten könnte, warum jemand die Handlung ausführt. Gründe dienen nicht nur dazu, eine Handlung zu *rechtfertigen*. Sie dienen auch dazu, zu *erklären*, warum jemand in bestimmter Weise handelt. Die Tatsache, dass eine Handlung ein Akt des Folterns wäre, rechtfertigt, dass Fritz die Handlung unterlässt. Aber es erklärt (unter bestimm-

---

213 Vgl. S. 56-58.

214 Vgl. zum Folgenden Williams »Internal and External Reasons«.

ten Umständen) auch seine Unterlassung. Es ist durchaus plausibel, anzunehmen, dass eine Tatsache, die prinzipiell keinen Beitrag zur Erklärung der Handlung leisten kann, auch kein rechtfertigender Grund für diese Handlung sein kann. Ein Grund muss immer *beide* Funktionen übernehmen können, sonst ist es kein Grund: Der Grund, der eine Handlung rechtfertigt, muss auch der Grund sein können, aus dem jemand die Handlung ausführt.

Nun haben wir gesehen, dass man die Handlung einer Person erklärt, indem man auf einen Wunsch oder ein Gefühl oder auch eine moralische Überzeugung der Person und eine entsprechende Zweck-Mittel-Überzeugung hinweist.[215] Ob bestimmte Tatsachen eine Handlung verständlich machen (also erklären) können oder nicht, hängt also insbesondere davon ab, ob die (potenziell) handelnde Person einen entsprechenden Wunsch oder Ähnliches hat oder nicht. Wenn aber eine Tatsache nur dann ein rechtfertigender Grund sein kann, sofern sie auch ein erklärender Grund sein kann, so hängt es auch vom Vorhandensein entsprechender Wünsche oder Ähnlichem ab, ob eine Person einen rechtfertigenden Grund hat oder nicht. Würde aber ein Satz wie »Es ist falsch, Menschen zu foltern« für sich genommen eine moralische Wahrheit zum Ausdruck bringen, so wäre es auch für sich genommen eine Tatsache, dass die besten Gründe dafür sprechen, Menschen nicht zu foltern. Das heißt aber, dass *jede Person* Gründe hätte, Menschen nicht zu foltern, *unabhängig davon*, ob sie entsprechende Wünsche oder Ähnliches hätte oder nicht. Da es aber ohne entsprechende Wünsche oder Ähnliches keine erklärenden Gründe und ohne erklärende Gründe keine rechtfertigende Gründe geben kann, kann der Satz »Es ist falsch, Menschen zu foltern« für sich genommen auch keine moralische Wahrheit ausdrücken. Natürlich hängt diese Überlegung nicht von dem speziellen Beispiel ab. Es scheint darum überhaupt keine intrinsisch normativen moralischen Wahrheiten geben zu können.

Sollte man also bestreiten, dass ein rechtfertigender Grund prinzipiell auch ein motivierender Grund sein können muss? Nein, das ist plausibel, solange wir nur rationale Personen betrachten. Nichts, was einen *rationalen* Menschen nicht motivieren könnte, kann ein rechtfertigender Grund sein. Aber es ist durchaus möglich, dass

[215] Vgl. S. 55, 56, 93, 94.

ein Grund vorliegt und eine Person dennoch durch diesen Grund nicht motiviert wird (auch wenn diese fehlende Motivation beispielsweise nicht durch fehlendes Tatsachenwissen verständlich gemacht werden kann). Das zeigt dann eben gerade an, dass die Person nicht rational ist. Wenn moralische Wahrheiten objektive Forderungen der Rationalität implizieren, dann ist derjenige nicht rational, der nicht motiviert ist, das zu tun, was solche Wahrheiten verlangen.

Williams bestreitet nun aber, dass man jemanden, der partout[216] keinen Wunsch (oder Ähnliches) hat, eine bestimmte Handlung auszuführen, als irrational bezeichnen kann, wenn er die Handlung nicht ausführt.[217] Es ist einfach nicht besonders naheliegend, jemandem, der sich von moralischen Wahrheiten – genauer gesagt, von den entsprechenden Gründen, die Williams »externe Gründe« nennt – nicht motivieren lässt, seine *Rationalität* abzusprechen, sofern diesen »Wahrheiten« keine Wünsche (oder Ähnliches) – und damit »interne Gründe« – aufseiten der Person entsprechen. Wie Williams sagt:

> There are of course many things that a speaker may say to one who is not disposed to Φ when the speaker thinks that he should be, as that he is inconsiderate, or cruel, or selfish, or imprudent; or that things, and he, would be a lot nicer if he were so motivated. Any of these can be sensible things to say. But one who makes a great deal out of putting the criticism in the form of an external reason statement seems concerned to say that what is particularly wrong with the agent is that he is *irrational.* It is this theorist who particularly needs to make this charge precise: in particular, because he wants any rational agent, as such, to acknowledge the requirement to do the thing in question.[218]

---

216 Williams lässt durchaus breiten Raum für praktische Überlegungen. Er verlangt also nicht etwa, dass man einen *unmittelbaren* Wunsch zu einer Handlung haben muss, damit es praktisch rational ist, die Handlung auszuführen. Vgl. Williams »Internal and External Reasons«, S. 104, 105.

217 Das entspricht gerade: Wir können von jemandem, der partout kein entsprechendes Motiv hat, nicht sagen, er habe einen Grund.

218 Vgl. Williams »Internal and External Reason«, S. 110.

Der Antimonopolist muss also klären, wie die mit moralischen Wahrheiten verbundene externe Rationalität zu verstehen ist.

Tatsächlich ist Williams eigene Deutung von Rationalität als instrumentelle Rationalität bereits »externer« als er selbst annimmt.[219] Williams betrachtet jemanden durchaus als irrational, wenn er nicht die besten Mittel zu seinen Zwecken ergreift, auch wenn er (unverschuldet) gar nicht weiß, dass dies oder jenes die besten Mittel wären.[220] Im Alltag würden wir so eine Person aber sicherlich auch nicht als irrational bezeichnen (sondern eher als schlecht informiert). Die alltägliche Rede von Irrationalität ist, so hatte ich bereits in Kapitel 1.3 betont, an den Begriff der *internen* Irrationalität gebunden. Die Rationalitätsdeutung von Williams (und vielen anderen Antiobjektivisten, aber auch Antidualisten) ist somit zwar nicht »extern genug«, um intrinsisch normative moralische Wahrheiten zuzulassen, aber auch nicht »intern genug«, um wirklich nur unseren Sprachgebrauch widerzuspiegeln. Es ist darum fraglich, ob in Hinblick auf das Phänomen Rationalität mit der Ablehnung moralischer Wahrheiten wirklich etwas gewonnen ist.[221] Dem Antimonopolisten hilft diese Kritik allerdings auch nicht dabei, seine eigene Vorstellung von Rationalität verständlich zu machen.

Der Antimonopolist möchte die Fähigkeit, Gründe zu erkennen, als ein Vermögen der Vernunft verständlich machen. Das legt die Vorstellung nahe, dass einer Person, die bestimmte moralische Wahrheiten und damit Handlungsgründe nicht erkennt, (jedenfalls teilweise) die Gabe fehlt, vernünftige *Überlegungen* anzustellen. Wie Williams aber zu Recht betont, scheinen wir jemandem, der eine moralische Überzeugung nicht teilt, schwerlich Irrationalität in diesem Sinn vorwerfen zu können. Seine Überlegungen sind nicht (unbedingt) fehlerhaft, und wir scheinen ihn auch nicht durch Argumente, die jeder rationale Mensch einsehen muss, dazu bringen zu können, unsere moralischen Überzeugungen zu übernehmen.

Wie McDowell deutlich macht, liegt dieser Argumentation jedoch eine Fehlvorstellung darüber zugrunde, in welcher Weise der

---

219 Das ist meiner Ansicht nach das Hauptergebnis von Korsgaards Aufsatz »Skepticism about Practical Reason«.

220 Vgl. Williams »Internal and External Reasons«, S. 103.

221 Dennoch haben Philosophen von Hobbes bis Gauthier versucht, die ganze Moral auf instrumentelle Rationalität aufzubauen. Vgl. dazu auch Nida-Rümelin/Schmidt *Rationalität in der praktischen Philosophie*.

Antimonopolist denjenigen, der bestimmte moralische Wahrheiten nicht anerkennt, als irrational ansehen muss.[222] Moralische Wahrheiten sind intrinsisch normativ, das heißt, sie implizieren ein Sollen beziehungsweise dass bestimmte Gründe für Handlungen vorliegen. Und jemand, der auf Gründe, die objektiv betrachtet vorhanden sind, nicht angemessen reagiert, wird einem Anspruch an seine Vernunft nicht gerecht. Insofern *muss* derjenige, der die erste Eigentümlichkeit der Moral nicht bestreiten möchte, behaupten, dass eine Person, die moralische Wahrheiten nicht anerkennt (oder auch einfach nur nicht kennt), irrational ist.[223]

Bei dieser Form der Irrationalität geht es jedoch nicht darum, dass jemand, der moralische Wahrheiten nicht anerkennt, irgendeinen Denkfehler macht. Wir haben es hier McDowell zufolge eher mit einer Art von Blindheit zu tun: Derjenige, der bestimmte Tatsachen nicht als Gründe ansieht, obwohl es objektiv betrachtet Gründe sind, ist lediglich irrational, insofern er nicht *sieht*, dass es sich bei diesen Tatsachen um Gründe handelt. Und das kann entweder daran liegen, dass er die Tatsachen nicht sieht, oder aber daran, dass er die Tatsachen zwar kennt, sie aber nicht als Gründe ansieht. Hier überhaupt von Irrationalität zu sprechen, ist zwar tatsächlich etwas irreführend (weil vom alltäglichen Sprachgebrauch abweichend) – insofern räumt McDowell den Vorwurf von Williams ein, dass es sich bei der Irrationalitätsanschuldigung lediglich um »Bluff« handelt.[224] Das schließt aber eben nicht aus, dass wir es im Bereich der Moral mit echter Vernunfterkenntnis zu tun haben. Auch wenn es sich bei moralischen Wahrheiten um intrinsisch normative Wahrheiten und damit um Wahrheiten über das Vorliegen von Gründen handelt, heißt das nicht, dass man diese Wahrheiten durch *Überlegung* erkennen muss. Das, *was* wir erkennen, ist das Vorliegen von Gründen (und damit ein Anspruch an die Vernunft). Und diese Gründe sind dann (vielleicht) Ausgangspunkt für vernünftige Überlegungen. Aber die Art und Weise, *wie* wir die Gründe erkennen, muss nicht selbst vernünftige Überlegung sein. Jemand, der eine moralische Erkenntnis erlangt, muss als jemand beschrieben werden, der von einem Zustand, in dem er

222 Vgl. zum Folgenden vor allem McDowell »Might There Be External Reasons?«.

223 Vgl. S. 57.

224 Vgl. McDowell »Might There Be External Reasons?«, S. 75.

auf vorliegende Gründe nicht angemessen reagiert hat (sich nicht hat motivieren lassen), in einen Zustand übergeht, in dem er sich von den Gründen bewegen lässt. Und wenn er das tut, dann können wir ihn als jemanden beschreiben, der einem Anspruch an die Vernunft gerecht wird, der die Sache richtig sieht, vielleicht sogar als jemanden, dessen praktische Überlegung jetzt korrekt ist, aber, wie McDowell sagt:

> But there is no implication, as in Williams' argument, that there must be a deliberative or rational procedure that would lead anyone from not being so motivated to being so motivated. On the contrary, the transition to being so motivated is a transition *to* deliberating correctly, not one effected *by* deliberating correctly; effecting the transition may need some non-rational alteration like conversion.[225]

Die Art und Weise, wie wir McDowell zufolge zu moralischen Erkenntnissen kommen, kann also durchaus mehr mit einer »Bekehrung« als mit einer rationalen Überlegung zu tun haben. All diese Erläuterungen zur Natur externer Rationalität sind allerdings nur dann informativ, wenn der Antimonopolist auch wirklich etwas Erhellendes zur Natur moralischer Erkenntnis zu sagen hat. Wir werden auf die antimonopolistische Deutung moralischer Erkenntnis noch zu sprechen kommen.

In Bezug auf den zweiten Teil der ersten Eigentümlichkeit der Moral, der Supervenienz des Moralischen auf dem Nicht-Moralischen, hat man dem Antimonopolisten den gleichen Einwand wie dem Antidualisten gemacht: Der eine wie der andere scheint nicht erklären zu können, warum es eine *apriorische* Wahrheit ist, dass moralische Wahrheit superveniert.[226] Meines Erachtens ist dieser Vorwurf jedoch unberechtigt. Der Antimonopolist kann durchaus behaupten, dass die Supervenienz *konstitutiv* für die Natur moralischer Wahrheit ist. Er kann hier, da er die erste Eigentümlichkeit der Moral anerkennt, zudem auf die Natur von Handlungsgründen und auf den Zweck der Moral verweisen, genau so, wie wir es bei der Einführung der Supervenienzbeziehung auch getan haben.[227] Problematisch wird es wiederum erst dann, wenn der Antimono-

---

225 Vgl. McDowell »Might There Be External Reasons?«, S. 78.

226 Vgl. dazu Smith *The Moral Problem*, S. 21-25, sowie oben, S. 126-128.

227 Vgl. S. 49-51.

polist konkreter angibt, was er unter moralischer Erkenntnis versteht. Auch auf diesen Punkt werden wir bei der Untersuchung des Erkenntnisaspekts zurückkommen.

B. Moralische Überzeugung. Insbesondere der Antiobjektivist bezweifelt nicht nur, dass der Antimonopolist moralische Wahrheit als eine Form von Wahrheit verständlich machen kann. Er glaubt auch, dass gewichtige Gründe gegen die Vorstellung sprechen, dass es sich bei moralischen Überzeugungen wirklich um Überzeugungen handelt. Seiner Ansicht nach gehören moralische Überzeugungen zu einer anderen Klasse von geistigen Zuständen. Darüber, wie diese Klasse genau zu charakterisieren ist, herrscht unter Antiobjektivisten keine Einigkeit.[228] Betrachten wir, stellvertretend für alle, die antiobjektivistische Sichtweise, die das nachfolgende Argument gegen den Antimonopolisten am plausibelsten formulierbar macht.[229] Dieser Sichtweise zufolge gehören moralische Überzeugungen zur gleichen Klasse von geistigen Zuständen wie Wünsche.[230] Und das hat im Wesentlichen zwei Gründe. Überzeugungen und Wünsche unterscheiden sich nämlich in zwei wichtigen Punkten; und in beiden Punkten scheinen moralische Überzeugungen Wünschen, und nicht Überzeugungen zu gleichen.

Zum einen haben Überzeugungen eine Eigenschaft, die Wünsche nicht haben: Sie können wahr oder falsch sein. Wünsche verhalten sich hier geradezu spiegelsymmetrisch, wie eine Überlegung, die auf Elizabeth Anscombe zurückgeht,[231] deutlich macht: Wenn jemand davon überzeugt ist, in Afrika zu sein, obwohl er tatsächlich nicht in Afrika ist, dann ist seine Überzeugung falsch, und die Person sollte sie ändern. Die Überzeugung hat sich nach der Welt zu richten, nicht umgekehrt. Wenn sich dagegen jemand wünscht, er wäre in Afrika, obwohl er tatsächlich nicht in Afrika ist, dann ist sozusagen die Welt falsch. Nicht der Wunsch sollte der Welt,

---

228 Vgl. S. 93-99.

229 Eine klare Darstellung dieser Sichtweise gibt Scarano. Vgl. Scarano *Moralische Überzeugungen*, Kapitel 2.4 und 4.2.

230 Man spricht hier von der Klasse der *Pro-Einstellungen*, um der Tatsache Rechnung zu tragen, dass »gewöhnliche« Wünsche nicht zur Phänomenologie moralischer Überzeugungen passen.

231 Vgl. Anscombe *Intention*. Siehe auch Platts *Ways of Meaning*, S. 256, 257, und Smith *The Moral Problem*, S. 115.

sondern die Welt sollte (in diesem Fall durch eine Reise nach Afrika) dem Wunsch angepasst werden. Wünsche und Überzeugungen haben demnach die entgegengesetzte »Passrichtung« (»direction of fit«). Moralische Überzeugungen scheinen aber gerade die gleiche Passrichtung wie Wünsche, nicht wie Überzeugungen zu haben. Wie beispielsweise Scarano schreibt:

> Ist die Welt nicht so, wie es unsere moralischen Überzeugungen zum Ausdruck bringen – kommen zum Beispiel von uns als unmoralisch bewertete Handlungen oder Institutionen in der Welt vor – dann müssen wir deshalb nicht unsere moralischen Überzeugungen aufgeben, sondern es ist die Welt, die sich ändern sollte.[232]

Folglich sollten wir moralische Überzeugungen und Wünsche einer Klasse von geistigen Zuständen zuordnen, nicht-moralische Überzeugungen einer anderen. Nennen wir dies das *Direction-of-fit-Argument*.

Zum anderen haben Wünsche etwas, was Überzeugungen nicht haben: motivierende Kraft. Ein Wunsch kann uns dazu bringen, etwas zu tun, eine nicht-moralische Überzeugung für sich genommen nicht. Auch hier stehen moralische Überzeugungen auf der Seite von Wünschen. Die zentrale Überlegung habe ich bereits im Kapitel 1.3 geschildert: Moralische Überzeugungen, so hatten wir dort festgestellt, können in Handlungserklärungen die gleiche Rolle übernehmen wie Wünsche. Gewöhnliche Überzeugungen können das nicht. Also müssen moralische Überzeugungen zur gleichen Klasse geistiger Zustände gehören wie Wünsche, nicht zur gleichen Klasse wie Überzeugungen. Nennen wir dies das *Motivationsargument*.

Meines Erachtens ist keine der beiden Überlegungen überzeugend. Betrachten wir zuerst das Direction-of-fit-Argument. Ist es tatsächlich so, dass sich die Welt ändern sollte, wenn sie nicht unseren moralischen Überzeugungen entspricht? Nehmen wir an, Franz ist der Ansicht, dass es richtig ist, seine Kinder in den Keller zu sperren, weil sie gerade schreien. Noch sind die Kinder nicht im Keller eingesperrt. Sollte sich daran etwas ändern? Nach Ansicht von Franz sollte sich daran offensichtlich etwas ändern. Sei-

232 Vgl. Scarano *Moralische Überzeugungen*, S. 112.

ner Meinung nach wäre die Welt ein wenig besser, wenn die Kinder nur erst im Keller untergebracht wären. *Tatsächlich* sollte sich aber daran, dass die Kinder nicht eingekellert sind, keineswegs etwas ändern. Ob sich die Welt unseren moralischen Überzeugungen entsprechend ändern sollte oder nicht, hängt entscheidend davon ab, ob unsere moralischen Überzeugungen *richtig* sind oder nicht. So jedenfalls reden wir normalerweise über moralische Überzeugungen. Wenn jemand glaubt, dass schreiende Kinder in den Keller gehören, dann sollte er seine Überzeugung (und nicht die Welt) ändern, ebenso wie jemand, der glaubt, dass Zitronenfalter Zitronen falten. Beide Überzeugungen sind schlicht falsch.

Natürlich könnte man sagen, dass eine ähnliche Überlegung auch auf Wünsche anwendbar ist. Wenn Franz den Wunsch hat, dass schreiende Kinder im Keller verschwinden, dann sollte er seinen Wunsch ändern. Auch Wünsche sind kritisierbar. Aber wir können nicht sagen, dass Franz einen *falschen* Wunsch (im Unterschied etwa zu anderen, wahren Wünschen) hat. Sein Wunsch ist grausam, unangemessen und verwerflich, aber nicht im eigentlichen Sinn falsch. Im Unterschied dazu können wir sagen, dass die moralische Überzeugung von Franz, es sei richtig, schreiende Kinder in den Keller zu sperren, falsch ist. Franz hat Unrecht; er befindet sich im Irrtum und sollte deshalb seine Meinung ändern. Mit einem Wunsch kann man weder Unrecht haben noch sich im Irrtum befinden. Moralische Überzeugungen können also anscheinend *anders* als Wünsche und *ebenso* wie nicht-moralische Überzeugungen wahr oder falsch sein. Das Direction-of-fit-Argument zeigt keineswegs das Gegenteil, sondern behauptet es bloß.

Das Motivationsargument hat vor diesem Hintergrund von Anfang an weniger Gewicht als man gemeinhin annimmt. Denn selbst wenn es sich tatsächlich zeigen sollte, dass moralische Überzeugungen so wie Wünsche und anders als gewöhnliche Überzeugungen motivierende Kraft haben, zeigt das noch nicht, dass es sich deshalb nicht um Überzeugungen handelt. Nichts hindert den Antimonopolisten daran, anzunehmen, dass moralische Überzeugungen und Wünsche gewisse Eigenschaften teilen, solange er daran festhalten kann, dass moralische Überzeugungen *insgesamt gesehen* mehr mit nicht-moralischen Überzeugungen als mit Wünschen gemeinsam haben. Wenn moralische Überzeugungen sich so wie nicht-moralische Überzeugungen »anfühlen« (das heißt, wenn die Phänomenologie moralischer Überzeugungen der nichtmoralischer Überzeugungen entspricht), wenn moralische Überzeugungen wahr oder falsch sein können und wenn wir sie durch einen Vorgang erwerben können, der in einem wiedererkennbaren Sinn als Erkenntnis beschrieben werden kann, dann sollte man sie sicherlich derselben Klasse wie nicht-moralische Überzeugungen zurechnen, auch wenn sie motivierende Kraft haben. Es sind dann eben, genau wie der Antimonopolist behauptet, Überzeugungen eigener Art. Und ihre Eigenart besteht gerade in ihrer intrinsischen motivierenden Kraft. Der Hinweis auf die motivierende Kraft moralischer Überzeugungen spricht insofern nur gegen eine (typisch) antidualistische Auffassung von moralischen Überzeugungen, nicht gegen eine antimonopolistische. Natürlich bleibt auch hier das Unbestimmtheitsproblem bestehen: Ob moralische Überzeugungen wirklich als Überzeugungen eigener Art angesehen werden können, hängt im Wesentlichen davon ab, ob es dem Antimonopolisten gelingt, die Natur moralischer Wahrheit und moralischer Erkenntnis genauer zu bestimmen.

Diese Überlegung zeigt, dass es für den Antimonopolisten nicht weiter problematisch wäre, *wenn* das Motivationsargument zeigen würde, dass moralische Überzeugungen geistige Zustände sind, die Wünschen in bestimmter Hinsicht gleichen. Tatsächlich ist es jedoch höchst fragwürdig, ob das Argument zu diesem Schluss berechtigt. Betrachten wir dazu nochmals die einzelnen Schritte: Ausgangspunkt ist die Überlegung, dass Wünsche Handlungen verständlich machen. Warum ist Hans zu dem Klavierabend gegangen? Weil er Sokolow hören wollte und weil er glaubte, dass Sokolow an diesem Abend spielen würde. Der Handlung von Hans lag demnach ein bestimmter Wunsch zugrunde sowie eine Überzeugung darüber, wie der Wunsch zu erfüllen sei. Der Wunsch gab sozusagen den Antrieb, die Überzeugung lenkte den Antrieb in die richtige Richtung. Weiterhin können moralische Überzeugungen anscheinend in einer Handlungserklärung an gerade der Stelle auftauchen, an der auch ein Wunsch stehen kann. Warum ist Hans in die Eisdiele gegangen? Weil er es für richtig hält, Versprechen zu halten, und weil er versprochen hatte, sich mit Heidi in der Eisdiele zu treffen. Bei dieser Erklärung übernimmt die moralische Überzeugung »Es ist richtig, Versprechen zu halten« die Rolle, die im ersten Beispiel der Wunsch von Hans übernommen hat. Dementsprechend muss in der moralischen Überzeugung der Antrieb, das heißt die motivierende Kraft für Hansens Handlung liegen. Es muss sich darum um einen geistigen Zustand handeln, der (zumindest insofern) von gleicher Art ist wie ein Wunsch.

Das Argument geht davon aus, dass moralische Überzeugungen unser Handeln in der gleichen Weise wie Wünsche verständlich machen können. Aber auf welche Weise macht ein Wunsch eine Handlung überhaupt verständlich? Ich denke, es gibt zwei Weisen, wie ein Wunsch eine Handlung erklären kann, die man sorgfältig unterscheiden sollte. Zum einen kann die Angabe des Wunsches nichts anderes als ein indirekter Hinweis auf eine (im weiteren Sinn) moralische Überzeugung (und damit auf *Gründe*) sein. Wenn ich sage, dass Hans das Konzert besucht, weil er Sokolow hören will, dann erklärt das die Handlung von Hans, weil wir davon ausgehen, dass Hans Sokolow für einen guten Klavierspieler und darum einen Konzertbesuch für wertvoll hält, und *diese Überzeugung* erklärt eigentlich, warum er sich das Konzert anhört, ebenso wie sie erklärt, warum er einen entsprechenden Wunsch hat. Umgekehrt kann der Wunsch die evaluative Überzeugung nicht erklären. (Es wäre sehr seltsam, wenn Hans zu der Überzeugung käme, dass Sokolow ein guter Klavierspieler und darum ein Konzertbesuch wertvoll ist, weil er den Wunsch hat, ihn zu hören.) Was in diesem Fall die Handlung verständlich macht, ist darum die (im weiteren Sinn) moralische Überzeugung, nicht der Wunsch selbst. Dass dem so ist, erkennt man auch daran, dass die Erklärung ihre Kraft verlieren würde, wenn wir erfahren würden, dass Hans keine entsprechende (im weiteren Sinn) moralische Überzeugung hat. Nehmen wir an, Hans leugnet, dass er irgendetwas an Sokolows Darbietung schätzt. Er geht, so sagt er, einfach deshalb zu dem Konzert, weil er den Wunsch hat, Sokolow zu hören. Wäre in diesem Fall die Handlung von Hans nach wie vor erklärt?

Vielleicht, aber dann in einem ganz anderen Sinn: Die Angabe des Wunsches kann zum anderen nämlich auch dazu dienen, die *bloße Ursache* des Handelns offen zu legen.[233] Diese Art der Erklärung macht sich zunutze, dass Wünsche eine bestimmte Art von geistigen Zuständen sind. Wenn ich beispielsweise sage, dass Hans

[233] Auch bei Erklärungen der ersten Art geht es vielleicht *auch* um Ursachen. Hier geht es jedoch *ausschließlich* um Ursachen.

ständig ins Badezimmer läuft, weil er seit einiger Zeit den fortwährenden Wunsch verspürt, sich die Hände zu waschen (und er glaubt, dass er das im Badezimmer tun kann), dann mache ich die Handlung von Hans als die Folge einer Zwangsneurose verständlich. Ich gebe hier eine rein psychologische Erklärung. Der Wunsch lässt sich in diesem Fall nicht durch eine (im weiteren Sinn) moralische Überzeugung verständlich machen: Hans hält es ja nicht für richtig, sich ständig die Hände zu waschen; er sieht keine Gründe für diese Verhaltensweise.[234] Dementsprechend werde ich auch nicht versuchen, durch rationale Argumentation auf sein Handeln einzuwirken – wovon sollte ich Hans überzeugen? –, sondern beispielsweise durch eine Verhaltenstherapie.

Der Verteidiger des Motivationsarguments steht darum vor einem Dilemma. Entweder ein Wunsch macht eine Handlung in der ersten Weise verständlich oder in der zweiten. Wenn er die Handlung in der ersten Weise verständlich macht, dann kann zwar eine moralische Überzeugung die Rolle des Wunsches in der Erklärung der Handlung übernehmen. Aber das liegt gerade daran, dass die Angabe des Wunsches hier selbst nur der Hinweis auf eine zugrunde liegende moralische Überzeugung ist, welche die Handlung eigentlich verständlich macht. Der Wunsch selbst hat also keine eigenständige Erklärungsfunktion. Dementsprechend können wir in diesem Fall nicht schließen, dass moralische Überzeugungen zur selben Art von geistigen Zuständen wie Wünsche gehören müssen, damit auch sie in dieser Weise Handlungen erklären können. Wenn dagegen der Wunsch die Handlung in der zweiten Weise verständlich macht, dann hat er eine eigenständige Erklärungsfunktion. Die Handlung wird hier allein aufgrund der Tatsache verständlich, dass die handelnde Person sich in einer bestimmten Art von geistigem Zustand – einem Wunschzustand – befindet. Aber bei dieser Art der Erklärung kann eine moralische Überzeugung gerade nicht die Rolle des Wunsches übernehmen. Also können wir auch hier nicht schließen, dass moralische Überzeugungen zur selben Art von geistigen Zuständen wie Wünsche gehören. Also scheint das Motivationsargument nicht zu funktionieren.

---

234 Wir haben es hier also mit einem Wunsch zu tun, von dem der Handelnde »entfremdet« ist. Vgl. dazu die Diskussion bei Mayr *Understanding Human Agency*, 2. Kapitel.

Diese Überlegung basiert allerdings auf der Annahme, dass (im ersten Fall von Handlungserklärungen) tatsächlich moralische Überzeugungen Priorität vor den entsprechenden Wünschen genießen. In der Handlungstheorie ist diese Annahme umstritten.[235] Die soeben gegebene Skizze ist nicht als Beitrag zu dieser Diskussion zu verstehen, sondern sollte lediglich deutlich machen, dass das Motivationsargument alles andere als zwingend ist.[236] Das Motivationsargument ist somit für den Antimonopolisten weder besonders problematisch, wenn es zeigt, was es zeigen soll, noch ist klar, dass es zeigt, was es zeigen soll. Wie bereits angedeutet, halte ich deshalb handlungstheoretische Überlegungen zwar für metaethisch relevant, aber keinesfalls für entscheidend.[237]

C. Moralische Erkenntnis. Die Klärung der Natur moralischer Erkenntnis ist nicht nur um ihrer selbst willen eine wichtige Aufgabe für den Antimonopolisten. Auch die Natur moralischer Wahrheit bleibt, wie wir gesehen haben, unbestimmt, solange nicht deutlich ist, wie man sich die Erkenntnis solcher Wahrheiten vorzustellen hat. Antimonopolisten sind der Ansicht, dass moralische Erkenntnis eine Erkenntnisform eigener Art ist. Das entsprechende Erkenntnisvermögen wird von den klassischen Antimonopolisten, den Intuitionisten,[238] »Intuition« genannt. Mit ihr erfassen wir, so heißt es, moralische Tatsachen. Dieser Hinweis auf ein besonderes Erkenntnisvermögen, die Intuition, erklärt aber zunächst ein-

---

[235] Es geht hier um die Auseinandersetzung zwischen Anhängern einer Humeschen und einer Anti-Humeschen Theorie der Motivation beziehungsweise um die Auseinandersetzung zwischen wunschbasierten und wertbasierten Theorien. Vgl. dazu die Literaturangaben in der nächsten Fußnote.

[236] Meine Kritik am Motivationsargument basiert auf handlungstheoretischen Überlegungen, wie sie vor allem Raz und Dancy verteidigen. Vgl. dazu Raz *Engaging Reason* sowie Dancy *Practical Reality*. Zur Weiterentwicklung dieses Ansatzes sowie insbesondere zur Kritik an der Humeschen Handlungstheorie vgl. Ammereller »Handeln aus Gründen«, Mayr *Unterstanding Human Agency* und Halbig *Praktische Gründe und die Realität der Moral*, 1. Teil.

[237] Vgl. S. 68, 76, 77 und Kapitel 3.3.

[238] Hier sind vor allem Sidgwick, Moore und Ross zu nennen. Aktuelle Arbeiten zum Intuitionismus versammelt der Band von Stratton-Lake *Ethical Intuitionism: Re-evaluations*.

mal natürlich gar nichts. Er gibt unserem Unverständnis der Natur moralischer Erkenntnis lediglich einen Namen. Dementsprechend kommt es darauf an, den Begriff der Intuition beziehungsweise allgemein: den Begriff der moralischen Erkenntnis mit Inhalt zu füllen. Hier haben nun auch Antimonopolisten, die ansonsten ja versuchen, die Natur der Moral ohne Vergleichsobjekt zu klären, verschiedene Vergleiche angeboten.

Nach Ansicht von Ross beispielsweise lässt sich moralische Erkenntnis nach dem Modell mathematischer Erkenntnis verstehen.[239] Er schreibt:

> That an act, *qua* fulfilling a promise, [...] is *prima facie* right, is self-evident [...]. It is self-evident just as a mathematical axiom, or the validity of a form of inference, is evident.[240]

Allerdings ergibt sich für den Vertreter dieser These ein grundlegendes Dilemma.[241] Entweder man vertritt nämlich die Ansicht, dass mathematische Erkenntnis letztlich rein begriffliche Erkenntnis ist. Dann wäre zwar einigermaßen klar, *womit* moralische Erkenntnis hier verglichen werden soll. Aber dann wären wir wieder bei der These, dass moralische Erkenntnis eine Form begrifflicher Erkenntnis ist, und die Ablehnung dieser These hatte uns gerade zu zum (dem ersten Teil) der dritten Eigentümlichkeit der Moral geführt:[242] Moralische Erkenntnis ist weder rein formaler noch rein empirischer Art. Oder aber man vertritt die Ansicht, dass mathematische Erkenntnis keine begriffliche Erkenntnis ist. Dann gerät man zwar nicht mit (dem ersten Teil) der dritten Eigentümlichkeit der Moral in Konflikt. Dafür ist man jetzt mit dem Problem konfrontiert, dass das Vergleichsobjekt selbst alles andere als gut verständlich ist. Denn worin besteht dann die Natur mathematischer Erkenntnis? Geht es um den Blick in den platonischen Ideenhimmel? Und gibt es eine Möglichkeit, von dieser metaphorischen Redeweise wegzukommen? Jedenfalls kann man kaum hoffen, die Natur morali-

---

239 Vgl. Ross *The Right and the Good*, 2. Kapitel. Den Ansatz von Ross nimmt heute vor allem Audi auf. Vgl. Audi »Moral Knowledge and Ethical Pluralism« sowie *The Good in the Right.*

240 Vgl. Ross *The Right and the Good*, S. 29.

241 Vgl. meinen Aufsatz »Moralische Erkenntnis«.

242 Vgl. S. 61, 62.

scher Erkenntnis zu klären, indem man sie mit der Natur einer so verstandenen mathematischen Erkenntnis vergleicht. Dazu ist mathematische Erkenntnis selbst viel zu erklärungsbedürftig, sobald man sie nicht als begriffliche Erkenntnis deutet.[243]

In Bezug auf Ross selbst lässt sich meiner Ansicht nach nicht klar sagen, auf welcher Seite des Dilemmas er in Schwierigkeiten gerät. In den prima-facie-Pflichten, die er auflistet, tauchen nämlich, wie es scheint, gerade inhaltsreiche Begriffe auf. Ist derjenige, der behauptet, es sei etwas prima facie Gutes, Versprechen zu brechen, nicht zumindest beinahe schon sprachlich inkompetent? Andererseits möchte Ross gerade nicht behaupten, dass es »nur« um begriffliche Erkenntnis geht. Das geht aus seiner Beschreibung der Natur mathematischer und moralischer Erkenntnis klar hervor.[244] Hier ist nicht begriffliche Einsicht, sondern »Intuition« gefordert. Und was das ist, ist gerade notorisch unbestimmt.

Selbst wenn man aber moralische Erkenntnis nach dem Modell mathematischer Erkenntnis verstehen könnte, würden sich Probleme an anderer Stelle ergeben. Wir haben hier nämlich ganz offensichtlich keinen Vergleich vor uns, der irgendwie helfen kann, die Natur moralischer Wahrheit zu erklären. Mathematische Wahrheiten sind zum einen allem Anschein nach nicht in der geforderten Weise intrinsisch normativ. Die einzige Form von Normativität, die hier ins Spiel kommt, ist die Normativität begrifflicher Konsistenz – dass etwa niemand zugleich A→B, A und non-B glauben sollte –, die nichts mit *externer* Rationalität zu tun hat.[245] Mathema-

243 Ein ähnliches Dilemma ergibt sich auch, wenn man moralische Erkenntnis durch den Vergleich mit philosophischer Erkenntnis verständlich machen möchte (vgl. Shafer-Landau »Ethics as Philosophy: A Defense of Ethical Nonnaturalism«): Insofern es sich bei philosophischer Erkenntnis um begriffliche Erkenntnis handelt, ist sie vielleicht besser als moralische Erkenntnis verständlich – aber moralische Erkenntnis ist keine begriffliche Erkenntnis. Und philosophische Erkenntnis ist selbst schwer verständlich, insofern es sich bei ihr nicht um begriffliche Erkenntnis handelt. Insbesondere liegt die Vermutung nahe, dass der Teil philosophischer Erkenntnis, der nichtbegrifflicher Art ist, weitgehend *identisch* mit moralischer Erkenntnis ist und somit nicht als Vergleichsobjekt dienen kann.

244 Vgl. Ross *The Right and the Good*, 2. Kapitel, passim.

245 Vgl. dazu Darwall »Intuitionism and the Motivation Problem«. Logische Schlüsse *übertragen* rationale Überzeugung von den Prämissen

tische Wahrheiten (wie etwa der Satz des Pythagoras) implizieren aus sich heraus keine Gründe für irgendetwas. Sie stellen keine Ansprüche an die Vernunft. Wer diese Wahrheiten nicht kennt, ist allein dadurch in keiner Weise irrational.

Zum anderen supervenieren mathematische Wahrheiten nicht auf nicht-mathematischen Wahrheiten, jedenfalls nicht in der richtigen Weise. Mathematische Wahrheiten sind vielmehr völlig unabhängig von nicht-mathematischen Wahrheiten. Man weiß schon nicht, was es bedeuten soll, eine empirische Situation in mathematischer Hinsicht zu betrachten. Deshalb ist auch die Forderung, dass zwei Situationen, die sich in allen relevanten nicht-mathematischen Eigenschaften gleichen, auch mathematisch gleich sein müssen, schlicht unverständlich. In mathematischer Hinsicht ist gewissermaßen alles immer gleich, weil mathematische Wahrheiten notwendige Wahrheiten sind. Aber was das mit der Supervenienz moralischer Wahrheit zu tun haben könnte, ist völlig unklar.

Letztlich hinkt schon der Vergleich zwischen moralischer und mathematischer Erkenntnis. Zwar stufen wir moralische Erkenntnis nicht als empirische Erkenntnis ein. Wir würden aber sicher nicht sagen, dass moralische Erkenntnis so wenig mit der Empirie zu tun hat wie mathematische Erkenntnis. Immerhin bezieht sich unsere moralische Erkenntnis auf empirische Entscheidungssituationen. Man muss schon einiges über die Welt wissen, um beispielsweise erkennen zu können, dass Folter unter fast allen denkbaren Umständen etwas Schlechtes ist. Der Mathematiker dagegen scheint in keiner Weise auf empirische Erkenntnisse angewiesen zu sein.

Vor diesem Hintergrund liegt ein anderer Vergleich nahe: der Vergleich von moralischer Erkenntnis mit der Erkenntnis sekundärer Qualitäten.[246] Hier kann man zunächst einmal auf drei Parallelen hinweisen: (1) Sekundäre Qualitäten, wie etwa Farben, existieren, so scheint es, nicht völlig unabhängig von uns. (2) Sekundäre

---

auf die Konklusion, ähnlich wie sich auch Wert (und damit rationale Handlungsabsicht) vom Zweck auf das Mittel überträgt. Insofern gibt es hier eine Analogie zu *instrumenteller* Rationalität und, wenn man sich der entsprechenden Zusammenhänge bewusst ist, auch zu *interner* praktischer Rationalität. Vgl. dazu Kapitel 3.3.

246 Vgl. dazu vor allem McDowell »Values and Secondary Qualities« sowie Wiggins »A Sensible Subjectivism?«.

Qualitäten hängen von bestimmten anderen Gegebenheiten ab: Farben etwa scheinen auf physikalischen Eigenschaften in ähnlicher Weise zu supervenieren wie moralische Eigenschaften auf nicht-moralischen. (3) Sowohl in Hinblick auf sekundäre Qualitäten als auch in Hinblick auf moralische Eigenschaften ist eine »Idealer-Beobachter-Theorie« nicht unplausibel: Ein Gegenstand *ist* beispielsweise letztlich genau dann rot, wenn er für einen idealen Beobachter (unter idealen Beobachtungsbedingungen) rot aussieht. Anders gesagt: Was der ideale Beobachter für rot hält, ist per definitionem rot. Ähnliche Ansichten wurden in Hinblick auf moralische Eigenschaften vertreten.[247] Das, was der ideale Handelnde für richtig hält, ist demnach per definitionem das Richtige.[248]

Die Analogie ist sicherlich nützlich zur Erklärung einiger Eigenarten moralischer Erkenntnis. Die Unbestimmtheit der antimonopolistischen Deutung moralischer Erkenntnis hebt sie jedoch nicht auf.[249] Zum einen fehlt der Wahrnehmung von sekundären Qualitäten gerade die Art von Bezogenheit auf uns, die moralische »Wahrnehmung« so problematisch macht: die Bezogenheit auf unsere Vernunft. Auch das Vorhandensein von Farben etwa mag von uns abhängen, aber es hängt ganz sicher nicht von unserer *Vernunft* ab (sondern eher von der Beschaffenheit unserer Sinnesorgane). Gerade hier liegt aber das Problem moralischer Wahrnehmung. Jemand, der eine moralische Eigenschaft »sieht«, müsste das Vorliegen eines Grundes (als solchen) »sehen«. Aber, wie vor allem Mackie betonte: Wir haben keine Vorstellung davon, um was für eine Art von Sehen es sich dabei handeln soll.[250] Mit welchem Sinnesorgan sehen wir das Vorliegen von Gründen? Jedenfalls nicht mit den Augen. Und gegen Saint-Exupéry möchte man sagen: Man sieht nur mit den Augen gut. Dieser Aspekt ist im Falle der Wahr-

247 Vgl. Wright »Moral Values, Projection, and Secondary Qualities« und Johnston »Dispositional Theories of Value«. Zur Literatur vgl. Miller *An Introduction to Contemporary Metaethics*, S. 137.

248 Es gibt verschiedene Varianten dieser Theorie, wobei nicht alle davon als antimonopolistisch in meinem Sinn gelten können, weil nicht alle an der Objektivität der Moral festhalten.

249 Zur Kritik am Vergleich zwischen moralischer Erkenntnis und der Erkenntnis sekundärer Qualitäten vgl. auch Halbig *Praktische Gründe und die Realität der Moral*, Kapitel 4.5.

250 Vgl. S. 58-61.

nehmung sekundärer Qualitäten völlig unproblematisch. Farben etwa sehen wir mit unseren Augen.

Dieser ersten Schwierigkeit liegt die Tatsache zugrunde, dass Wahrheiten über sekundäre Qualitäten – etwa die Wahrheit, dass meine Schreibtischlampe schwarz ist – nicht intrinsisch normativ sind. Sie implizieren keine Ansprüche an die Vernunft und kein Sollen und unterscheiden sich so grundlegend von moralischen Wahrheiten. Aber auch in Hinblick auf die Supervenienz ist die Analogie nicht wirklich befriedigend. So können wir beispielsweise Farben sehen, ohne die physikalischen Eigenschaften wahrzunehmen, auf denen Farben supervenieren (wie etwa die Atomstruktur). Im Fall moralischer Erkenntnis ist das nicht möglich. Es wäre absurd, zu sagen: Ich erkenne, dass diese Situation schlecht ist, aber ich habe keine Ahnung, was an der Situation schlecht ist.[251] (Man kann durchaus sagen: Ich sehe, dass der Tisch blau ist, aber ich habe keine Ahnung, warum er blau aussieht.) Zudem gilt wiederum, dass wir anscheinend nicht a priori, allein aufgrund unserer Sprachkompetenz wissen, dass sekundäre Qualitäten auf primären Qualitäten supervenieren.[252] Auch der Antimonopolist gerät somit in Erklärungsnot was die Supervenienzbeziehung angeht, sobald er ein konkretes Vergleichsobjekt wählt.

Betrachtet man die beiden Vergleiche, die der Antimonopolist zur Erklärung moralischer Erkenntnis heranzieht, so ist die Bilanz ernüchternd. Keiner der Vergleiche kann auch nur ansatzhalber die erste Eigentümlichkeit der Moral und damit die Natur moralischer Wahrheit verständlich machen. Das hat aber natürlich zur Folge, dass auch die zweite Eigentümlichkeit, die motivierende Kraft moralischer Überzeugungen für den rationalen Menschen, in beiden Fällen völlig im Dunkeln bleibt, denn sie ist eine direkte Folge der ersten Eigentümlichkeit. Wie zu erwarten, unterscheiden sich sowohl mathematische Überzeugungen als auch Überzeugungen über sekundäre Qualitäten darin grundlegend von moralischen Überzeugungen, dass ihnen die motivierende Kraft für den rationalen Menschen fehlt.[253] Schließlich sind die Vergleiche, wie wir

---

251 Darauf weist beispielsweise Sayre-McCord hin. Vgl. Sayre-McCord »Moral Theory and Explanatory Impotence«, S. 275.

252 Vgl. Blackburn »Supervenience Revisited«, S. 144, sowie oben, S. 126-128, 151, 152.

253 Vgl. dazu auch Darwall »Intuitionism and the Motivation Problem«.

gesehen haben, selbst in Bezug auf den Erkenntnisaspekt höchst unvollkommen, obwohl sie gerade hier Klarheit schaffen sollten.

Man muss allerdings einräumen, dass Antimonopolisten Vergleiche tendenziell mit einer etwas anderen Intention heranziehen als Antiobjektivisten und Antidualisten. Der Antimonopolist möchte in der Regel nur einzelne Aspekte der Moral verdeutlichen, nicht jedoch behaupten, dass die Moral letztlich von der Art der Mathematik ist oder dass moralische Eigenschaften letztlich von der Art sekundärer Qualitäten sind. Die Moral ist seiner Ansicht nach eben *sui generis*. Aber genau diese Behauptung führt zum Unbestimmtheitsproblem. Etwas zugespitzt kann man sagen: Die Schwierigkeit ist nicht, dass der Antimonopolist etwas Falsches sagt (wie der Antiobjektivist oder wie der Antidualist), sondern dass das Richtige, was er sagt, das Rätsel der Moral letztlich nicht löst, weil es zu unbestimmt bleibt. Es fehlt ihm ein geeignetes Vergleichsobjekt, anhand dessen er den Status der Moral verständlicher machen könnte. Solange er kein solches Vergleichsobjekt findet, bleiben seine Ausführungen zur Objektivität der Moral isoliert und hinterlassen deshalb das Gefühl der Unbestimmtheit. Antimonopolisten von Sidgwick bis McDowell kämpfen mit diesem Unbestimmtheitsproblem, ohne es befriedigend lösen zu können.

Wenn die Moral wirklich ein Bereich sui generis ist, dann ist dieses Problem prinzipiell nicht lösbar. Dann lässt sich nicht mehr sagen, als dass dieser Bereich gewisse Gemeinsamkeiten mit dem Bereich hat, der für uns in paradigmatischer Weise Objektivität beanspruchen kann, der Wissenschaft, dass er aber auch Eigentümlichkeiten aufweist, die ihn grundlegend von der Wissenschaft unterscheiden. Und da das Gefühl der Unbestimmtheit, das bei den antimonopolistischen Erklärungen so hartnäckig bestehen bleibt, die notwendige Folge davon zu sein scheint, dass der Status der Moral sich nicht durch den Vergleich mit *anderen* Bereichen erklären lässt, bleibt dieses Gefühl notwendigerweise bestehen. Die Moral kann dann vielleicht »von innen«, also mithilfe moralischer Begriffe, aber nicht »von außen« verständlicher gemacht werden.

Eine Erklärung der Moral »von innen« kann ganz unterschiedliche Formen annehmen. Und deshalb können auch so viele verschiedene Positionen als antimonopolistisch gelten: Man kann etwa versuchen, den Begriff der richtigen Handlung mithilfe des Begriffs eines (richtig erzogenen und daher) *tugendhaften* Menschen verständlicher zu machen[254] – richtig ist etwa das, was der moralisch Gebildete oder Tugendhafte täte – oder mithilfe des Begriffs eines unvoreingenommenen, gut informierten, völlig *rationalen* Menschen[255] – richtig ist, was dieser tut –, oder vielleicht ist auch die Handlung richtig, die den Normen entspricht, auf die sich eine Gemeinschaft in einer *idealen* Verhandlungssituation einigen würde[256] usw. Entscheidend ist, dass sich solche Erklärungen, was die Frage der Objektivität angeht, im Kreis drehen: Denn damit diese Erklärungen adäquat sind, muss das jeweilige Expanans »moralisch aufgeladen« verstanden werden. Der Begriff der Tugendhaftigkeit ist offensichtlich ein moralischer Begriff. Aber auch die Begriffe der Rationalität und der Idealität müssen hier im Sinne *externer* Rationalität und *moralischer* Idealität verstanden werden. Damit übertragen sich aber die Eigentümlichkeiten des Explanandums direkt auf das Explanans, das entsprechend in genau der gleichen Weise rätselhaft ist.

Sowohl Antiobjektivisten als auch Antidualisten betrachten Erklärungen »von innen« darum als unbefriedigende Lösung des Rätsels der Moral. Nach Ansicht des Antiobjektivisten wird der Antimonopolist entweder den Eigentümlichkeiten der Moral oder dem Objektivitätsmonopol der Wissenschaft nicht gerecht, weil er an der Vorstellung festhält, dass die Moral Objektivität beanspru-

---

254 In diese Richtung argumentiert beispielsweise McDowell. Vgl. McDowell *Mind and World*, Lectures IV-VI, sowie ders. *Mind, Value, and Reality*, Teil I und II. Verschiedene Philosophen verfolgen (auch in der Metaethik) einen solchen tugendethischen Ansatz.

255 Vgl. etwa Smith *The Moral Problem*, 5. Kapitel. Kantianer, wie Korsgaard, argumentieren ähnlich. Vgl. Korsgaard *The Sources of Normativity*, 1. Kapitel. Es gibt auch eine direkte Verbindung von Idealer-Beobachter-Theorien zu Gibbards Ansatz. Vgl. Gibbard *Thinking How to Live*, 12. Kapitel.

256 Hier sind vor allem die (objektivistischen) vertragstheoretischen Ansätze zu nennen. Vgl. beispielsweise Scanlon *What We Owe to Each Other* oder Milo »Contractarian Constructivism«. Auch Rawls' »veil of ignorance«-Idee gehört in diesen Zusammenhang. Vgl. Rawls *A Theory of Justice*, 3. Kapitel.
Man beachte (in Bezug auf diese und die beiden vorangehenden Fußnoten), dass ich hier nicht die *normativen* Positionen der entsprechenden Philosophen im Blick habe, sondern deren *metaethische* Thesen (beziehungsweise die metaethische Lesart ihrer Thesen).

chen kann. Und nach Ansicht des Antidualisten wird der Antimonopolist entweder dem Objektivitätsmonopol der Wissenschaft oder dem Objektivitätsanspruch der Moral nicht gerecht, weil er an der Vorstellung festhält, dass die Moral sich grundlegend von der Wissenschaft unterscheidet. Dem Trilemma der Moral entgeht anscheinend auch der Antimonopolist nicht.

Insgesamt ergibt die Diskussion in diesem Teil der Arbeit folgendes Gesamtbild: Die bisher verfolgten Strategien zur Lösung des Rätsels der Moral scheitern daran, dass sie kein geeignetes Vergleichsobjekt finden, mit dessen Hilfe sie den Status der Moral verständlich machen können. Sowohl Antiobjektivisten als auch Antidualisten verfügen zwar über (vergleichsweise) klare Vergleichsobjekte – einmal klarerweise solche, die keine Objektivität beanspruchen können, einmal klarerweise eines, dass Objektivität beanspruchen kann. Aber diese Vergleichsobjekte passen nicht zur Moral. Der Antimonopolist möchte vor allem der Eigenart der Moral gerecht werden. Aber das führt dazu, dass er kein erhellendes Vergleichsobjekt findet. Man kann natürlich darauf hinweisen, dass die Moral nicht der einzige Bereich ist, der in Bezug auf seine Objektivität ein Rätsel aufwirft. Der Bereich des Humors oder der Kunst etwa haben hier sicherlich viel mit dem Bereich der Moral gemeinsam.[257] Aber genau das führt dazu, dass auch diese Bereiche als Vergleichsobjekt ausscheiden. Man würde nur ein Rätsel durch ein anderes ersetzen. Gibt es noch andere Vergleichsobjekte, die uns weiterhelfen können? Oder haben wir bei unserer bisherigen Suche etwas Wichtiges übersehen?

---

[257] Anhänger verschiedener Strategien (vor allem Antimonopolisten) haben auf diese Analogie hingewiesen. Vgl. beispielsweise Wright *Truth and Objectivity*, passim.

3. Teil
Vergleichsobjekt Wissenschaft

3.1. Vorbemerkung

Der Status der Moral ist uns ein Rätsel, weil wir dazu neigen, drei Überzeugungen für wahr zu halten, die nicht miteinander vereinbar sind: Wir glauben an die Objektivität der Moral, wir glauben, dass die Moral von ganz anderer Art ist als die Wissenschaft, und wir glauben, dass letztlich nur die Wissenschaft oder etwas, was prinzipiell von der gleichen Art ist, Anspruch auf Objektivität erheben kann. Wie ich im letzten Teil der Arbeit versucht habe deutlich zu machen, ist es alles andere als einfach, eine dieser Überzeugungen zurückzuweisen, und doch scheint eine Auflösung unseres Rätsels genau das zu verlangen. Im Folgenden möchte ich meinen eigenen Vorschlag zur Klärung des Status der Moral darlegen. Dazu ist es nützlich, zunächst einige generelle Bemerkungen über die Ziele meiner Argumentation vorwegzuschicken.

Mein Ziel ist es, zu zeigen, dass tatsächlich die zweite Überzeugung, also die These von der grundlegenden Verschiedenheit von Moral und Wissenschaft, abzulehnen ist. Wie aber ist das möglich, ohne in die Schwierigkeiten des Antidualisten zu geraten? Zur Beantwortung dieser Frage muss man sich zunächst in Erinnerung rufen, woran antidualistische Ansätze scheitern. Die Hauptaufgabe des Antidualisten, so hatten wir gesehen, besteht darin, die Eigentümlichkeiten der Moral zu erklären. Dabei hat man bisher stets eine Strategie verfolgt, die ich als »gemischt« bezeichnet habe:

Teilweise hat man eingeräumt, dass die Moral die Eigenschaften hat, die wir als ihre Eigentümlichkeiten bezeichnet haben, hat aber bestritten, dass es sich um Eigentümlichkeiten handelt. Hier war der Nachweis zu erbringen, dass die Wissenschaft analoge Eigenschaften besitzt wie die Moral. So ist man vor allem in Hinblick auf die Tatsache vorgegangen, dass moralische Erkenntnis häufig nicht dazu genügt, die zahlreichen, tatsächlich vorhandenen Meinungsverschiedenheiten zu entscheiden. Aber auch zur Supervenienz moralischer auf nicht-moralischer Wahrheit sollte eine wissenschaftliche Analogie aufgezeigt werden.

Teilweise hat man aber auch schlicht geleugnet, dass die Moral entsprechende Eigenschaften hat. So hat man die intrinsische Normativität moralischer Wahrheit und die intrinsische motivierende Kraft moralischer Überzeugungen für rationale Menschen bestritten. Und auch die These, dass wir es bei moralischer Erkenntnis weder mit rein formaler noch mit rein empirischer Erkenntnis zu tun haben, wurde abgelehnt. Wie wir gesehen haben, sind die Antidualisten dort recht erfolgreich gewesen, wo sie versucht haben, Gemeinsamkeiten von Wissenschaft und Moral aufzuzeigen. Und sie sind in erster Linie dort gescheitert, wo sie versucht haben, Eigentümlichkeiten der Moral zu leugnen.[257]

Mein Ansatz unterscheidet sich von den bisher vertretenen antidualistischen Ansätzen genau darin, dass ich keine gemischte Strategie verfolge. Vielmehr möchte ich aufzeigen, dass sich *alle* Eigentümlichkeiten der Moral in gleicher Weise bei der Wissenschaft finden. Dementsprechend leugne ich *keine* der Eigentümlichkeiten der Moral.[258] In Bezug auf das Trilemma der Moral verfolge ich also die folgende Strategie: Indem ich aufzeige, dass sich Moral und Wissenschaft nicht grundlegend unterscheiden, möchte ich deutlich machen, dass man sowohl der Ansicht sein kann, dass die Moral Objektivität beanspruchen kann, als auch der Ansicht, dass die Wissenschaft in paradigmatischer Weise objektiv ist beziehungsweise dass nichts, was von ganz anderer Art ist als die Wissenschaft, Objektivität beanspruchen kann. Kurzum: Ich möchte zeigen, dass die Moral *in gleicher Weise* wie die Wissenschaft Objektivität beanspruchen kann. Wie der Antidualist sehe ich also das Vergleichsobjekt, mit dessen Hilfe man den Status der Moral klären kann, in der Wissenschaft selbst.

Wenn ich behaupte, dass sich Moral und Wissenschaft nicht grundlegend unterscheiden, dann ist das allerdings nicht so zu verstehen, dass es meiner Ansicht nach keine großen Unterschiede zwischen beiden Bereichen gibt oder dass vielleicht sogar die Mo-

---

[257] Vgl. Kapitel 2.3.

[258] Ich werde im Folgenden der Übersichtlichkeit wegen weiterhin gelegentlich von den »Eigentümlichkeiten der Moral« sprechen, obwohl ich dafür argumentiere, dass es sich nicht um Eigenschaften handelt, die nur der Moral eigen sind.

ral als Teil der Wissenschaft aufgefasst werden sollte. Typische Antidualisten scheinen ein solches Bild vor Augen zu haben.[259] Demgegenüber bin ich der Meinung, dass es in der Moral um etwas anderes geht als in der Wissenschaft. Es gibt zahlreiche Unterschiede.[260] Darum möchte ich weder behaupten, dass die Moral Teil der Wissenschaft ist oder sein sollte, noch umgekehrt. Wenn ich dafür argumentiere, dass es keinen grundlegenden Unterschied zwischen beiden Bereichen gibt, dann meine ich damit lediglich: grundlegend in Hinblick auf die Frage nach der *Objektivität*. So groß die Unterschiede zwischen Moral und Wissenschaft auch sein mögen, in Hinblick auf die Aspekte, die für die Objektivität entscheidend sind, gleichen sich meines Erachtens Wissenschaft und Moral. Mit anderen Worten: Meiner Ansicht nach kann man von moralischer Wahrheit, moralischen Überzeugungen und moralischer Erkenntnis genau im gleichen Sinn sprechen wie von wissenschaftlicher Wahrheit, wissenschaftlichen Überzeugungen und wissenschaftlicher Erkenntnis. In den folgenden drei Kapiteln werde ich mich nacheinander mit diesen drei Aspekten beschäftigen.

Sollte meine Argumentation erfolgreich sein, so stellt sich natürlich die Frage, wie wir überhaupt auf die Idee kommen können, dass sich Moral und Wissenschaft grundlegend unterscheiden, wie es also überhaupt zum Rätsel der Moral kommt. Hier vertrete ich eine ähnliche Ansicht wie andere Antidualisten auch: Wenn wir uns über den Status der Moral Gedanken machen, dann tun wir das vor dem Hintergrund eines zu vereinfachten Bildes vom Status der Wissenschaft. Die Tatsache, dass wir als Metaethiker die Eigentümlichkeiten *der Wissenschaft* nicht genügend vor Augen haben, ist verantwortlich dafür, dass uns Moral und Wissenschaft so verschieden vorkommen und dass uns folglich der Objektivitätsanspruch der Moral so zweifelhaft erscheint. Ich habe im Kapitel 1.4 darauf hingewiesen, dass Wittgenstein die Ursache für Probleme,

---

[259] Das zeigt sich insbesondere daran, dass diese Antidualisten viel Wert auf die Erklärungskraft moralischer Eigenschaften legen. Vgl. etwa Brink *Moral Realism and the Foundations of Ethics*, S. 182-197, Sturgeon »Moral Explanation« und Railton »Moral Realism«. Für meinen Ansatz spielt die Frage, ob moralische Eigenschaften wissenschaftliche Erklärungskraft haben oder nicht (und damit auch die entsprechende Debatte; vgl. die Hinweise S. 122), keine Rolle.

[260] Auf einige davon habe ich zu Beginn des Kapitels 1.3 hingewiesen.

wie das in dieser Arbeit untersuchte Rätsel, in einem Mangel an Übersicht über unseren Sprachgebrauch vermutete. Wenn die folgenden Überlegungen zutreffend sind, dann liegt die Ursache für das Rätsel der Moral nicht in einem Mangel an Übersicht über unseren Gebrauch moralischer Ausdrücke. Es ist vielmehr die Art und Weise, wie wir über die Wissenschaft sprechen, die uns bei unseren metaethischen Überlegungen nicht klar genug vor Augen steht.

Zwei weitere Vorbemerkungen sind angebracht, bevor ich mich endgültig den relevanten Aspekten der Wissenschaft zuwende. Zum einen möchte ich darauf hinweisen, dass ich, wenn ich im Folgenden von »Wissenschaft« spreche, vor allem die Naturwissenschaften vor Augen habe. Für diese (im Allgemeinen unangemessen einseitige) Auffassung des Begriffs der Wissenschaft habe ich im Wesentlichen zwei Gründe: (1) Wenn wir die Wissenschaft als Paradigma für Objektivität anführen, dann haben wir sicherlich weniger die Germanistik (erst recht nicht die Philosophie), sondern eher die »exakten« Wissenschaften wie Physik und Chemie vor Augen. Wenn also die These, dass die Moral in gleicher Weise Objektivität beanspruchen kann wie die Wissenschaften, kein Etikettenschwindel sein soll, muss auch ich unter »Wissenschaft« vor allem die für Objektivität paradigmatischen Wissenschaften verstehen. Und das tue ich. Damit möchte ich keinerlei Zweifel an der Objektivität anderer Wissenschaften zum Ausdruck bringen. Ich möchte nur deutlich machen, dass Zweifel, die jemand an deren Objektivität (oder zumindest an derer *paradigmatischer* Objektivität) haben mag, für meine These irrelevant sind. (2) In Bezug auf manche Wissenschaften, vor allem in Bezug auf die Sozialwissenschaften, ist darüber gestritten worden, ob diese nicht selbst (jedenfalls teilweise) normativ sind oder sein sollen.[261] Ich werde im Rahmen der Verteidigung meiner These, dass die Moral in gleicher Weise Objektivität beanspruchen kann wie die Wissenschaft, ebenfalls dafür argumentieren, dass wissenschaftliche Wahrheiten so wie moralische Wahrheiten intrinsisch normativ sind. Mit der angeblichen oder tatsächlichen oder gewünschten oder unerwünschten Normativität der Sozialwissenschaften hat meine These jedoch nichts zu tun. Die Normativität wissenschaftlicher Wahrheit, auf die ich im

[261] Vgl. dazu Adorno u.a. *Der Positivismusstreit in der deutschen Soziologie* sowie Hollis *The Philosophy of Social Science*.

Folgenden aufmerksam machen möchte, zeigt sich ebenfalls in paradigmatischer Weise bei den Naturwissenschaften, *nicht* bei den Sozialwissenschaften oder bei anderen Wissenschaften, die im Verdacht stehen, normativ (und daher vielleicht auch keine »echten« Wissenschaften) zu sein. Dass ich unter »Wissenschaft« im Folgenden in erster Linie »Naturwissenschaft« verstehe, soll den Leser also auch von der Sorge befreien, dass meine These über die Gleichartigkeit von Moral und Wissenschaft eine versteckte Wiederaufnahme des Positivismusstreits beinhaltet.

Zum anderen erscheint es mir vor diesem Hintergrund noch wichtig, schon an dieser Stelle einem Missverständnis vorzubeugen: Anders als man es vielleicht erwarten wird, richtet sich die hier vertretene Auffassung vom Status der Wissenschaft nicht gegen eine realistische Sichtweise der Wissenschaft, nicht einmal gegen die Kernthese des sogenannten wissenschaftlichen Realismus. Devitt charakterisiert diese beiden Positionen folgendermaßen:

> *Realism* Tokens of the most current common-sense and scientific physical types objectively exist independently of the mental.[262]
>
> *Scientific Realism* Tokens of most current unobservable scientific types objectively exist independently of the mental.[263]

Keine der beiden Aussagen werde ich nachfolgend bestreiten. Manchmal betrachtet man auch die These, dass die von uns unabhängig gedachte Realität für uns *erkennbar* ist, als Teil einer realistischen Position.[264] Auch diese Behauptung werde ich nicht in Zweifel ziehen.[265]

Es ist mir wichtig, die Verträglichkeit meiner Sichtweise mit zentralen (wenngleich vielleicht nicht mit allen) Thesen des Realismus von Anfang an zu betonen, weil meine Strategie auf den ersten Blick anderes vermuten lässt. Der Versuch, die Unterschiede zwischen Moral und Wissenschaft einzuebnen, erweckt den Ver-

---

262 Vgl. Devitt *Realism and Truth*, S. 23.

263 Vgl. Devitt *Realism and Truth*, S. 24.

264 Vgl. etwa Wright *Truth and Objectivity*, S. 1, 2, sowie Boyd »How to Be a Moral Realist«, S. 180.

265 Im dritten Teil von *Das Problem des Wissens* verteidige ich diese Behauptung sogar explizit gegen die skeptische Herausforderung.

dacht, man vertrete eine Sichtweise der Wissenschaft, wie sie vor allem in der Nachfolge von Kuhn und Feyerabend populär wurde:[266] also etwa eine instrumentalistische Auffassung wissenschaftlicher Theorien (der zufolge diese nicht wahr oder falsch sind, sondern lediglich mehr oder minder geeignete Instrumente zur Vorhersage von Beobachtungen) oder eine konstruktivistische Auffassung wissenschaftlicher Realität (der zufolge diese durch unsere wissenschaftlichen Theorien konstituiert wird).[267] Eine solche Sichtweise der Wissenschaft liegt mir fern, auch wenn eine explizite Auseinandersetzung mit entsprechenden wissenschaftstheoretischen Positionen hier nicht mein Thema ist. Jedenfalls geht es mir im Folgenden nicht darum, den Objektivitätsanspruch der Moral zu begründen, indem ich den Objektivitätsanspruch der Wissenschaft untergrabe.

---

[266] Die Wurzeln einer solchen Auffassung der Wissenschaft reichen weiter zurück. Vgl. etwa Duhem *Ziel und Struktur der physikalischen Theorien* sowie Fleck *Entstehung und Entwicklung einer wissenschaftlichen Tatsache*.

[267] Boyd beispielsweise sieht eine unmittelbare Verbindung zwischen dem Versuch, die Wissenschaft der Moral anzunähern, und den post-Kuhnschen Ansätzen in der Wissenschaftstheorie. Vgl. Boyd »How to Be a Moral Realist«, S. 184.

3.2. Wissenschaftliche Wahrheit

Die Eigentümlichkeit moralischer Wahrheit besteht in ihrer intrinsischen Normativität einerseits und in ihrer Supervenienz auf nicht-moralischer Wahrheit andererseits. Wie wir gesehen haben, glaubt der typische Antidualist, eine Parallele zur Supervenienz moralischer Wahrheit auch im Bereich der Wissenschaft finden zu können. Die intrinsische Normativität moralischer Wahrheit meint er jedoch leugnen zu müssen, da es hier scheinbar keine Parallele in der Wissenschaft gibt: Wissenschaftliche Wahrheiten implizieren kein Sollen, sie sagen uns nichts über das Vorliegen von Gründen. Da es aber kaum möglich ist, die Normativität moralischer Wahrheit zu bestreiten, scheitert an dieser Stelle das antidualistische Projekt.[268]

Im Folgenden möchte ich zeigen, dass dieses Scheitern auf einem Irrtum beruht. Tatsächlich ist auch wissenschaftliche Wahrheit intrinsisch normativ. Um das zu sehen, müssen wir etwas genauer untersuchen, was eine wissenschaftliche Wahrheit ist. Vorweg ist auch hier zu betonen, dass es bei dieser Untersuchung nicht darum geht, ob es sich bei dieser oder jener Aussage um eine wissenschaftliche Wahrheit handelt oder nicht, sondern darum, worin die *Natur* wissenschaftlicher Wahrheit besteht. Zwar werde ich meine Überlegungen wiederum anhand von, wie ich hoffe, plausiblen Beispielen anstellen. Aber wie im Fall der Moral hängt nicht viel von der Auswahl der Beispiele ab. Ausführungen zur Natur wissenschaftlicher Wahrheit sollten mit nahezu beliebigen Vorstellungen vom konkreten Inhalt wissenschaftlicher Wahrheiten verträglich sein. Und noch etwas sollte man im Blick behalten: Die Frage, was eine wissenschaftliche Wahrheit ist, muss von der Frage, wie (beziehungsweise ob überhaupt) man eine wissenschaftliche Wahrheit erkennen kann, scharf unterschieden werden. Auf diese zweite Frage werde ich in Kapitel 3.4 eingehen.

Die Wissenschaft ist keine bloße Ansammlung von Fakten. Dass meine Schreibtischlampe schwarz ist, ist eine Tatsache, aber keine wissenschaftliche Tatsache – keine Wissenschaft der Welt beschäftigt sich mit der Farbe meiner Schreibtischlampe, und es ist nicht abzusehen, dass sich daran etwas ändern wird. Welche Fakten von

---

268 Vgl. S. 131-142.

wissenschaftlichem Interesse sind und welche nicht, ergibt sich aus den Zielen der Wissenschaft. Man kann zwei eng miteinander zusammenhängende Hauptziele unterscheiden. Zum einen möchte der Wissenschaftler die Welt *erklären*. Wir möchten verstehen, warum man vom Biertrinken Durst bekommt, wie die Zugvögel jedes Jahr ohne Landkarte nach Afrika finden, warum Elektronen nicht in den Atomkern stürzen und vieles, vieles mehr. Der Wissenschaftler versucht Antworten auf solche Fragen, die der natürlichen Neugier des Menschen entspringen, zu finden. Zum anderen geht es der Wissenschaft aber auch darum, die Grundlagen für *Voraussagen* zu schaffen. Nicht nur der Meteorologe verspricht sich von seiner Forschung Ergebnisse, die es ihm ermöglichen, einen Blick in die Zukunft zu werfen. Das erste Ziel ist theoretischer, das zweite praktischer Art. Wir suchen nach Erklärungen, weil wir die Welt verstehen wollen, und wir versuchen richtige Voraussagen zu machen, weil wir unser Handeln auf kommende Ereignisse abstimmen oder weil wir die kommenden Ereignisse beeinflussen wollen. Um Letzteres geht es dann vor allem bei der technischen Verwendung wissenschaftlicher Erkenntnisse. Beide Ziele, Erklärung und Vorhersage, hängen eng miteinander zusammen, weil der Wissenschaftler in der Regel[269] beide zugleich erreicht, indem er allgemeine Gesetzmäßigkeiten in der Welt entdeckt. Das Ziel der Wissenschaft ist es daher vor allem, *Gesetze* zu entdecken.[270]

Der Zusammenhang zwischen Erklärungen, Prognosen und Gesetzen lässt sich besonders übersichtlich in Form des klassischen deduktiv-nomologischen Modells (*DN-Modell*) der Erklärung, wie es Hempel und Oppenheim vorgeschlagen haben, darstellen.[271] Obwohl dieses Modell wissenschaftstheoretisch nicht völlig befrie-

---

269 Nicht alle Erklärungen nehmen in direkter Weise Bezug auf Gesetzmäßigkeiten. Vgl. dazu beispielsweise Bartelborth *Begründungsstrategien*, S. 309-315.

270 Viele, aber sicherlich nicht alle Wissenschaftstheoretiker würden hier zustimmen. So betrachtet etwa Salmon eher Kausalzusammenhänge, van Fraassen Symmetrien als grundlegend. Vgl. Salmon *Causation and Explanation* sowie van Fraassen *Laws and Symmetry*. Wie sich später in diesem Kapitel noch zeigen wird, sind solche Meinungsverschiedenheiten für die Überlegungen der vorliegenden Arbeit jedoch nicht entscheidend.

271 Vgl. Hempel/Oppenheim »Studies in the Logic of Explanation« sowie Hempel *Aspekte wissenschaftlicher Erklärungen*.

digend ist, reicht es (aus Gründen, die ich später genauer erläutern werde) weitgehend aus, um die für unser Thema interessanten Zusammenhänge deutlich zu machen. Ich werde darum im Folgenden von seinen Schwächen absehen.[272] Dem DN-Modell zufolge besteht eine wissenschaftliche Erklärung im Wesentlichen aus einer logischen Ableitung der zu erklärenden Tatsache aus einem Gesetz und Randbedingungen. Betrachten wir ein einfaches Beispiel:[273]

(1) Fritz ist ein Mensch.
[Randbedingung; Explanans 1. Teil]
(2) Alle Menschen sind sterblich.
[Gesetz; Explanans 2. Teil]

---

(3) Fritz ist sterblich. [Explanandum]

Dem DN-Modell zufolge liegt hier eine typische Erklärung vor, weil die Tatsache, dass Fritz sterblich ist, aus der (Randbedingungs-) Tatsache, dass Fritz ein Mensch ist, und dem Naturgesetz, dass alle Menschen sterblich sind, logisch abgeleitet werden kann. Man kann diesen Zusammenhang auch so ausdrücken: Die Randbedingung erlaubt es uns, zu sehen, dass die zu erklärende Tatsache (Fritz ist sterblich) nichts anderes als eine *Instantiierung* des Naturgesetzes (Alle Menschen sind sterblich) ist beziehungsweise *unter das Naturgesetz fällt.* Aus diesem Grund nennt man das DN-Modell auch »covering law«-Modell der wissenschaftlichen Erklärung.

Es ist in diesem Modell unmittelbar einsichtig, welcher Zusammenhang zwischen Erklärung und Prognose besteht: Ist das aus dem Naturgesetz und der Randbedingung ableitbare Ereignis schon eingetreten, dann wird es durch die Ableitung erklärt; ist es noch nicht eingetreten, dann kann man sein Eintreten aufgrund der Kenntnis von Naturgesetz und Randbedingung vorhersagen. Es ist erklärbar, was vorhersagbar gewesen wäre, und es ist vorher-

---

272 Eine kurze Diskussion dieser Schwächen findet man beispielsweise bei Bartelborth *Begründungsstrategien*, S. 308-317.

273 Das Beispiel soll insbesondere deutlich machen, dass ich hier keinen sehr anspruchsvollen Gesetzesbegriff voraussetze. Insbesondere sind nicht nur die Zusammenhänge gemeint, die der Wissenschaftler explizit als »Gesetze« bezeichnet (wie etwa die Newtonschen Gesetze, das Faradaysche Gesetz etc.).

sagbar, was erklärbar sein wird. Erklärung und Vorhersage erweisen sich somit als zwei Seiten derselben Medaille. Und Gesetze sind das Material, aus dem diese Medaille geprägt ist.

Dass Gesetze tatsächlich entscheidend für Erklärungen sind, dass also Erklärungen nicht einfach logische Ableitungen, sondern eben Ableitungen aus *Gesetzen* sind, macht die folgende Überlegung deutlich.[274] Nehmen wir an, alle Männer in einem Raum sind dritte Söhne. Aus der Tatsache, dass Fritz (der sich in dem entsprechenden Raum befindet) ein Mann ist, und der Tatsache, dass alle Männer in dem Raum dritte Söhne sind, können wir ableiten, dass Fritz ein dritter Sohn ist:

(1) Fritz befindet sich im Raum X und ist ein Mann. [Randbedingung]
(2) Alle Männer im Raum X sind dritte Söhne. [Wahre Allaussage]

---

(3) Fritz ist ein dritter Sohn. [Folgerung]

Auch hier haben wir es mit einer logischen Ableitung zu tun, die rein formal dem DN-Schema entspricht. Aber in diesem Beispiel wird die Tatsache, dass Fritz ein dritter Sohn ist, keineswegs erklärt. Dass ein bestimmter Mann in einem Raum ein dritter Sohn ist, kann nicht durch den Hinweis darauf verständlich gemacht werden, dass alle Männer in dem Raum dritte Söhne sind, auch wenn das tatsächlich der Fall ist. Und der Grund dafür ist, dass wir es hier nicht mit einem Gesetz, sondern mit einer zufälligerweise wahren Allaussage zu tun haben. Was unverständlich bleibt, ist gerade, warum in diesem Raum alle Männer dritte Söhne sind.

Gegen dieses Beispiel könnte man einwenden, dass ja auch die Tatsache, dass alle Menschen sterblich sind, nach weiteren Erklärungen verlangt (etwa nach medizinischen oder biologischen), dass also auch die Sterblichkeit von Fritz durch den Hinweis auf die allgemeine Sterblichkeit von Menschen noch nicht abschließend er-

[274] Vgl. zum Folgenden Goodman *Fact, Fiction, and Forecast*, S. 72ff. Die Überlegungen, die Goodman dort zur Bestätigungsrelation anstellt, sind direkt auf das Problem wissenschaftlicher Erklärungen übertragbar. Auf die enge Verbindung von Bestätigung und Erklärung werde ich unten zurückkommen.

klärt wird. Aber dieser Einwand übergeht, dass im Fall der dritten Söhne nicht nur keine abschließende Erklärung gegeben wurde, sondern gar keine. Die Tatsache, dass alle Menschen sterblich sind, hat in genau dem Maße erklärende Kraft, indem sie selbst als Gesetz angesehen werden kann. Da es sich um kein sehr grundlegendes Gesetz handelt, ist die erklärende Kraft sicherlich nicht sehr groß. Aber sie ist eben doch soweit vorhanden, soweit der Zusammenhang als Gesetz (oder zumindest als Folge eines solchen) zu erkennen ist. Auch die Tatsache, dass alle Männer in dem Raum dritte Söhne sind, hätte erklärende Kraft, wenn diese Tatsache ihrerseits als Instanz eines Gesetzes verständlich zu machen wäre. Da das nicht möglich zu sein scheint, entbehrt sie jeglicher erklärender Kraft. Nur durch die direkte oder indirekte Rückführung auf ein Gesetz kommen wir also zu einer Erklärung.

Zum Zweck der Vorhersage scheint man dagegen keine Gesetze zu benötigen. Nehmen wir an, ich weiß, dass alle Männer in einem Raum dritte Söhne sind. Wenn ich dann erfahre, dass Fritz sich in dem Raum aufhält, dann kann ich scheinbar vorhersagen, dass Fritz ein dritter Sohn ist.[275] Aber der Schein trügt. Tatsächlich sind Gesetze für Vorhersagen ebenso essenziell wie für Erklärungen. Natürlich gilt: Wenn man bereits weiß, dass alle Männer in dem Raum dritte Söhne sind, dann kann man die Prognose stellen, dass Fritz, von dem man weiß, dass er sich in dem Raum befindet und ein Mann ist, ein dritter Sohn ist. Aber woher sollte man wissen, dass alle Männer in dem Raum dritte Söhne sind? Die einzige Möglichkeit, das in Erfahrung zu bringen, scheint doch zu sein, alle Männer in dem Raum einzeln daraufhin zu testen, ob sie dritte Söhne sind oder nicht.[276] Daraus folgt aber, dass man nur dann

---

[275] Genauer gesagt: Ich kann vorhersagen, dass sich, wenn wir entsprechende Nachforschungen anstellen würden, herausstellen würde, dass Fritz ein dritter Sohn ist. In diesem Sinn verwende ich das Wort »vorhersagen« im Folgenden immer. Auch Ereignisse der Vergangenheit kann man in diesem Sinn vorhersagen: Wenn ich weiß, dass alle Tyrannen große Füße haben, dann kann ich *vorhersagen*, dass Caligula nicht nur Schuhgröße 35 *hatte*.

[276] Ansonsten gäbe es nur zwei alternative Möglichkeiten, die hier beide nicht in Betracht kommen: Die Möglichkeit, dass die Tatsache (dass alle Männer in dem Raum dritte Söhne sind) aus einem Gesetz folgt, ist ex hypothesis ausgeschlossen, weil wir es sonst wiederum indirekt mit einer Vorhersage, die auf Gesetzen beruht, zu tun hätten. Und die

»vorhersagen« kann, dass Fritz ein dritter Sohn ist, wenn man ihn vorher bereits daraufhin getestet hat, ob er ein dritter Sohn ist – und das ist dann eben keine Vorhersage mehr. Eine zufällig wahre Allaussage taugt darum nicht zum Zweck der Vorhersage.

Ein Gesetz hat im Unterschied dazu eine Eigenschaft, die es dazu befähigt, in Prognosen zu fungieren. Betrachten wir dazu nochmals die Erklärungsrelation. Ein Gesetz *erklärt* im Unterschied zu einer zufällig wahren Allaussage die Einzelfälle, die darunter fallen. Dass alle Menschen sterblich sind, erklärt, dass ein bestimmter Mensch (Fritz) sterblich ist, während die Tatsache, dass alle Männer in einem Raum dritte Söhne sind, nicht erklärt, dass dieser Mann (Fritz), der sich in dem Raum befindet, ein dritter Sohn ist. Aber auch die Beziehung von Einzelfall zu Gesetz ist eine andere als die von Einzelfall zu einer zufällig wahren Allaussage. Während nämlich die Tatsache, dass Fritz, der sich in einem bestimmten Raum befindet, ein dritter Sohn ist, in keiner Weise dafür spricht, dass alle Männer in dem Raum dritte Söhne sind, liefert die Tatsache, dass Fritz sterblich ist, zumindest in gewissem Maße einen *Grund* dafür, anzunehmen, dass alle Menschen sterblich sind. Wir können das auch so ausdrücken: Die Tatsache, dass Fritz sterblich ist, *bestätigt* die These, dass alle Menschen sterblich sind, die Tatsache, dass Fritz ein dritter Sohn ist, bestätigt jedoch die These, dass alle Männer dritte Söhne sind, nicht. Die Bestätigungsrelation kann hier gerade als Umkehrung der Erklärungsrelation verstanden werden. Und so wie Gesetze, anders als zufälligerweise wahre Allaussagen, die Eigenschaft besitzen, die Einzelfälle, die unter sie subsummierbar sind, erklären zu können, so haben sie auch, anders als zufälligerweise wahre Allaussagen, die Eigenschaft, von diesen Einzelfällen bestätigt zu werden. Es war vor allem Nelson Goodman, der diesen Zusammenhang zwischen dem Begriff des Gesetzes und dem der Bestätigung offenlegte.[277]

Möglichkeit, dass die Tatsache aus einer allgemeineren, zufälligerweise wahren Allaussage ableitbar ist, verschiebt das Problem nur um eine Stufe.

277 Vgl. Goodman *Fact, Fiction, and Forecast.* Die Tatsache, dass nur gesetzesartige Hypothesen bestätigbar sind, hat insbesondere zur Folge, dass es keine rein syntaktische Theorie der Bestätigung, wie sie Hempel entwickeln wollte, geben kann. Vgl. Hempel »A Purely Syntactical Definition of Confirmation«.

Die Eigenschaft, bestätigbar zu sein, ist entscheidend für die »prognostische Kraft« von Gesetzen. Anders als bei zufälligerweise wahren Allaussagen ist es nämlich möglich, Gründe für die Wahrheit von Gesetzesaussagen zu besitzen, ohne bereits alle Anwendungen des Gesetzes (und damit auch alle potenziellen Vorhersagen) überprüft zu haben. Die Tatsache, dass Helga und Franz und Susanne sterblich sind, bestätigt die These, dass alle Menschen sterblich sind, und daraus folgt, dass diese Tatsache auch dafür spricht, dass andere Menschen (Fritz und Claudia beispielsweise) sterblich sind. Die Tatsache, dass Klaus ein dritter Sohn ist, spricht dagegen nicht dafür, dass andere Männer im selben Raum dritte Söhne sind. Auch wenn tatsächlich alle Männer in dem Raum dritte Söhne sind, ist man gezwungen, alle Männer einzeln zu testen, weil man aus der Tatsache, dass einige der Männer dritte Söhne sind, nicht schließen kann, dass alle Männer dritte Söhne sind. Es scheint aber durchaus gerechtfertigt zu sein, aus der Tatsache, dass sich bisher viele Menschen als sterblich erwiesen haben, zu schließen, dass alle Menschen sterblich sind. Dass man so schließen kann, hat offensichtlich *keine rein logischen* Gründe; es liegt vielmehr daran, dass wir es hier mit Einzelfällen zu tun haben, die unter ein Gesetz subsummierbar sind. Logisch gesehen unterscheiden sich zufälligerweise wahre Allaussagen und Gesetze nicht.

Anders als zufällig wahre Allaussagen können Gesetze darum in Prognosen fungieren: Wir wissen, dass Fritz ein Mensch ist, und können daher auf der Grundlage des Gesetzes, dass alle Menschen sterblich sind, vorhersagen, dass Fritz sterblich ist. Und man kann wissen, dass alle Menschen sterblich sind, ohne Fritz auf seine Sterblichkeit hin untersucht zu haben: Die Tatsache, dass sich bisher viele Menschen als sterblich erwiesen haben, spricht dafür, dass alle Menschen (und damit auch Fritz) sterblich sind. Aber das gilt eben nur deshalb, weil es sich bei »Alle Menschen sind sterblich« um ein Gesetz handelt. Nur weil die uns bereits bekannten Fälle Instanzen eines Gesetzes sind, kann man von ihnen ausgehend Prognosen stellen. Die Instanzen zufälligerweise wahrer Allaussagen erlauben es uns demgegenüber nicht, Vorhersagen zu machen.

Gesetze sind demnach sowohl für Erklärungen als auch für Vorhersagen essenziell. Da der Wissenschaftler aber gerade auf Erklärungen und Vorhersagen aus ist, ist es nicht verwunderlich, dass sein Hauptinteresse der Suche nach Gesetzen gilt. Aus diesen Überlegungen können wir wichtige Schlüsse über die Natur wissenschaftlicher Urteile ziehen: Der Wissenschaft geht es vor allem (wenn auch vielleicht nicht ausschließlich) darum, Gesetzmäßigkeiten zu entdecken. Wenn wir das sagen, denken wir zunächst vor allem daran, dass die Wissenschaft ein Interesse an bestimmten allgemeinen Tatsachen hat, dass sie also herausfinden möchte, ob bestimmte Allaussagen *wahr* sind. Tatsächlich dürfen wir jedoch nicht aus den Augen verlieren, dass es dem Wissenschaftler nicht nur um die Wahrheit von Allaussagen geht. Er möchte vielmehr die Allaussagen finden, die Gesetze sind. Es ist darum selbst eine wissenschaftliche Erkenntnis, dass eine bestimmte Allaussage ein Gesetz ist. Ein typisches wissenschaftliches Urteil, wie etwa »Alle Menschen sind sterblich«, hat darum zwei unterschiedliche Aspekte: Es sagt uns, (1) dass es tatsächlich der Fall ist, dass alle Menschen sterblich sind, und (2) dass dieser Zusammenhang gesetzesartig ist. Erst durch den zweiten Aspekt wird das Urteil zu einem *wissenschaftlichen* Urteil, denn nur aufgrund der Tatsache, dass die entsprechende Aussage ein Gesetz bezeichnet, taugt sie für Erklärungen und Vorhersagen – und damit für die Zwecke der Wissenschaft. Die Wissenschaft sagt uns nicht einfach, was der Fall ist. Sie sagt uns, was von dem, was der Fall ist, den Charakter eines Gesetzes hat.

Auf Grundlage dieser Überlegungen fällt es jetzt nicht mehr schwer, die intrinsische Normativität wissenschaftlicher Wahrheit aufzuzeigen. Eine wissenschaftliche Wahrheit im engeren Sinn hat die Form: »Der Zusammenhang X ist *gesetzesartig.*« Wenn der Zusammenhang X gesetzesartig ist, dann folgt daraus, dass die Einzelfälle, die unter dieses Gesetz fallen, das Gesetz bestätigen. Eine Bestätigung ist aber nichts anderes als ein *Grund*, an das Vorliegen des Gesetzes zu glauben. Also konstituieren die Einzelfälle, die unter das Gesetz fallen, Gründe, an das Vorliegen des Gesetzes zu glauben. Insbesondere kann man von den bekannten Einzelfällen auf unbekannte schließen. Die Einzelfälle, die unter das Gesetz fallen, konstituieren somit Gründe für Vorhersagen. Man *sollte* entsprechende Vorhersagen machen. Damit ist natürlich nicht gemeint, dass die Einzelfälle Gründe konstituieren, Vorhersagen zu machen statt beispielsweise faul auf dem Bett zu liegen, sondern *bestimmte* Vorhersagen zu machen, *wenn* man Vorhersagen macht.[278] Wenn Helga und Franz und Susanne sterblich sind, ist damit zu rechnen, dass auch Fritz sterblich ist – es besteht jedenfalls objektiv betrachtet Grund zu dieser Annahme. Dass die entsprechenden Einzelfälle Gründe konstituieren, folgt daraus, dass es sich bei dem Zusammenhang »Alle Menschen sind sterblich« um einen gesetzesartigen Zusammenhang handelt. Die Wissenschaft sagt uns, welche Zusammenhänge gesetzesartig sind. Damit sagt sie uns, dass bestimmte Tatsachen (nämlich die, welche unter die Gesetze fallende Einzelfälle sind) Gründe für die Wahrheit bestimmter Allaussagen und damit für Vorhersagen konstituieren. Damit ist gezeigt: Wissenschaftliche Wahrheiten implizieren Wahrheiten über Gründe (und damit auch über ein Sollen). Also sind wissenschaftliche Wahrheiten normativ.

Dass es sich dabei um eine *intrinsische* Normativität handelt, folgt aus der Tatsache, dass wir bei dieser Argumentation allein begriffliche Zusammenhänge benutzen. Man kann nicht sagen: »X ist zwar ein Gesetz, aber die Instanzen von X bestätigen X nicht beziehungsweise liefern keine Gründe für Vorhersagen.« Wer beispielsweise sagt: »Es ist zwar ein Naturgesetz, dass alle Menschen sterblich sind, aber die Tatsache, dass Helga, Franz und Susanne sterblich sind, bestätigt nicht, dass alle Menschen sterblich sind, beziehungsweise ist kein Grund, zu glauben, dass auch Fritz sterblich ist« verwickelt sich in einen begrifflichen Widerspruch. Er weiß offensichtlich nicht, was es heißt, dass ein bestimmter Zusammenhang ein gesetzmäßiger Zusammenhang ist (oder er verwendet das Wort »Gesetz« in ungewöhnlicher Weise). Demnach sind wissenschaftliche Wahrheiten intrinsisch normativ, *ebenso* wie moralische Wahrheiten. Der Unterschied besteht natürlich darin, dass wir es im moralischen Fall mit Gründen für Handlungen, im wissenschaftlichen Fall dagegen mit Gründen für Vorhersagen zu tun haben. Um Gründe und damit um Ansprüche an unsere Rationalität geht es aber in beiden Fällen gleichermaßen. Wissenschaftliche Wahrheiten sind damit in gleicher Weise wie moralische Wahrheiten auf unsere Vernunft bezogen.[279] Halten wir fest:

[278] Die Frage, ob man Vorhersagen machen oder etwas anderes tun sollte, ist eine Frage der Moral, nicht der Wissenschaft.

[279] Um Ansprüche an unsere Vernunft geht es entsprechend auch beim anderen zentralen Aspekt der Wissenschaft: bei Erklärungen. Nur was (prinzipiell) verständlich (das heißt mit der Vernunft erfassbar) ist,

> *Erste Eigentümlichkeit der Wissenschaft (1):* Wissenschaftliche Wahrheit ist intrinsisch normativ und damit auf unsere Vernunft bezogen.

Man beachte, dass diese These auf sehr schwachen wissenschaftstheoretischen Annahmen basiert. Im Wesentlichen gehen zwei Prämissen in die Argumentation ein: (1) Wissenschaftliche Wahrheiten handeln von Gesetzen. (2) Es gibt eine interne Beziehung zwischen dem Begriff des Gesetzes und dem Begriff der Bestätigung (und damit dem Begriff des Grundes für eine Vorhersage). Es ist nützlich, sich klar zu machen, wie wenig man sich mit diesen Prämissen wissenschaftstheoretisch festlegt. Hier ist vor allem auf drei Punkte hinzuweisen.

Erstens gehe ich zwar davon aus, *dass* ein interner Zusammenhang zwischen dem Begriff des Gesetzes und dem der Bestätigung besteht. Es spielt hier aber keine Rolle, *wie* dieser Zusammenhang im Einzelnen aussieht. Ich konnte deshalb für die Zwecke meiner Untersuchung problemlos so tun, als sei die Bestätigungsbeziehung nichts anderes als die Umkehrung der Erklärungsbeziehung und als sei eine Erklärung nichts anderes als eine Ableitung aus einem Gesetz, also im Wesentlichen nach dem DN-Modell wissenschaftlicher Erklärungen verständlich zu machen. Damit habe ich eine radikale Vereinfachung vorgenommen. Versucht man genauer anzugeben, wie die Erklärungs- und Bestätigungsbeziehung zu verstehen ist, so ist man mit zahlreichen komplexen Fragen konfrontiert, die man heute mithilfe ausgefeilter Theorien zu beantworten versucht.[280] Im vorliegenden Zusammenhang kommt es aber, wie gesagt, allein darauf an, dass in diesen Theorien die interne Bezie-

---

kann als Erklärung gelten. Man beachte allerdings, dass wissenschaftliche Erklärungen eine andere Struktur als Handlungserklärungen haben.

[280] Einen Überblick über die aktuelle Debatte in der Erklärungstheorie gibt Bartelborth *Begründungsstrategien*, Kapitel VIII und IX, Salmon *Four Decades of Scientific Explanation* sowie Kitcher/Salmon *Scientific Explanation*. In der Bestätigungstheorie ist der Bayesianismus die am weitesten entwickelte Theorie. Vgl. dazu Howson/Urbach *Scientific Reasoning*, Earman *Bayes or Bust?* sowie Howson *Hume's Problem*.

hung zwischen dem Begriff des Gesetzes und dem der Bestätigung nicht in Frage gestellt wird.[281]

Zweitens bin ich nicht auf eine bestimmte Analyse des Gesetzesbegriffs festgelegt. Ganz gleich, ob man Gesetze im Ramsey-Lewis Stil als »consequences of those propositions which we should take as axioms if we knew everything and organized it as simply as possible in a deductive system«[282] auffasst oder als eine bestimmte Beziehung zwischen natürlichen Arten oder Universalien[283] oder ob man den Gesetzesbegriff unanalysiert lässt und nur eine kriteriale Deutung gibt:[284] Solange man die interne Beziehung zwischen dem Begriff des Gesetzes und dem Begriff der Bestätigung nicht leugnet, gelangt man zur intrinsischen Normativität wissenschaftlicher Wahrheit. Ich schließe also nur die Analysen aus, die eine Humesche Induktionsskepsis – also kurz gesagt, die These, dass wir niemals echte Gründe für Vorhersagen haben – schon in den Begriff des Gesetzes einbauen.[285]

Drittens schließlich übernimmt der Begriff des Gesetzes in meinen beiden Prämissen eine Rolle, die gegebenenfalls auch andere Begriffe – und zwar gerade die Begriffe, die zur Analyse des Gesetzesbegriffs vorgeschlagen worden sind – übernehmen können, ohne dass dadurch meine zentrale These beeinträchtigt würde. Diesen Gedanke möchte ich im Folgenden anhand eines aus der Bestätigungstheorie bekannten Beispiels noch etwas genauer erläutern.

Nehmen wir an, ich verfüge über keinerlei Kenntnisse, was Edelsteine angeht. Dennoch bin ich in den Edelsteinhandel eingestie-

---

281 Nicht in allen diesen Theorien spielen Gesetze eine entscheidende Rolle. Daraus folgt aber nicht, dass die interne Beziehung zwischen dem Begriff des Gesetzes und dem der Bestätigung geleugnet wird.

282 Ramsey (unveröffentlichte Notiz) zitiert nach Lewis *Counterfactuals*, S. 73.

283 Vgl. etwa Armstrong *What is a Law of Nature?*

284 So etwa Bird. Vgl. Bird *Philosophy of Science*, 1. Kapitel. Bird gibt dort auch einen kurzen Überblick über die Debatte um den Gesetzesbegriff. Vgl. dazu auch van Fraassen *Laws and Symmetry*, 1.Teil, sowie Carroll *Readings on Laws of Nature*.

285 Loewer, ein Anhänger der Lewisschen Analyse, bestreitet beispielsweise vor diesem Hintergrund explizit den Zusammenhang zwischen dem relevanten Begriff der Bestätigung und dem Begriff des Gesetzes. Vgl. Loewer »Humean Supervenience«, S. 190.

gen und erwarte für morgen eine größere Lieferung Smaragde. Ich frage mich, welche Farbe sie wohl haben werden. Um das herauszufinden, betrachte ich die wenigen Smaragde, über die ich bereits verfüge, und stelle fest, dass diese grün sind. Ich schließe, dass alle Smaragde grün sind, insbesondere, dass die morgen eintreffenden Smaragde grün sein werden. Doch dann erinnere ich mich an Goodmans berühmtes Prädikat »grue«:

> It is the predicate »grue« and it applies to all things examined before *t* just in case they are green but to other things just in case they are blue.[286]

Und ich stelle fest: Wenn ich für *t* beispielsweise Mitternacht einsetze, dann sind alle Smaragde, die ich bereits besitze, grue,[287] denn ich habe sie vor Mitternacht beobachtet und sie sind grün. Schließe ich aber daraus, dass alle Smaragde grue sind, dann muss ich damit rechnen, dass die morgige Lieferung aus blauen Smaragden besteht, denn diese Smaragde habe ich nicht vor Mitternacht beobachtet. Also sind sie genau dann grue, wenn sie blau sind, und da ich ja zu dem Schluss gekommen bin, dass alle Smaragde grue sind, müssen sie blau sein.[288] Ich bin verwirrt: Soll ich glauben, dass die morgen eintreffenden Smaragde grün oder blau sein werden? Meine Verwirrung nimmt noch zu, wenn mir klar wird, dass wir nach dem Goodmanschen Muster beliebige Prädikate mit »grün« hätten verbinden können.[289] Die Smaragde, die ich vor mir habe, sind ebenso grund (grün, wenn vor *t* beobachtet, sonst rund), grüssig (grün, wenn vor *t* beobachtet, sonst flüssig) etc. wie sie grue sind. So weiß ich gar nicht mehr, was ich aus der Tatsache, dass meine Smaragde grün sind, schließen soll. Ich wende mich darum an den Edelsteinfachmann (der hier die Rolle spielt, die im allgemeinen Fall der Wissenschaftler übernimmt).

[286] Vgl. Goodman *Fact, Fiction, and Forecast*, S. 74.

[287] Im Anschluss an das englische Zitat bleibe ich im Folgenden bei »grue«. Die übliche deutsche Übersetzung ist »grot« (zusammengesetzt aus »grün« und »*rot*«).

[288] Ich habe die Definition von Goodman hier stillschweigend so gedeutet, dass »examined« als »examined by me« zu verstehen ist.

[289] Und auch das Prädikat »ist ein Smaragd« könnte man entsprechend behandeln. Vgl. Goodman *Fact, Fiction, and Forecast*, S. 74, 75.

Um die Frage zu beantworten, welcher Schluss angemessen ist, muss dieser herausfinden, welche Allaussage durch unsere Daten bestätigt wird und welche nicht. Die Aussage »Alle Smaragde sind grün« wird anscheinend von den Daten (das heißt von der Tatsache, dass die vorliegenden Smaragde grün sind) bestätigt, die Aussage »Alle Smaragde sind grue« wird dagegen von den Daten (das heißt von der Tatsache, dass die vorliegenden Smaragde grue sind) nicht bestätigt. Den Grund dafür können wir auf verschiedene Weise beschreiben. Wir könnten sagen, dass die erste Aussage *gesetzesartig* ist, die zweite nicht. Wir könnten aber auch sagen, dass Dinge, die grün sind, im Unterschied zu Dingen, die grue sind, einer (wenn auch nicht grundlegenden) *natürlichen Art* angehören.[290] Wir könnten vielleicht auch sagen, dass wir im ersten Fall zu einer *einfacheren Beschreibung* der Welt kommen als im zweiten.[291] Und es gibt noch eine Reihe weiterer Möglichkeiten, wie man den Unterschied zwischen den beiden Alternativen kennzeichnen kann.[292] Dementsprechend können wir auch die Tätigkeit des Edelsteinfachmanns (also des Wissenschaftlers) unterschiedlich beschreiben. Wir könnten sagen, dass er herausfinden möchte, welche Zusammenhänge Gesetze sind. Wir könnten aber auch sagen, dass er herausfinden möchte, was die natürlichen Arten sind oder was die einfachste Beschreibung der Welt ist. Aber in *jedem* Fall geht es (auch) darum, herauszufinden, was zu glauben uns die Daten Gründe geben.

Daraus folgt, dass ich auch so hätte argumentieren können: (1) Wissenschaftliche Wahrheiten handeln davon, was die natürlichen Arten sind/ was die einfachste Beschreibung der Welt ist/ ... (2) Es gibt eine interne Beziehung zwischen dem Begriff der natürlichen Art/ dem Begriff der einfachsten Beschreibung der Welt/ ... und dem Begriff der Bestätigung (und damit dem Begriff des Grundes für eine Vorhersage). Also sind wissenschaftliche Wahrheiten intrinsisch normativ. Es kommt also für meine Zwecke gar nicht

---

290 Vgl. dazu Quine »Natural Kinds«. Der Begriff der natürlichen Art ist im Zusammenhang mit Armstrongs Gesetzesinterpretation relevant.

291 Vgl. dazu Harman »Simplicity as a Pragmatic Criterion for Deciding What Hypotheses to Take Seriously«. Der Begriff der Einfachheit ist im Zusammenhang mit der Ramsey-Lewis-Interpretation von Gesetzen relevant.

292 Vgl. Stalker *Grue!* Bei Stalker findet man insbesondere eine umfangreiche, kommentierte Bibliographie zur Grue-Problematik.

darauf an, dass man wissenschaftliche Wahrheiten tatsächlich unter Zuhilfenahme des Gesetzesbegriffs charakterisiert. Solange die Charakterisierung, die man plausibel findet, eine interne Beziehung zwischen wissenschaftlicher Wahrheit und Bestätigung erzwingt, bleibt mein Argument intakt. Und dass man *irgendeine* solche Charakterisierung plausibel finden sollte, ergibt sich schon allein daraus, dass es ansonsten unmöglich sein dürfte, an der Vorstellung festzuhalten, dass es der Wissenschaft um (Erklärung und) Vorhersage geht.

Die Tatsache, dass wir die intrinsische Normativität wissenschaftlicher Wahrheit nicht vor Augen haben, wenn wir über den Status der Moral nachdenken, ist meiner Ansicht nach die Hauptursache für das Rätsel der Moral. Woran liegt es aber, dass uns dieser Aspekt der Wissenschaft so leicht entgeht, obwohl doch nur recht allgemeine wissenschaftstheoretische Überlegungen involviert sind? Dafür gibt es eine einfache Erklärung. Wenn wir metaethischen Fragen nachgehen, denken wir daran, dass die Wissenschaft uns darüber belehrt, was der Fall ist. Wir denken aber häufig nicht daran, dass die Wissenschaft uns vor allem darüber belehrt, was von dem, was der Fall ist, ein Gesetz ist. Der Grund dafür liegt auf der Hand: Der Wissenschaftler sagt selten explizit dazu, dass die Zusammenhänge, die er uns präsentiert, Gesetze sind. Im Physikbuch finden wir beispielsweise an einer Stelle den Hinweis darauf, dass es sich bei dem Zusammenhang $F=m^*a$ um das zweite Newtonsche *Gesetz* handelt. In der Folge ist dann aber von Gesetzen explizit nicht mehr viel die Rede. Natürlich geht es immer um Erklärungen von Phänomenen mithilfe dieser Gesetze, um die Ableitung anderer Gesetze aus diesen Gesetzen etc. Aber der Physiker sagt nicht immer dazu, dass er sich mit Gesetzen und ihrer Anwendung beschäftigt.

Dieses Phänomen findet aber eine exakte Parallele im Fall der Moral. Anders als man als Moralphilosoph vielleicht meinen würde, kommen in moralischen Überlegungen die Ausdrücke »ist richtig«, »ist gut«, »ist verboten« etc. explizit nicht sehr häufig vor. Wenn wir überlegen, was wir tun sollen, dann überlegen wir, was für und was gegen die Alternativen spricht. Aber wir sagen nicht immer eigens dazu, dass das, was für die Überlegungen spricht, gut ist, das, was dagegen spricht, schlecht oder verboten etc. Für den Metaethiker, nicht für denjenigen, der praktische Überlegungen anstellt, stehen diese Ausdrücke im Mittelpunkt. Ebenso spricht der Wissenschaftstheoretiker, nicht aber der Physiker beständig von Gesetzen. Wir geraten als Metaethiker deshalb in das Trilemma der Moral, weil wir die Moral aus der Sicht des Metaethikers mit der Physik aus Sicht des Physikers vergleichen. Was wir tun müssen, um die Parallelen zwischen Moral und Wissenschaft zu sehen, ist aber, die Moral aus Sicht des Metaethikers mit der Physik aus Sicht des Wissenschaftstheoretikers zu vergleichen. In der Moral geht es um das Gute, und in der Wissenschaft geht es um Gesetze. Aber nur der Metaethiker beschäftigt sich mit der Natur des Guten und nur der Wissenschaftstheoretiker mit der Natur von Gesetzen.

Kommen wir zum Abschluss dieses Kapitels zur Frage der Supervenienz. Inwiefern könnte man sagen, dass wissenschaftliche Wahrheit auf nicht-wissenschaftlicher Wahrheit superveniert? Die bisherigen Überlegungen legen eine einfache Antwort nahe: Eine wissenschaftliche Wahrheit im engeren Sinn besteht in einer Tatsache der Form »Der Zusammenhang X ist ein gesetzesartiger Zusammenhang« oder auch »Die Eigenschaft y ist eine natürliche Eigenschaft«. Dabei beziehen sich die wissenschaftlichen Prädikate »ist gesetzesartig« oder »ist eine natürliche Eigenschaft« auf bestimmte wissenschaftlich relevante nicht-wissenschaftliche Zusammenhänge oder Eigenschaften *in gleicher Weise*, wie moralische Prädikate sich auf bestimmte moralisch relevante nicht-moralische Zusammenhänge oder Eigenschaften beziehen. Dementsprechend supervenieren wissenschaftliche Eigenschaften, wie gesetzesartig oder natürlich zu sein, auf wissenschaftlich relevanten nicht-wissenschaftlichen Eigenschaften *in gleicher Weise*, wie moralische Eigenschaften auf moralisch relevanten nicht-moralischen Zusammenhängen oder Eigenschaften supervenieren.[293] Insbesondere kann es nicht vorkommen, dass sich zwei Situationen, die sich in allen relevanten nicht-wissenschaftlichen Eigenschaften gleichen, wissenschaftlich betrachtet (also insbesondere in Hinblick auf die Gründe für Vorhersagen) unterscheiden.

---

293 Eine interessante, aber für diese Grundsatzüberlegung nicht entscheidende Frage ist es, wie weit sich der Vergleich treiben lässt: Ob man etwa eine Analogie zwischen *bestimmten* moralischen Prädikaten, wie »ist eine gute Eigenschaft«, und *bestimmten* wissenschaftlichen Prädiketen, wie »ist eine natürliche Eigenschaft«, herstellen kann.

Diese Supervenienzbeziehung ist nun, ebenso wie die im moralischen Fall, eine, die jeder anerkennen muss, wenn er als sprachlich kompetent in Bezug auf die entsprechenden wissenschaftlichen Ausdrücke, wie »Gesetz«, »natürlich« etc., gelten soll. Und dafür haben wir auch eine gute Erklärung, und zwar eine, die strukturell *völlig identisch* mit unserer Erklärung im moralischen Fall ist. Die Supervenienzbeziehung ist nämlich ebenso grundlegend für den Zweck der Wissenschaft wie für den der Moral. So wie es die Aufgabe der Moral ist, unser Handeln als Reaktion auf die nichtmoralischen Eigenschaften der Welt anzuleiten, so ist es Aufgabe der Wissenschaft, unsere Erwartungen als Reaktion auf die nichtwissenschaftlichen (also rein faktischen) Eigenschaften der Welt zu dirigieren. Konsistentes Vorhersagen (und Erklären) ist ebenso wie konsistentes Handeln an die Supervenienzbeziehung gebunden. Wir könnten schlicht alles, was wir zur Einführung der Supervenienzbeziehung im Bereich der Moral gesagt haben, wiederholen, da hier wie dort ein direkter Bezug zwischen wissenschaftlichen/moralischen Wahrheiten und Gründen für Überzeugungen/Handlungen besteht, diese Gründe aber jeweils durch nicht-wissenschaftliche/nicht-moralische Wahrheiten konstituiert werden. Gleiche Gründe können ebenso wenig für verschiedene Überzeugungen wie für verschiedene Handlungen sprechen. Dementsprechend muss jeder wissenschaftliche/moralische Unterschied mit einem nicht-wissenschaftlichen/nicht-moralischen Unterschied einhergehen.[294]

Wie im Fall der Moral stoßen wir auch in der Wissenschaft auf das Phänomen der »thick concepts«, das heißt auf Begriffe, bei denen der entsprechende wissenschaftliche Gehalt schon Teil der Bedeutung geworden ist. So wie derjenige, der eine Handlung als »gerecht« bezeichnet, nicht einfach eine nicht-moralische Beschreibung der Handlung gibt (auch wenn er das *auch* tut), sondern eine Wertung vornimmt, so fällt derjenige, der in einem Experiment ein

---

[294] Wie schon im Fall der Moral (vgl. S. 51, Fußnote 61) möchte ich mich auch hier nicht auf eine These bezüglich des modalen Status von grundlegenden wissenschaftlichen Aussagen – wie etwa »Es ist ein Gesetz, dass die Stromstärke in einem geschlossenen Stromkreis der Spannung proportional ist« – festlegen (wobei allerdings wiederum klar ist, dass es nicht um begriffliche Notwendigkeit gehen kann).

Teilchen als »Elektron« identifiziert, damit bereits ein wissenschaftliches Urteil. Von demjenigen, der die Handlung als »gerecht« beschreibt, könnte man sagen: Er schreibt bestimmte empirische Eigenschaften zu *und* bezeichnet diese als gut. (»Diese Handlung ist gerecht. Und gerecht zu sein ist gut.«) Entsprechend können wir von demjenigen, der ein Elektron identifiziert, sagen: Er schreibt bestimmte empirische Eigenschaften zu *und* bezeichnet diese als natürlich. (»Das ist ein Elektron. Und Elektronen bilden eine natürliche Art.«) Im Moralischen und im Wissenschaftlichen stellen wir zudem fest, dass es einen fließenden Übergang zwischen Prädikaten gibt, die eindeutig moralisch beziehungsweise wissenschaftlich sind, zu Prädikaten, die eindeutig nicht-moralisch beziehungsweise nicht-wissenschaftlich sind.

Der Hinweis auf die »thick concepts« erklärt drei wichtige Phänomene: Wir stellen erstens fest, dass die Verwendung von »thick moral concepts« die Verwendung der Prädikate »ist gut« oder »ist richtig« im moralischen Alltag fast völlig entbehrlich macht, ebenso wie die Verwendung von »thick scientific concepts« die Verwendung der Prädikate »ist eine natürliche Eigenschaft« oder »ist ein Gesetz« im wissenschaftlichen Alltag fast völlig entbehrlich macht. Das erklärt, warum gerade die für die Metaethik beziehungsweise Wissenschaftstheorie zentralen Prädikate im moralischen beziehungsweise wissenschaftlichen Alltag kaum auftauchen. Zweitens erklärt die Verwendung von »thick concepts«, dass es uns meistens überhaupt nicht möglich ist, zu sagen, auf *welchen* nicht-moralischen beziehungsweise nicht-wissenschaftlichen Wahrheiten moralische beziehungsweise wissenschaftliche Wahrheiten supervenieren: Wir verfügen einfach nicht über zwei sauber getrennte Vokabularien. Drittens schließlich erkennen wir jetzt, warum Antidualisten partiell, aber nicht vollständig auf den Vorwurf reagieren konnten, dass sie dem begrifflichen Charakter der Supervenienzbeziehung nicht gerecht werden können.[295] Der Antidualist konnte zwar darauf verweisen, dass die Anerkennung der Supervenienz von Wasser zur Sprachkompetenz gehört, wenn wir den Ausdruck »Wasser« in der Wissenschaft verwenden. Er hatte aber keine (zum moralischen Fall analoge) Erklärung dafür. Diese Erklärung erkennen wir jetzt: In der Wissenschaft handelt es sich bei

[295] Vgl. S. 126-128.

dem Begriff des Wassers um einen inhaltsreichen Begriff. Dass es sich bei Wasser um eine natürliche Art handelt, steckt schon im Begriff – dementsprechend auch die Supervenienzbeziehung. Der Antidualist hatte keine Erklärung dafür, dass die Supervenienzbeziehung im Bereich der Wissenschaft in den Sprachgebrauch eingebaut ist, weil er die intrinsische Normativität wissenschaftlicher Wahrheit nicht anerkannte (also eine gemischte Strategie verfolgte). Erst wenn man die Beziehung zwischen wissenschaftlichen Wahrheiten und Wahrheiten über Gründe beachtet, sieht man, dass die Erklärung für die Supervenienz moralischer Wahrheiten einfach auf den Fall der Wissenschaft übertragen werden kann.

An dieser Stelle ist nochmals daran zu erinnern, dass die hier vertretene Sichtweise der Wissenschaft nicht in Konflikt mit den Hauptthesen des wissenschaftlichen Realismus gerät. Das liegt gerade an der soeben beschriebenen Supervenienz wissenschaftlicher auf nicht-wissenschaftlicher Wahrheit. Wenn der Wissenschaftler zu dem Schluss kommt, dass es Elektronen gibt, dann kann man zwei Aspekte seines Urteils unterscheiden: (1) Es gibt tatsächlich Elektronen, und (2) Elektronen sind eine natürliche Art. Es hängt nach meiner Auffassung der Wissenschaft in gewisser Hinsicht von unserer Vernunft (und damit von uns) ab, ob Elektronen eine natürliche Art sind (2. Aspekt).[296] Das folgt einfach daraus, dass ein Urteil darüber, was eine natürliche Art ist, ein Urteil über Gründe impliziert und Gründe Ansprüche an unsere Vernunft sind.[297] Ich kann aber problemlos an der These festhalten, dass es in keiner Weise von uns abhängt, ob es Elektronen tatsächlich gibt (1. Aspekt). Und das ist gerade das, was der wissenschaftliche Realist behauptet. Die Supervenienzthese hat zur Folge, dass wissenschaftliche Wahrheiten auf die Welt bezogen sind. Und nichts hindert uns daran, diese als von uns unabhängig zu verstehen.[298]

---

[296] Vgl. dazu auch die Ausführungen im Schlusskapitel, S. 227-229.

[297] Hier geht es, wie im Fall moralischer Wahrheit, um *externe* Rationalität.

[298] Natürlich hindert uns (im gegenwärtigen Zusammenhang) auch nichts daran, eine antirealistische Position zu vertreten. Meine These über die Natur wissenschaftlicher Wahrheit impliziert nicht den wissenschaftlichen Realismus. Es kommt mir lediglich darauf an, deutlich zu machen, dass sie ihn nicht *ausschließt*.

Auch in Bezug auf den Supervenienzaspekt können wir also feststellen:

> *Erste Eigentümlichkeit der Wissenschaft (2):* Wissenschaftliche Wahrheit superveniert auf nicht-wissenschaftlicher Wahrheit und ist somit auf die Welt bezogen.

Insgesamt erhalten wir als Ergebnis dieses Kapitels in völliger Analogie zur ersten Eigentümlichkeit der Moral die erste Eigentümlichkeit der Wissenschaft:

> *Erste Eigentümlichkeit der Wissenschaft:* Wissenschaftliche Wahrheit ist einerseits intrinsisch normativ und damit auf unsere Vernunft bezogen, superveniert aber andererseits auf nicht-wissenschaftlicher Wahrheit und ist somit auf die Welt bezogen.

3.3. Interne Rationalität

Moralische Überzeugungen sind für den rationalen Menschen intrinsisch motivierend. Diese Tatsache hatten wir als die zweite Eigentümlichkeit der Moral bezeichnet, die Eigentümlichkeit moralischer Überzeugungen. Meine These lautet auch hier, dass wir es nicht wirklich mit einer Eigentümlichkeit der Moral zu tun haben. Tatsächlich haben wissenschaftliche Überzeugungen meines Erachtens eine völlig analoge Eigenschaft: Auch sie sind für den rationalen Menschen intrinsisch motivierend.

Die Überlegungen des letzten Kapitels legen eine solche These nahe. Denn wenn wissenschaftliche Wahrheit intrinsisch normativ ist, dann heißt das, dass derjenige, der vom Vorliegen einer solchen Wahrheit überzeugt ist, auch an das Bestehen bestimmter Gründe glauben muss. Und wenn er an das Bestehen von Gründen glaubt, dann ist er irrational, wenn er nicht diesen Gründen entsprechend reagiert. Natürlich gibt es auch in Bezug auf den Überzeugungsaspekt einen wichtigen Unterschied zwischen Moral und Wissenschaft, der den bereits beschriebenen Unterschied zwischen moralischer und wissenschaftlicher Wahrheit widerspiegelt: Während moralische Überzeugungen uns zu *Handlungen* motivieren, motivieren wissenschaftliche Überzeugungen uns zu *Vorhersagen* beziehungsweise zu *Erwartungen*. Und damit ist natürlich wiederum nicht gemeint, dass wissenschaftliche Überzeugungen uns dazu motivieren, Vorhersagen zu machen oder Erwartungen zu hegen, statt etwas anderes zu tun, sondern zu *bestimmten* Vorhersagen und Erwartungen zu kommen, *wenn* man zu Vorhersagen und Erwartungen kommt.

Wenn ich hier von Vorhersagen oder Erwartungen einer Person spreche, dann meine ich damit nichts anderes, als dass die Person in gewissem Maße *glaubt*, dass ein Ereignis eintreten wird. Die Qualifikation »in gewissem Maße« ist wichtig, denn die Einstellung der Person zu der Frage, ob das Ereignis eintreten wird oder nicht, kann in einer großen Bandbreite variieren, je nachdem, für wie wahrscheinlich die Person es hält, dass das Ereignis eintreten wird. Eine bloße Vermutung kann demnach ebenso als Erwartung gelten wie die feste Überzeugung, dass sich etwas Bestimmtes ereignen wird. Nicht immer geben uns die Daten Grund für feste Überzeugungen über Zukünftiges (im Allgemeinen: Unbekanntes).

Dementsprechend motivieren wissenschaftliche Überzeugungen den rationalen Menschen auch nicht immer zu festen Überzeugungen. Nachdem ich auf die Variabilität der Einstellung, die meiner These nach durch wissenschaftliche Überzeugungen motiviert wird, hingewiesen habe, werde ich im Folgenden jedoch zur Vereinfachung immer nur von »Überzeugungen« sprechen. Demnach lautet meine These, dass wissenschaftliche Überzeugungen uns zu bestimmten anderen Überzeugungen motivieren.

Dass wissenschaftliche Überzeugungen eine solche Eigenschaft haben müssen, lässt sich unmittelbar an unserem obigen Beispiel demonstrieren. Nehmen wir an, Fritz hat eine wissenschaftliche Überzeugung, beispielsweise die, dass es sich bei seiner Beobachtung »Diese Smaragde sind grün« um die Instantiierung eines Naturgesetzes handelt (beziehungsweise dass die Eigenschaften, ein Smaragd zu sein und grün zu sein, natürliche Eigenschaften sind). Würde Fritz unter diesen Umständen nicht zu der Überzeugung (Vorhersage) kommen, dass die Smaragde in der morgigen Lieferung ebenfalls grün sein werden, so müssten wir annehmen, dass Fritz irrational ist. Denn aus der Tatsache, dass eine Beobachtung Instanz eines Gesetzes ist, folgt, dass sie Gründe für Vorhersagen liefert (das war die intrinsische Normativität wissenschaftlicher Wahrheit), und da Fritz von dieser Wahrheit überzeugt ist, muss er (wenn er in Bezug auf das Wort »Gesetz« ein kompetenter Sprecher ist) davon überzeugt sein, dass ein Grund für eine bestimmte Vorhersage vorliegt. Also muss Fritz zu einer entsprechenden Vorhersage kommen, wenn er nicht mit Gründen in Konflikt geraten möchte, die er selbst als solche anerkennt. Kurzum: Er muss zu der Vorhersage kommen, wenn er nicht theoretisch irrational sein möchte. Dieser Nachweis der motivierenden Kraft wissenschaftlicher Überzeugungen entspricht genau der analogen Überlegung im Fall moralischer Überzeugungen.[299] Wie dort leitet sich die motivierende Kraft von Überzeugungen für den rationalen Menschen direkt aus der Normativität der entsprechenden Wahrheit ab.

Wenn man also erst einmal die intrinsische Normativität wissenschaftlicher Wahrheit akzeptiert hat, wird man gegen die motivierende Kraft wissenschaftlicher Überzeugungen nicht mehr viel einwenden können. Dennoch: Es gibt zwei Überlegungen, die Zweifel

[299] Vgl. S. 52, 53.

an der Analogie zwischen moralischer und wissenschaftlicher Motivation aufkommen lassen und die deshalb an dieser Stelle diskutiert werden müssen. Beide hängen mit dem Phänomen interner Rationalität zusammen.

Der erste Einwand gegen die prinzipielle Analogie von moralischer und wissenschaftlicher Motivation lautet folgendermaßen: Moralische Motivation ist eine Form von rationaler Motivation – daher der Zusatz »für den rationalen Menschen« in der Formulierung der zweiten Eigentümlichkeit der Moral. Das scheint aber nur möglich zu sein, weil moralische Überzeugungen uns dazu motivieren, die Ausführung einer bestimmten Handlung zu *wählen*. Gäbe es nichts zu wählen, so hätte es, zumindest prima facie, keinen Sinn, von *rationaler* Motivation zu sprechen. Wo wir nichts entscheiden können, scheint unsere Vernunft nicht gefordert zu sein. Im Fall von Überzeugungen gibt es aber nichts zu wählen. Wir können uns, jedenfalls nach Ansicht der meisten Philosophen, nicht aussuchen, was oder wie stark wir etwas glauben.[300] Also kann es sich bei wissenschaftlicher Motivation nicht um eine Form rationaler Motivation handeln, denn dabei sollen uns ja gerade wissenschaftliche Überzeugungen zu Vorhersagen oder Erwartungen, das heißt zur Ausbildung anderer Überzeugungen motivieren. Damit scheint aber wissenschaftliche Motivation etwas ganz anderes als moralische Motivation zu sein, wenn man im Fall der Wissenschaft überhaupt von Motivation sprechen kann.

Man kann denselben Gedanken auch anhand des Phänomens der Willensschwäche deutlich machen. Damit moralische Motivation und wissenschaftliche Motivation tatsächlich als analoge Phänomene gedeutet werden können, muss auch eine Analogie zwischen praktischer, das heißt im Zusammenhang der zweiten Eigentümlichkeit der Moral: *interner* praktischer Irrationalität und (interner) theoretischer Irrationalität aufzeigbar sein. Insbesondere sollte man sagen können, was dem Phänomen der Willensschwäche im theoretischen Fall entspricht. Tatsächlich kann dem jedoch, wie es scheint, aus folgendem Grund nichts entsprechen: Nur deshalb, weil wir Handlungen wählen können, kann es eine Schwäche des *Willens* sein, wenn wir nicht die Handlung wählen, für die un-

---

300 Einflussreich ist hier vor allem die Sichtweise von Williams. Vgl. Williams »Deciding to Believe«.

seren moralischen Überzeugungen gemäß die besten Gründe sprechen. Da Überzeugungen nicht wählbar sind, kann es auch keine Schwäche des Willens sein, wenn wir nicht das glauben, wofür unseren wissenschaftlichen Überzeugungen gemäß die besten Gründe sprechen. Wenn es aber keine theoretische Willensschwäche geben kann, dann ist das Phänomen interner theoretischer Irrationalität nicht mit dem interner praktischer Irrationalität vergleichbar. Und wenn das nicht der Fall ist, kann man auch moralische und wissenschaftliche Motivation nicht analog behandeln.

Der Einwand geht meines Erachtens zu Recht davon aus, dass wir Handlungen, nicht aber Überzeugungen wählen können. Er geht aber zu Unrecht auch davon aus, dass das Phänomen rationaler Motivation auf den Bereich des Wählbaren beschränkt ist. Tatsächlich können wir beispielsweise auch unsere emotionalen Reaktionen als rational oder irrational motiviert beurteilen, je nachdem, ob sie im Einklang mit unseren entsprechenden Überzeugungen stehen oder nicht. Wenn jemand glaubt, dass es richtig wäre, sich angesichts eines Fehltrittes schuldig zu fühlen, tatsächlich jedoch nichts als Verachtung für die Opfer der eigenen Tat verspürt, dann reagiert er irrational. Seine Überzeugung darüber, was zu empfinden richtig wäre, motiviert ihn nicht zu der Reaktion, die er selbst für angemessen hält. Würde er sich schuldig fühlen, dann könnten wir davon sprechen, dass seine Reaktion rational motiviert wäre. Das Entsprechende gilt auch für nicht-moralische Gefühle. Jemand, der glaubt, dass ein Witz lustig ist, sich jedoch von dem Witz nicht erheitern lässt, reagiert irrational. Er reagiert an seinen eigenen Maßstäben gemessen nicht richtig. Emotionale Reaktionen gleichen somit Handlungen darin, dass sie als rational oder nicht rational motiviert angesehen werden können.

Aber auch bei emotionalen Reaktionen kann man kaum davon sprechen, dass wir sie wählen können. Wir können uns ebenso wenig aussuchen, wie wir eine bestimmte Situation empfinden, wie wir uns aussuchen können, was wir glauben. Auch wenn ich den Witz für noch so lustig halte: Wenn ich nun einmal nicht lachen muss, kann ich daran so gut wie nichts ändern, ebenso wenig wie Sie verhindern können, zu glauben, dass Sie gerade etwas lesen.[301]

---

[301] Dass man emotionale Reaktionen und Überzeugungen *vortäuschen* kann, steht auf einem anderen Blatt.

In beiden Fällen gibt es streng genommen keine Wahlmöglichkeit. Dennoch können wir sowohl unsere emotionalen Reaktionen als auch unsere Überzeugungen daraufhin betrachten, ob sie rational motiviert sind. Was wir fühlen und was wir glauben, kann eine angemessene oder unangemessene Reaktion auf unsere sonstigen Überzeugungen (und damit auf die Welt, wie wir sie sehen) sein. Der Einwand setzt daher fälschlicherweise voraus, dass wir nur dort von rationaler Motivation sprechen können, wo wir von einer echten Wahlmöglichkeit sprechen können. Dementsprechend kann man aus der Tatsache, dass Handlungen, nicht aber Überzeugungen wählbar sind, auch nicht auf eine prinzipielle Disanalogie zwischen moralischer und wissenschaftlicher Motivation schließen.[302]

Auch der zweite Einwand gegen die Analogie von moralischer und wissenschaftlicher Motivation stellt in Frage, dass interne theoretische Irrationalität von der gleichen Art ist wie interne praktische Irrationalität. Während nämlich Letztere ein schwer verständliches Phänomen ist, das manche vielleicht sogar leugnen,[303] geht es bei interner theoretischer Irrationalität, wie es scheint, schlicht um einen (logischen oder zumindest probabilistischen[304]) Widerspruch zwischen Überzeugungen. Eine analoge Erklärung würde im praktischen Fall jedoch versagen, da dort eine Handlung[305] einer Überzeugung »widerspricht«. Und während sich Überzeugungen in einem echten (logischen oder probabilistischen) Sinn widersprechen können, muss die Redeweise von einem Widerspruch zwischen einer Überzeugung und einer Handlung einen anderen Sinn haben, da eine Handlung nicht die richtige Art von Objekt für einen echten Widerspruch ist. Ich möchte diesen Einwand im Folgenden etwas ausführlicher behandeln, da wir dabei auch ein

---

302 Mein Argument ist durch die Überlegungen von Raz zur Frage nach der Natur der Person inspiriert. Vgl. Raz »When We are Ourselves«.

303 Vgl. S. 95.

304 Zur Entwicklung einer Logik gradueller Überzeugungen und damit zum Begriff des probabilistischen Widerspruchs vgl. Howson *Hume's Problem*.

305 Ich unterscheide hier nicht zwischen Handlungen und Handlungsabsichten, weil ich davon ausgehe, dass nur mögliche Handlungen überhaupt zur Debatte stehen. Und in Bezug auf diese ist die Handlung immer die notwendige Folge der Absicht.

besseres Verständnis von interner Rationalität überhaupt gewinnen können.[306]

Worin genau besteht interne theoretische Irrationalität?[307] Eine naheliegende Antwort wäre die: Eine Person ist genau dann theoretisch irrational, wenn sie Widersprüchliches glaubt. Dass diese Antwort jedoch noch nicht befriedigend ist, zeigt das folgende Beispiel. Nehmen wir an, ich stehe vor der Frage, ob ich den mathematischen Satz A glauben soll. Nehmen wir weiter an, ich glaube bereits den mathematischen Satz B. Ich gehe von der Wahrheit von B aus, weil ich den Satz von einem anerkannten Mathematiker erfahren habe. Zudem leuchtet mir der Beweis ein, den der Mathematiker mir präsentiert. Nehmen wir zudem an, das Gleiche gilt jetzt auch für den Satz A. Auch hier kann ich mich auf das Urteil eines vertrauenswürdigen Mathematikers sowie auf mein eigenes Urteil stützen. Trotz der Vertrauenswürdigkeit meiner beiden Informanten und trotz meines eigenen Urteils kann es aber dennoch sein, dass die Sätze A und B sich widersprechen – auch anerkannte Mathematiker irren sich; und wenn sie sich irren, kann das leicht auch mir passieren. Nehmen wir also an, die beiden Thesen widersprechen sich tatsächlich, was jedoch bisher niemandem aufgefallen ist.

Wenn ich mir die Überzeugung zu eigen mache, dass Satz A gilt, obwohl ich bereits glaube, dass Satz B gilt, glaube ich also Widersprüchliches. Ist es folglich unvernünftig, die These A zu akzeptieren, wenn ich die These B bereits für wahr halte? Sollte ich sie lieber nicht glauben (oder These B aufgeben)? Widersprüchliche Überzeugungen können nicht zugleich wahr sein, und Überzeugungen zielen per se auf Wahrheit. Insofern sollte ich keine widersprüchlichen Überzeugungen haben.[308] Aber hier geht es meines Erachtens nicht um ein *rationales* Sollen. Etwas Falsches zu glauben, ist nicht per se irrational, weder in einem externen noch in einem in-

---

306 Vgl. zu den nachfolgenden Überlegungen auch meinen Aufsatz »Das Gebot der Vernunft«.

307 Der Zusatz »intern« wird im Folgenden als selbstverständlich angesehen und meistens weggelassen.

308 In »Das Gebot der Vernunft« spreche ich hier von der »objektiven Sichtweise«, die allerdings nicht mit der Beurteilung unter dem Gesichtspunkt externer Rationalität zusammenfällt.

ternen Sinn.[309] Insofern kann man nicht sagen, dass es irrational für mich ist, die These A zu akzeptieren (ohne These B aufzugeben). Was man aber jedenfalls sagen kann, ist, dass es in bestimmtem, nämlich internem Sinn irrational wäre, die These A *nicht* zu akzeptieren. Ich wäre irrational, wenn ich nicht dem Urteil ausgewiesener Mathematiker und der eigenen Einsicht folgen würde. Im internen Sinn ist es vernünftig, beide (widersprüchlichen) Thesen zu glauben, da ich für beide gute Gründe zu haben glaube.[310] Da wir uns hier für das Problem wissenschaftlicher Motivation interessieren, kommt es gerade auf theoretische Irrationalität im internen Sinn an. Und in diesem Sinn ist es also nicht schon irrational, wenn man Überzeugungen erwirbt, die bereits vorhandenen Überzeugungen widersprechen.

Betrachten wir zur Verdeutlichung ein (teilweise) analoges Beispiel aus dem Bereich der Moral. Nehmen wir an, Franz ist der Ansicht, dass man Tieren keine (unnötigen) Schmerzen zufügen darf. Er glaubt aber auch, seiner Katze etwas Gutes zu tun, indem er sie in der Mikrowelle trocknet. Eine Katze in der Mikrowelle zu trocknen, führt aber dazu, dass der Katze Schmerzen zugefügt werden. Das aber weiß Franz nicht, und folglich steckt er die Katze in die Mikrowelle. Unter diesen Umständen tut Franz etwas, was einer Forderung der Moral widerspricht. Franz wird also Gründen nicht gerecht, die tatsächlich vorliegen, und deshalb ist das, was Franz tut, in gewissem (nämlich externem) Sinn sogar unvernünftig. Franz ist aber dennoch in gewisser Weise auch nicht irrational (falls nicht schon seine Ausgangsüberzeugungen irrational sind). Jedenfalls ist er nicht willensschwach oder unterliegt einer Selbsttäuschung. Wir haben es also nicht mit einem Fall interner praktischer Irrationalität zu tun. Dass die Handlungen, die wir wählen, in Konflikt mit moralischen Wahrheiten (die wir sogar kennen) geraten, macht uns nicht zu irrationalen Menschen, solange wir nicht wissen, dass sie diesen Wahrheiten zuwiderlaufen.

Wenn es nicht unbedingt irrational ist, sich eine Überzeugung zu eigen zu machen, die bereits vorhandenen Überzeugungen widerspricht, worin besteht dann die gesuchte Form von Irrationali-

---

309 Vgl. auch S. 160, 161, 163, insbesondere Fußnote 245.

310 Tatsächlich glaube ich in dem beschriebenen Beispiel sogar nicht nur, gute Gründe zu haben – ich habe sie. Selbst gute Gründe garantieren nicht, dass man zu wahren Überzeugungen kommt.

tät? Bei dem oben geschilderten Fall bewahrt mich Unwissenheit vor Irrationalität: Ich weiß nicht, dass der Satz A dem Satz B widerspricht (ebenso wie Franz weiß nicht, dass seine Handlung nicht seiner moralischen Überzeugung entspricht, dass man Tiere nicht quälen darf). Wären meine Akzeptanz von These A (und die Handlung von Franz) nicht dann irrational, wenn entsprechendes Wissen vorhanden wäre?

Im praktischen Fall haben wir es dann gerade mit dem Phänomen der Willensschwäche zu tun. Eine Person ist willensschwach, wenn sie glaubt, Handlung H ausführen zu sollen, wenn sie also H für die unter den gegebenen Umständen richtige (weil beste) Handlung hält, aber dennoch H nicht ausführt. Die Person weiß also, dass das, was sie tut (beziehungsweise ihre Passivität) im Widerspruch zu ihren moralischen Überzeugungen steht. Und dieses Phänomen ist gar nicht so selten: Wir bleiben im Bett liegen, obwohl wir glauben, dass wir besser aufstehen sollten, wir rauchen, obwohl wir glauben, dass wir es besser lassen sollten, etc. Wir können offensichtlich tun, was unseren Überzeugungen über die richtige Handlung widerspricht, auch wenn wir wissen, dass es ihnen widerspricht.

Das philosophische Problem der Willensschwäche besteht darin, dieses Phänomen verständlich zu machen. Allerdings darf man dabei nicht mehr verständlich machen wollen, als was tatsächlich verständlich ist. Wir verstehen *teilweise*, warum wir im Bett liegen bleiben und warum wir rauchen: In beiden Fällen sehen wir, was an diesen Handlungsweisen für uns wertvoll ist – beides ist uns momentan angenehm. Es kann aber keine *rationale* Erklärung dafür geben, warum wir nicht tun, was wir für noch wertvoller erachten: aufstehen und mit dem Rauchen aufhören. Was wir irrationalerweise tun, lässt sich nicht rational, sondern allenfalls psychologisch verständlich machen. Eine adäquate Deutung des Phänomens der Willensschwäche muss dem gerecht werden.[311]

Interne praktische Irrationalität besteht also darin, dass unsere Handlungen unseren Gründen »widersprechen« (also: nicht entsprechen) und wir das auch wissen. Wollen wir interne theoretische Irrationalität in ähnlicher Weise charakterisieren, so stoßen wir al-

---

[311] Vgl. dazu Raz »Agency, Reason, and the Good«, S. 35. Allgemein zum Phänomen der Willensschwäche siehe etwa den Sammelband von Spitzley *Willensschwäche*.

lerdings auf ein Problem. Nehmen wir an, ich erfahre, dass die Sätze A und B sich widersprechen. Wäre es jetzt, wo ich glaube, dass A und B sich widersprechen, irrational, mir die Überzeugung A zu eigen zu machen, wenn ich bereits B glaube? Nein, denn unter diesen Umständen ist es, prima facie jedenfalls, *überhaupt nicht möglich*, sich die Überzeugung A zu eigen zu machen. Wie kann jemand A für wahr halten, B für wahr halten und für wahr halten, dass A und B nicht gleichzeitig wahr sein können? Das wäre äquivalent damit, A und non-A zu glauben. William James hat darauf hingewiesen, dass wir zwei sich widerstreitende epistemische Ziele haben: möglichst wenig Falsches und möglichst viel Wahres zu glauben.[312] Das erste Ziel könnten wir erreichen, wenn wir gar nichts glauben würden, das zweite, so denken manche,[313] wenn wir alles glauben würden. Aber zumindest Letzteres scheint nicht zu stimmen, denn wir können kaum zugleich A und non-A glauben, wenn wir uns dessen bewusst sind, dass wir es mit A und non-A zu tun haben.[314] Es ergibt sich damit im theoretischen Fall ein *Dilemma der Irrationalität*:

> Wenn ich nicht weiß, dass eine bestimmte Überzeugung meinen bereits vorhandenen Überzeugungen widerspricht, dann ist es nicht (intern) irrational, wenn ich mir die Überzeugung zu eigen mache. Wenn ich aber um den Widerspruch weiß, dann kann ich mir die Überzeugung nicht zu eigen machen. Also kann ich überhaupt nicht (intern) theoretisch irrational sein.

Derjenige, der die Parallelität zwischen theoretischer und praktischer Irrationalität bestreitet, hätte also, wenn auch auf überraschende Weise, recht: Theoretische Irrationalität wäre tatsächlich

---

312 Vgl. James *The Will to Believe and Other Essays in Popular Philosophy*, Kapitel VII.

313 Vgl. beispielsweise Lehrer *Theory of Knowledge*, S. 128.

314 Darauf basiert der folgende jüdische Witz: Ein Rabbi soll zwischen zwei Streitenden schlichten. Der eine schildert den Streitfall, und der Rabbi gibt ihm recht. Daraufhin schildert der andere den Streitfall, und auch ihm gibt der Rabbi recht. Die Frau des Rabbis, die das mit anhört, beschwert sich beim Rabbi: »Du kannst doch nicht beiden recht geben«, worauf der Rabbi sagt: »Da hast Du völlig recht.«

etwas ganz anderes als praktische Irrationalität, wenn es überhaupt keine Fälle theoretischer Irrationalität geben könnte.

Allerdings ist es nicht sehr plausibel, anzunehmen, dass es keine (interne) theoretische Irrationalität geben kann. Tatsächlich finden wir auch im Fall von Überzeugungen etwas sehr Ähnliches wie Willensschwäche. Das behauptet beispielsweise Scanlon. Er schreibt:

> Belief is not merely a matter of judgment but of the connections, over time, between this judgment and dispositions to feel conviction, to recall as relevant, to employ as a premise in further reasoning, and so on. Insofar as akrasia involves the failure of these connections, it can occur in the case of belief as well as in that of intention and action. [...] I may know, for example, that despite Jones's pretensions to be a loyal friend, he is in fact merely an artful deceiver. Yet when I am with him I may find the appearance of warmth and friendship so affecting that I find myself thinking, although I know better, that he can be relied on after all.[315]

Die Beobachtung, die Scanlon in den beiden ersten Sätzen des zitierten Textes macht, ist, wie ich weiter unten zeigen werde, tatsächlich der Schlüssel zum Verständnis irrationaler Überzeugungen. Es wird allerdings nicht recht klar, wie er diese Beobachtung auf das Beispiel bezieht. Wenn ich weiß, dass Jones ein Betrüger ist, dann folgt daraus, dass ich glaube, dass Jones ein Betrüger ist.[316] Wie kann ich dann, wenn ich mit Jones zusammentreffe, zu dem Urteil kommen, dass man ihm doch vertrauen kann, ohne damit meine Überzeugung, dass er ein Betrüger ist, *aufzugeben*? Und wenn ich sie aufgebe, kann man natürlich nicht mehr sagen, ich wüsste es tatsächlich besser. Oder ist das Beispiel so zu verstehen, dass ich, wenn ich mit Jones konfrontiert bin, nicht mehr daran denke, dass er ein Betrüger ist? Das wäre dann vielleicht dumm von mir, aber Vergesslichkeit macht noch nicht irrational.[317] Damit man von wirklicher Irrationalität sprechen kann, muss sich, wie wir gesehen haben, die entsprechende Person darüber im Klaren sein, dass ein Widerspruch vorliegt. Damit ich in Scanlons Beispiel irrational

---

315 Vgl. Scanlon *What We Owe to Each Other*, S. 35.

316 Zur These, dass Wissen Glauben impliziert, vgl. beispielsweise mein *Das Problem des Wissens*, S. 69-79.

317 Wobei man zugestehen kann, dass der Übergang zwischen Vergesslichkeit und gewissen Formen der Selbsttäuschung fließend ist.

wäre, müsste mir also klar sein, dass Jones ein Betrüger ist. Aber folgende Äußerung ist meiner Ansicht nach unverständlich: »Ich weiß, dass Jones ein Betrüger ist, aber jetzt, während ich ihn sehe, denke ich, dass man ihm vertrauen sollte.« Im ersten Teil dieses Satzes schreibe ich mir eine Überzeugung zu, die ich mir im zweiten Teil des Satzes wieder abspreche. Diese Form von theoretischer Willensschwäche kann es nicht geben. Betrachten wir darum ein etwas anderes Beispiel.

Nehmen wir an, Claudia ist der Meinung, dass sie sicher an einer schweren Krankheit leidet, weil sie ein leichtes Ziehen in der rechten Wade spürt. Sie weiß, dass der Nachbar auch ein solches Ziehen verspürt hat und kurz darauf an einer schweren Krankheit gestorben ist. Und aus diesem Grund fürchtet sie nun um ihr Leben. Im Gespräch gibt Claudia zu, dass das Beispiel des Nachbarn keinen guten Grund gibt, an eine eigene Krankheit zu glauben. Obwohl sie dieses Urteil aufrichtig äußert, hat es jedoch nicht zur Folge, dass sie aufhört, sich Sorgen um ihre Gesundheit zu machen. Sie wird vielleicht sagen: »Du hast ja recht. Eigentlich glaube ich ja auch nicht, dass man von dem Nachbarn auf mich schließen kann.« Aber sie geht sicherheitshalber doch zum Arzt.

Haben wir es hier aber nicht einfach mit einem Fall von *praktischer* Irrationalität zu tun? Ist Claudia nicht einfach willensschwach, insofern sie ihr Handeln nicht an ihrem Urteil orientiert? Tatsächlich geht es nicht nur um ihr Handeln. Denn welche Überzeugung würden wir Claudia unter diesen Umständen zuschreiben? Wenn sie sich weiterhin Sorgen macht, zum Arzt geht, Lebensversicherungen abschließt etc., dann werden wir vermutlich sagen, dass sie nicht wirklich glaubt, dass das Beispiel des Nachbarn für die Beurteilung ihres eigenen Zustandes irrelevant ist. Auch wenn sie im Gespräch zum gegenteiligen Urteil gekommen ist, scheint sie *eigentlich* an ihrer ursprünglichen Überzeugung festzuhalten. Die Irrationalität würde so gesehen nicht in einer Spannung zwischen einer Handlung und einer Überzeugung bestehen, sondern in einer Spannung zwischen einer »eigentlichen« Überzeugung und einem Urteil zu einer bestimmten Zeit. Eigentlich glaubt Claudia, dass das Beispiel des Nachbarn relevant ist, auch wenn sie auf Nachfrage im Gespräch gegenteilig urteilt. Sobald das Gespräch vorüber ist, fällt sie wieder in ihre ursprüngliche Überzeugung zurück.

Überzeugungen sind, wie Scanlon zu Recht betont, nicht aus einem Guss. Wir schreiben jemandem eine Überzeugung zu, wenn er bestimmte Dispositionen hat: die Disposition, sich selbst die Überzeugung zuzuschreiben, die Disposition, bestimmte Urteile zu fällen, die, Schlüsse auf die Überzeugung zu stützen, die, bestimmte Handlungen auszuführen etc.[318] Jemand, der glaubt, dass Marmelade Schnaps enthält, wird sich die entsprechende Überzeugung zuschreiben, er wird zu dem Schluss kommen, dass übermäßiger Genuss von Marmelade die Leber schädigt, und er wird keine Marmelade essen, bevor er mit dem Auto fährt. Es gibt also eine Reihe verschiedener Kriterien, mit deren Hilfe wir einer Person eine Überzeugung zuschreiben, und nur eines davon ist, welche bewussten Urteile die Person zu bestimmten Zeitpunkten fällt.

Was soll man sagen, wenn manche Kriterien erfüllt sind, andere nicht? Was sagen wir, wenn jemand zu dem Urteil kommt, dass p, sich aber in der Folge nicht dementsprechend verhält, oder wenn jemand sich so verhält, als ob es der Fall wäre, dass p, obwohl er zu dem Urteil gekommen war, dass non-p? In diesen Fällen nehmen wir eine Gewichtung vor. Wenn die meisten Kriterien (oder alle Kriterien meistens) erfüllt sind, werden wir eine Überzeugung zuschreiben, auch wenn manche Kriterien (manchmal) nicht erfüllt sind. Und wenn wir die Überzeugung zuschreiben, werden wir in Anbetracht von nicht erfüllten Kriterien sagen: »*Eigentlich* glaubt er, dass p, obwohl (beispielsweise) sein jetziges Urteil anders lautet.« Um der nur teilweisen Erfüllung von Kriterien Rechnung zu tragen, können wir auch sagen: »Manchmal reagiert er, als *wäre* er überzeugt davon, dass p (beispielsweise insofern er auf Nachfrage immer wieder zu einem entsprechenden Urteil bereit ist), auch wenn er *eigentlich* nicht daran glaubt (beispielsweise insofern er sein Verhalten nie an der Tatsache, dass p, orientiert).« Sind etwa gleich viele Kriterien erfüllt wie nicht erfüllt, so wissen wir nicht, ob wir eine Überzeugung zuschreiben sollen. Wir sagen dann vielleicht: »Manchmal (oder in gewisser Hinsicht) scheint er zu glauben, dass p, manchmal (oder in anderer Hinsicht) auch wieder nicht.«

---

318 An dieser Stelle werden dann auch die Regeln der Logik und die Forderungen instrumenteller Rationalität (sofern die Person sich ihrer bewusst ist) für Überzeugungszuschreibungen und damit für das Phänomen interner Irrationalität relevant. Vgl. dazu Broome »Normative Requirements« und ders. »Reasons«.

Theoretische Irrationalität besteht demnach nicht in einem Widerspruch zwischen Überzeugungen – widersprüchliche Überzeugungen sind nicht irrational (wenn ich den Widerspruch nicht erkenne) oder überhaupt nicht möglich (wenn ich den Widerspruch erkenne). Vielmehr kann man sowohl das Phänomen interner theoretischer als auch das Phänomen interner praktischer Irrationalität als einen Widerspruch *innerhalb* von Überzeugungen charakterisieren. Es geht in beiden Fällen darum, dass eine Person gewisse Kriterien, welche die Zuschreibung einer Überzeugung normalerweise erlauben, erfüllt, andere jedoch nicht (beziehungsweise bestimmte Kriterien manchmal erfüllt, manchmal nicht). Was die irrationale Person zu einer Zeit fühlt, tut oder äußert, *passt* nicht zu dem, was sie sonst fühlt, tut oder äußert. Wollen wir also vernünftig handeln und auf vernünftige Weise Überzeugungen erwerben, so sollten wir niemals von uns sagen müssen: »Eigentlich glaube ich ja, dass ..., aber jetzt handle oder urteile ich in einer Weise, die damit nicht verträglich ist.«

Wir sehen an dieser Interpretation interner praktischer und interner theoretischer Irrationalität, dass auch der zweite Einwand gegen die motivierende Kraft wissenschaftlicher Überzeugungen unbegründet ist. Im Kern handelt es sich bei praktischer und theoretischer Irrationalität um das gleiche Phänomen. Insbesondere könnte man durchaus, wie Scanlon sagt, manchmal von Fällen theoretischer Willensschwäche sprechen. Wir können demnach auch hier keine Disanalogie zwischen moralischer und wissenschaftlicher Motivation finden. Halten wir darum (wiederum in völliger Analogie zur entsprechenden Eigentümlichkeit der Moral) fest:

> *Zweite Eigentümlichkeit der Wissenschaft*: Wissenschaftliche Überzeugungen haben für den rationalen Menschen per se motivierende Kraft.

Ich habe im Kapitel 2.4 das handlungstheoretische Argument gegen den Antimonopolisten diskutiert und bin zu dem Schluss gekommen, dass es eine fragwürdige Handlungstheorie voraussetzt. Allerdings habe ich letztlich offen gelassen, wie eine angemessene Theorie menschlichen Handelns aussehen muss. Die Überlegungen dieses Kapitels rechtfertigen dieses Vorgehen: Tatsächlich ist meine metaethische Position völlig unabhängig davon, welche Vorstellung von rationaler Motivation man vertritt. Wichtig für mein Argument ist nur, dass wissenschaftliche und moralische Motivation völlig parallel zu behandeln sind. Und das hoffe ich gezeigt zu haben.

3.4. Die Natur moralischer Erkenntnis

Die dritte und letzte angebliche Eigentümlichkeit der Moral besteht darin, dass moralische Erkenntnis, wenn man überhaupt von einer solchen sprechen kann, zum einen weder eindeutig von der Art empirischer noch eindeutig von der Art formaler Erkenntnis zu sein scheint und zum anderen nicht dazu genügt, die zahlreichen, tatsächlich vorhandenen Meinungsverschiedenheiten zu entscheiden. Meine These lautet auch hier, dass wir es in Wahrheit in Bezug auf beide Aspekte nicht mit Eigentümlichkeiten der Moral zu tun haben, sondern dass die Wissenschaft – wobei ich hier die formalen Wissenschaften, wie die Mathematik, explizit ausnehme – genau die gleichen Eigentümlichkeiten aufweist.

Zunächst einmal ist hier auf die entsprechenden Überlegungen antidualistischer Philosophen hinzuweisen, die ich im zweiten Teil der Arbeit diskutiert habe.[319] Betrachten wir dazu noch einmal die These, dass moralische Erkenntnis nicht dazu genügt, die zahlreichen moralischen Meinungsverschiedenheiten, die wir in der Welt vorfinden, zu entscheiden. Der Antidualist, so hatten wir gesehen, kann auf diese Behauptung in zweifacher Weise reagieren. Zum einen kann er darauf verweisen, dass sich Moral und Wissenschaft diesbezüglich nicht unbedingt unterscheiden. Auch wissenschaftliche Erkenntnis reicht häufig nicht dazu aus, wissenschaftliche Meinungsverschiedenheiten zu entscheiden. Dass die Vorstellung, es müsse immer ein *experimentum crucis* geben, verfehlt ist, zeigt ein kurzer Blick in die Wissenschaftsgeschichte. Bei dieser Gelegenheit kann man dann gleich feststellen, dass auch wissenschaftliche Meinungsverschiedenheiten nicht gerade eine Seltenheit, sondern eher die Regel sind. Weiterhin kann der Antidualist versuchen, zu zeigen, dass moralische Meinungsverschiedenheiten bei genauerem Hinsehen viel weniger zahlreich sind, als wir zunächst meinen. Häufig besteht eine scheinbar moralische Meinungsverschiedenheit tatsächlich in einer nicht-moralischen Meinungsverschiedenheit, häufig beziehen sich scheinbar verschiedene moralische Ansichten einfach auf verschiedene Fragen.

Zum anderen kann der Antidualist aber auch problemlos zugeben, dass es Unterschiede zwischen Moral und Wissenschaft gibt,

[319] Vgl. S. 118-125.

solange diese nicht für eine grundlegende Verschiedenheit sprechen, und das heißt im vorliegenden Fall: solange daraus nicht abgeleitet werden kann, dass es sich bei moralischer Erkenntnis um etwas ganz anderes handelt als bei wissenschaftlicher Erkenntnis. Um deutlich zu machen, dass bestehende Unterschiede nicht auf eine solche grundlegende Verschiedenheit hindeuten, muss der Antidualist alternative Erklärungsmöglichkeiten für die Unterschiede anbieten. Auch dazu habe ich im Kapitel 2.3 bereits einiges gesagt.

Die antidualistische Strategie ist Erfolg versprechend, soweit sie die Eigentümlichkeiten der Moral nicht leugnet, sondern versucht, entsprechende Eigentümlichkeiten im Bereich der Wissenschaft zu finden. In Bezug auf den zweiten Aspekt der Eigentümlichkeit moralischer Erkenntnis, in Bezug auf die Tatsache also, dass moralische Erkenntnis nicht dazu genügt, die zahlreichen Meinungsverschiedenheiten, die wir vorfinden, zu entscheiden, kann der Antidualist zumeist problemlos auf Gemeinsamkeiten zwischen Moral und Wissenschaft verweisen, und wo das nicht möglich ist, kann er Erklärungen für die Unterschiede finden, die nicht auf der Annahme einer grundlegenden Verschiedenheit zwischen moralischer und wissenschaftlicher Erkenntnis aufbauen. Der Grund dafür, dass ich diesen Teil der antidualistischen Überlegungen im zweiten Teil der Arbeit ausführlicher diskutiert habe, liegt jetzt auf der Hand: Ich teile hier die Ansichten des Antidualisten.

Kommen wir zum anderen Aspekt der Eigentümlichkeit moralischer Erkenntnis, zu der These, dass moralische Erkenntnis weder eindeutig vom Typ empirischer noch eindeutig vom Typ formaler Erkenntnis ist. Antidualisten weisen darauf hin, dass der Eindruck, es handle sich bei moralischer Erkenntnis um etwas ganz Eigentümliches, vor allem deshalb entsteht, weil wir ein viel zu vereinfachtes Bild wissenschaftlicher Erkenntnis vor Augen haben. Die Tatsache, dass wir nicht einfach nachsehen können, welche Handlungsweise richtig und welche falsch ist, findet ihre Entsprechung in der Tatsache, dass wir auch die Ergebnisse der empirischen Wissenschaften nicht durch einfache Beobachtung erhalten. Antidualisten betrachten darum moralische Erkenntnis prinzipiell als eine Form empirischer Erkenntnis.

Tatsächlich weisen Antidualisten völlig zu Recht auf die Komplexität wissenschaftlicher Forschung hin. Das Verhältnis von Beobachtung zu wissenschaftlicher Entdeckung ist alles andere als einfach. Dennoch möchte ich mich der Behauptung, dass es sich bei moralischer Erkenntnis letztlich schlicht um empirische Erkenntnis handelt, nicht anschließen. Ich habe im Kapitel 2.3 bereits auf den Grund dafür hingewiesen: Die These des Antidualisten von der prinzipiellen empirischen Überprüfbarkeit moralischer Überzeugungen hinterlässt ein Unbehagen, das zwar nicht leicht in ein Argument zu verwandeln, das aber auch schwer zu überwinden ist. Die Ursache für dieses Unbehagen liegt letztlich darin, dass wir den gesamten Bereich des Normativen als empirisch unzugänglich betrachten. Wir wissen einfach nicht, was wir uns unter der Beobachtung einer normativen Tatsache vorzustellen haben.[320] Dieser Tatsache kann ich mit meiner Theorie Rechnung tragen. Anders als der Antidualist verfolge ich nämlich auch in Bezug auf die Eigentümlichkeit moralischer Erkenntnis keine »gemischte Strategie«. Ich werde darum nicht leugnen, dass moralische Erkenntnis weder von der Art empirischer noch von der Art formaler Erkenntnis ist. Ich möchte vielmehr im Folgenden dafür argumentieren, dass dasselbe auch für (nicht-formal-) wissenschaftliche Erkenntnis gilt.

Zu diesem Zweck ist daran zu erinnern, worin wissenschaftliche Erkenntnis (im engeren Sinn) besteht. Die Wissenschaft sagt uns nicht einfach, was der Fall ist – das könnten wir (jedenfalls teilweise) durch (mehr oder minder) direkte Beobachtung in Erfahrung bringen. Vielmehr versucht der Wissenschaftler, geleitet von seinem Interesse an Erklärungen und Vorhersagen, herauszufinden, welche *Gesetze* in der Welt gelten beziehungsweise was die *natürlichen Arten* sind etc. Bei welchen Tatsachen es sich um Gesetze handelt und welche Eigenschaften als »natürlich« bezeichnet werden sollten, können wir jedoch prinzipiell nicht einfach beobachten. Wir können sehen, dass ein vorliegender Smaragd grün ist, aber wir können weder sehen, dass wir es bei der Tatsache, dass dieser Smaragd grün ist, mit der Instantiierung eines Gesetzes zu tun haben, noch dass grün zu sein hier eine natürliche Eigenschaft ist. Ein gruer Smaragd sieht zunächst genauso aus wie ein grüner Smaragd. Wir können deshalb nicht *sehen*, dass er grün und nicht grue ist. Völlig analog verhält es sich im Hinblick auf unsere anderen

320 Vgl. S. 121, 122. Es sei hier auch noch einmal an die entsprechenden Überlegungen Mackies erinnert. Vgl. S. 58-61.

Sinnesorgane: Keines davon ist in der Lage dazu, Instantiierungen von Gesetzen oder natürliche Arten *als solche* zu erkennen. Daraus folgt aber, dass wissenschaftliche Erkenntnis nicht eindeutig vom Typ empirischer Erkenntnis sein kann.[321]

Man wird aber auch nicht sagen wollen, dass es eine formale, vielleicht begriffliche Erkenntnis ist, dass eine bestimmte Tatsache ein Gesetz instantiiert beziehungsweise dass ein Objekt einer natürlichen Art angehört. Der Wissenschaftler findet nicht durch Begriffsanalyse oder formale Deduktion heraus, welche Gesetze in der Welt gelten – jedenfalls nicht nur. Natürlich ist es auch in den nicht-formalen Wissenschaften häufig notwendig, Begriffe zu klären. Und manche Naturgesetze entdeckt man vielleicht durch Ableitung aus grundlegenderen Naturgesetzen. Aber all das hebt den Unterschied zwischen den Formalwissenschaften und den empirischen Wissenschaften sicherlich nicht auf. Beobachtung spielt für Letztere eine Rolle und für Erstere nicht. Also kann man jedenfalls auch sagen: (Nicht-formal-) wissenschaftliche Erkenntnis ist nicht eindeutig vom Typ formaler Erkenntnis.

Insgesamt kommen wir also tatsächlich zu dem Schluss, dass (nicht-formal-) wissenschaftliche Erkenntnis weder eindeutig von der Art empirischer noch eindeutig von der Art formaler Erkenntnis ist. Und das sollte uns nach den Überlegungen der beiden letzten Kapitel auch nicht weiter verwundern. Der Grund dafür, dass wir in Schwierigkeiten geraten, wenn wir versuchen, die Frage zu klären, wie wir zu wissenschaftlichen Erkenntnissen kommen, ist genau der gleiche wie im moralischen Fall: Die Tatsache, dass etwas ein Gesetz ist beziehungsweise dass eine Eigenschaft eine natürliche Eigenschaft ist, impliziert das Vorliegen von Gründen (für Vorhersagen). Da wir es auch hier mit intrinsisch normativen Wahrheiten zu tun haben – das war die Eigentümlichkeit wissenschaftlicher Wahrheit –, sollten wir, was die Frage der Beobachtbarkeit angeht, ganz genau das gleiche Unbehagen haben, wie wir es im Fall moralischer Wahrheiten hatten. Die intrinsische Normativität moralischer Wahrheit führt dazu, dass »moralische Beobach-

---

321 Man sieht hier auch, warum meine Theorie nicht für den oben, S. 121, angesprochenen Einwand von Harman anfällig ist: Moralische Eigenschaften haben sicherlich nicht weniger Erklärungskraft in Bezug auf unsere Beobachtungen als die Eigenschaften, gesetzesartig oder natürlich zu sein.

tung« nicht einfach eine Form von Beobachtung sein kann. Die intrinsische Normativität wissenschaftlicher Wahrheit führt dann aber in gleicher Weise dazu, dass auch »wissenschaftliche Beobachtung« nicht einfach eine Form von Beobachtung sein kann. Die wissenschaftstheoretischen Überlegungen, auf die auch der typische Antidualist verweist, spiegeln diese Einsicht wider: Das Verhältnis zwischen wissenschaftlicher Erkenntnis und Beobachtung ist gerade deshalb so kompliziert, weil es sich bei wissenschaftlicher Erkenntnis nicht einfach um die Erkenntnis von nicht-normativen Fakten handelt.

Wir können darum festhalten, dass auch in Bezug auf den Aspekt der Erkenntnis eine Entsprechung zwischen Moral und Wissenschaft zu finden ist:

> *Dritte Eigentümlichkeit der Wissenschaft*: Wissenschaftliche Erkenntnis ist weder eindeutig empirischer noch eindeutig formaler Art und genügt (häufig) nicht zur Entscheidung der (zahlreichen) tatsächlich vorhandenen Meinungsverschiedenheiten.[322]

Auf Grundlage der Analogie zwischen moralischer und wissenschaftlicher Erkenntnis sind wir nun auch in der Lage dazu, die Frage zu beantworten, die uns überhaupt erst dazu brachte, den Status der Moral zu überdenken. Wir hatten ja mit der Feststellung begonnen, dass uns die Frage nach der Objektivität der Moral deshalb so naheliegt, weil sie sich aus unserem praktischen Interesse an der Natur moralischer Erkenntnis ergibt. Wir wollten herausfinden, wie wir vorgehen müssen, wenn wir nicht wissen, was wir tun sollen, beziehungsweise wenn wir uns mit anderen uneins über die richtige Handlungsweise sind. Die Überlegungen dieses Kapitels liefern den geeigneten Ansatzpunkt für ein besseres Verständnis moralischer Erkenntnis. Wenn nämlich wissenschaftliche Erkenntnis prinzipiell von der gleichen Art ist wie moralische Erkenntnis, dann können wir an der Art und Weise, wie der Wissenschaftler zu seinen Ergebnissen kommt, auch die Natur moralischer Erkennt-

[322] Ob wir tatsächlich wie im Fall der Moral von »häufig« und »zahlreich« sprechen können oder ob diesbezüglich wirklich ein gewisser Unterschied zwischen Moral und Wissenschaft vorliegt, kann offen bleiben, da hier jedenfalls keine grundlegende Verschiedenheit besteht.

nis ablesen.[323] Betrachten wir dazu nochmals unser Beispiel wissenschaftlicher Erkenntnis, das grue-Beispiel.

Woher weiß der Wissenschaftler, dass aus der Farbe beobachteter Smaragde auf die Farbe nicht-beobachteter Smaragde geschlossen werden kann, mit anderen Worten: Woher weiß der Wissenschaftler, dass es sich bei der Farbe von Smaragden um eine natürliche Eigenschaft handelt? Wir könnten sagen, dass der Wissenschaftler hier nur grundlegendere Erkenntnisse anwendet. Er weiß beispielsweise, dass die Farbe eines Körpers durch seine physikalische Oberflächenbeschaffenheit (und die Lichtverhältnisse) bestimmt wird und dass Smaragde eine ganz bestimmte chemische (und physikalische) Struktur aufweisen, welche die Oberflächenbeschaffenheit festlegt. Ein Smaragd weist also dieselben Oberflächeneigenschaften wie alle anderen auf. Wenn ich einen von ihnen gesehen habe, habe ich darum alle gesehen.

Diese komplizierte Erklärung wirkt in dem einfachen Beispiel vielleicht übertrieben, ist aber für den allgemeinen Fall durchaus typisch. Welche Eigenschaft in einem bestimmten Beispiel als natürlich angesehen werden kann, wissen wir immer nur vor dem Hintergrund zahlreicher anderer Überzeugungen, die wir voraussetzen. Auch im Smaragd-Beispiel lässt sich das einfach deutlich machen: Wir würden aus der Tatsache, dass die vorliegenden Smaragde grün sind, beispielsweise keineswegs schließen, dass auch nicht-beobachtete Smaragde grün sind, wenn sie auf 1000 Grad Celsius erhitzt worden sind. Der Grund dafür ist, dass wir eine Menge über die Eigenschaften von Körpern und deren Veränderung wissen. Angesichts *dieses* Wissens erkennen wir, welche Beobachtungen uns in einem konkreten Fall Grund zu welchen Vorhersagen geben.[324]

Diese Beschreibung kann unmittelbar auf den Fall moralischer Erkenntnis übertragen werden. Auch dort können wir erkennen, was zu tun das Richtige ist beziehungsweise welche Eigenschaften

323 Zur Vorstellung, dass in der Ethik so wie in der empirischen Wissenschaft geforscht werden soll beziehungsweise kann, vgl. auch Nagel »The Fragmentation of Value«.

324 Vgl. dazu Jackson/Pargetter »Confirmation and the Nomological«, Chiharas Behandlung des grue-Paradoxes von einem Bayesianischen Standpunkt aus: Chihara »Quine and the Confirmational Paradoxes« sowie Goodmans Theorie der Fortsetzbarkeit in *Fact, Fiction, and Forecast*, 4. Kapitel.

gut sind, wenn wir grundlegendere Überlegungen über das Richtige und Gute ins Spiel bringen. Und das ist die Art und Weise, wie wir die meisten konkreten moralischen Erkenntnisse gewinnen.

Dennoch verschiebt diese Erklärung wissenschaftlicher (und damit auch moralischer) Erkenntnis nur das Problem, denn sie läuft ja darauf hinaus, dass man nur dann erkennt, welche Tatsachen Gesetze instantiieren beziehungsweise welche Eigenschaften natürlich sind, wenn man bereits über die Kenntnis grundlegenderer Gesetze beziehungsweise grundlegenderer natürlicher Eigenschaften verfügt. Und unsere Frage war ja, wie man *überhaupt* Erkenntnisse dieser Art gewinnt.

Aber auch das lässt sich an unserem Beispiel deutlich machen, wenn wir es noch weiter vereinfachen. Stellen wir uns vor: Wir haben keinerlei physikalisches, chemisches etc. Hintergrundwissen, und wir sehen eine grüne Gurke. Wir könnten auch an ein Kind denken, das seine erste grüne Gurke sieht. Da es eine wissenschaftliche Tatsache ist, dass die Eigenschaften, eine Gurke zu sein und grün zu sein, (wenn auch nicht in sehr grundlegender Weise) natürliche Eigenschaften sind, sind wir (und beispielsweise auch das Kind) objektiv betrachtet dazu berechtigt, vorherzusagen, dass die Gurke (unter normalen Umständen) auch noch in einer Minute grün sein wird. Und diese Erwartung haben wir (und das Kind) auch. Wir wären sehr überrascht, wenn die Gurke plötzlich die Farbe ändern würde. Die Gurke ist aber (derzeit) auch grue.[325] Aber da grue zu sein keine natürliche Eigenschaft ist, sind wir nicht dazu berechtigt, vorherzusagen, dass die Gurke in einer Minute blau sein wird. Und diese Vorhersage machen wir auch nicht. Woher wissen wir, was zu erwarten wir berechtigt sind? Woher wissen wir, dass grün zu sein, aber nicht grue zu sein eine natürliche Eigenschaft ist? Welchen Zugang haben wir zu dieser Wahrheit?

Die Antwort lautet schlicht: *So* fassen wir die Welt auf. Und wenn wir Glück haben, fassen wir die Welt richtig auf. Das Kind betrachtet die Gurke *natürlicherweise* als grün und nicht als grue. Es hegt nicht die Erwartung, dass die Gurke ihre Farbe aus heiterem Himmel ändert (um ihre Grueheit beizubehalten). Wäre das nicht so, könnte es unsere Sprache nicht erlernen. Es würde unsere sprachlichen Be-

[325] Ich nehme an, dass »grue« hier mit einem Zeitpunkt definiert ist, der unmittelbar nach dem Beobachtungszeitpunkt liegt.

lehrungen falsch auffassen.[326] Ausgangspunkt für jede wissenschaftliche Erkenntnis ist darum unsere ursprüngliche Auffassung davon, welche Eigenschaften natürlich beziehungsweise welche Tatsachen Instantiierungen von Gesetzen sind. Hätten wir keine solchen natürlichen Auffassungen, so *könnte* es keine Wissenschaft geben. Andererseits *muss* es (zumindest in einer rudimentären Form) Wissenschaft geben, denn unsere ursprünglichen Auffassungen darüber, welche Eigenschaften natürlich sind und welche nicht, geraten sehr schnell in Konflikt miteinander. Im Lichte neuer Beobachtungen erscheint uns das, was vorher natürlich aussah, plötzlich als sehr unnatürlich. Unsere Erwartungen werden ja oft genug enttäuscht. Dann liegt es nahe, einige unserer anfänglichen Auffassungen davon, was natürlich ist und was nicht, aufzugeben oder zu revidieren.[327] Auf diese Weise erzeugen wir nach und nach ein Bild der Welt, und die Wissenschaft ist letztlich nichts anderes als die konsequente Fortführung dieses Projekts. Beobachtungen, insbesondere gezielt ausgeführte Experimente, helfen uns dabei, unsere anfänglichen Vorstellungen vom gesetzmäßigen Aufbau der Welt zu ergänzen und zu berichtigen. Wie auch der typische Antidualist zu Recht betont, geht es in der Wissenschaft hauptsächlich darum, unser Überzeugungssystem in ein Überlegungsgleichgewicht (»reflective equilibrium«) zu bringen.[328]

---

326 An dieser Stelle könnte ein Regelfolgenskeptiker natürlich ansetzen. Vgl. dazu Kripke *Wittgenstein on Rules and Private Language*. Auf die skeptische Herausforderung komme ich am Ende des Kapitels noch zu sprechen.

327 Eine enttäuschte Erwartung *zwingt* uns jedoch niemals, die Überzeugung aufzugeben, dass eine bestimmte Eigenschaft natürlich ist. Wir können eine solche Überzeugung immer durch mehr oder minder ad hoc gemachte Zusatzannahmen retten. Hier liegt eines der grundlegenden Probleme für Poppers Theorie der Falsifikation: Die Überzeugung, dass etwas ein Naturgesetz ist, lässt sich ebenso wenig ein für alle Mal falsifizieren wie verifizieren.

328 Grundlegend, aber nicht allein ausschlaggebend, ist hier die Konsistenzforderung. Worin Konsistenz bei graduellen Überzeugungen besteht, lässt sich auf Grundlage des Bayesianismus erklären. Vgl. dazu Howson *Hume's Problem*. Mit der Bedeutung der Erklärungsbeziehung für ein System im Überlegungsgleichgewicht beschäftigt sich beispielsweise Bartelborth. Vgl. Bartelborth *Begründungsstrategien*, vor allem Kapitel IV.

Dazu müssen wir immer wieder auch unsere Begriffe neuen Erfordernissen anpassen. Besonders in Anbetracht sogenannter »Anomalien« innerhalb der wissenschaftlichen Forschung kommt es auch zu tief greifenden begrifflichen Veränderungen, weil diese Anomalien im Rahmen der vorhandenen begrifflichen Möglichkeiten nicht aufgelöst werden können.[329] Beobachtung und Begriffsbildung treten im Zuge wissenschaftlicher Forschung also in ein Wechselspiel, und deshalb ist es nicht verwunderlich, dass wir wissenschaftliche Erkenntnis weder eindeutig als empirisch noch eindeutig als formal beziehungsweise begriffsanalytisch identifizieren konnten.

Diese Einsichten lassen sich unmittelbar auf den Fall moralischer Erkenntnis übertragen. Auch hier ist unser Ausgangspunkt unsere natürliche Auffassung davon, was richtig ist beziehungsweise welche Eigenschaften der Welt gut sind. Bestimmte Eigenschaften der Welt motivieren uns *natürlicherweise* zu Handlungen, so wie bestimmte Eigenschaften der Welt uns natürlicherweise zu bestimmten Erwartungen motivieren. Und wie im wissenschaftlichen Fall passiert es uns auch in der Moral, dass sich unsere anfänglichen Auffassungen vom Richtigen und Guten im Lichte neuer Beobachtungen als unnatürlich erweisen. Sie geraten in Widerspruch mit dem, was wir angesichts der neuen Erfahrungen für richtig und gut halten. Auch hier versuchen wir, unsere Überzeugungen in ein Überlegungsgleichgewicht zu bringen.[330] So machen wir uns nach und nach ein Bild der Welt unter moralischen Gesichtspunkten. Und damit ist nicht nur ein Bild der Welt im Großen und Ganzen gemeint. Vielmehr geht es vor allem darum, die eigene Welt, das heißt die Welt aus der Perspektive des eigenen Lebens (im weiteren Sinn) moralisch zu verstehen. Wir entwickeln im Lauf des Lebens nicht nur eine Vorstellung davon, was grundlegend und im Allge-

---

329 Vgl. dazu vor allem Kuhn *The Structure of Scientific Revolutions*.

330 Im Zusammenhang mit moralischen Überzeugungen hat vor allem Rawls den Begriff des Überlegungsgleichgewichts in die philosophische Debatte eingebracht. Vgl. Rawls *A Theory of Justice*, S. 20f, 48-51, sowie Daniels »Wide Reflective Equilibrium and Theory Acceptance in Ethics«. Zur These, dass der Begriff des Überlegungsgleichgewichts für Wissenschaft und Moral von vergleichbarer Bedeutung ist vgl. Elgin »The Relativity of Fact and the Objectivity of Value«.

meinen richtig und falsch ist, sondern auch davon, was für uns selbst und im Besonderen die richtigen und falschen Wege sind.[331]

Dazu müssen wir auch unsere moralischen Begriffe immer neuen Erfordernissen anpassen. Beobachtung und Begriffsbildung treten wie im Fall der Wissenschaft in ein Wechselspiel. Wenn wir versuchen, herauszufinden, was eigentlich gerecht ist, sind wir in einer ganz ähnlichen Situation wie der Biologe, der versucht, herauszufinden, was eigentlich ein Wal ist. Wie dieser beginnen wir mit einem natürlichen Verständnis des Begriffs, das daher kommt, dass wir bestimmte Beobachtungen in bestimmter Weise auffassen. Im Lichte neuer Beobachtungen konkretisieren und verändern wir aber unser Verständnis. Der Biologe geht vielleicht von der Vorstellung aus, dass Wale Fische sind. Aber in Anbetracht dessen, was er über Wale und andere Fische herausfindet, kommt er zu dem Schluss, dass man Wale doch eher zu den Säugetieren rechnen sollte, wenn man wissenschaftliche Erklärungen und Vorhersagen haben möchte. Ähnlich gehen wir vielleicht von der Vorstellung aus, dass es gerecht ist, jedem das Gleiche zu geben. Aber in Anbetracht dessen, was wir über die Verschiedenheiten der Menschen und ihre Bedürfnisse erfahren, kommen wir zu dem Schluss, dass wir doch eher etwas anderes als »gerecht« bezeichnen sollten. In beiden Fällen geht es nicht um rein semantische Begriffsanalyse, aber auch nicht um rein empirische Beobachtung, sondern um den wechselseitigen Abgleich von Beobachtung und Begriffsbildung. Leitend ist dabei im einen Fall das Ziel, eine wissenschaftlich relevante Beschreibung der Welt zu finden, also eine, an der wir unsere Vorhersagen (und Erklärungen) ausrichten können. Im anderen Fall suchen wir eine moralisch relevante Beschreibung der Welt, also eine, an der wir unser Handeln orientieren können.

Im Rahmen unserer moralischen »Forschung« stoßen wir ebenso wie bei unseren wissenschaftlichen Untersuchungen manchmal auf Anomalien. Wir stellen fest, dass eine bestimmte Situation mit den begrifflichen Ressourcen, die uns zur Verfügung stehen, nicht angemessen erfasst werden können. Ein typisches Beispiel aus der Wissenschaft ist eine Anomalie, die sich vor Entwicklung der Quantenphysik bei der Beschreibung der sogenannten schwar-

---

[331] Vgl. dazu auch Millgram »Pleasure in Practical Reasoning« und ders. *Practical Induction.*

zen Strahlung ergeben hatte.[332] Man stellte fest, dass die Intensitätsverteilung dieser Strahlung bei hohen Frequenzen sehr gut durch ein Gesetz beschrieben wird (das Wiensche Strahlungsgesetz), das aber bei niederen Frequenzen völlig falsche Ergebnisse liefert. Bei niederen Frequenzen wird die Verteilung jedoch sehr gut durch ein anderes Gesetz (das Rayleigh-Jeans-Gesetz) beschrieben, das bei hohen Frequenzen völlig versagt (»Ultraviolett-Katastrophe«). Erst nachdem man grundlegende Annahmen der klassischen Physik aufgegeben hatte, konnte man ein Gesetz ableiten, dass die ganze Verteilung korrekt wiedergibt – das Plancksche Strahlungsgesetz. Dazu musste man aber den Begriff der Energie radikal verändern: Energie gibt es nach dem neuen Verständnis nur in gequantelter Form.

Das Beispiel kann als Illustration von Problemen dienen, mit denen wir im Fall der Moral konfrontiert sind. Auch hier stellen wir manchmal fest, dass bestimmte Fragen mit den begrifflichen Ressourcen, die wir zur Verfügung haben, nicht angemessen behandelt werden können. Denken wir an die Diskussion um den Schwangerschaftsabbruch, die ich bereits im Kapitel 1.1 als Beispiel gewählt habe. Sowohl für die Überzeugung, dass das Recht auf Leben Vorrang genießt, als auch für die Überzeugung, dass das Selbstbestimmungsrecht der Frau wichtiger ist, gibt es klare Anwendungsfälle.[333] Aber bei der Frage des Schwangerschaftsabbruchs ist gerade der Bereich entscheidend, in dem beide miteinander in Konflikt geraten. Letztlich weiß hier niemand genau, wie er die Situation deuten soll – Unterschiede zwischen den ernsthaften Diskussionsteilnehmern bestehen hauptsächlich darin, wo für sie der »Graubereich« beginnt. In diesem Graubereich ist es, jedenfalls auf den ersten Blick, nicht etwa so, dass beide Werte einfach gleiches Gewicht haben – dann wäre es gleichgültig, wie man sich entscheidet.[334] Vielmehr haben wir das Gefühl, dass unter bestimmten Umständen *jede* Ent-

---

[332] Zum physikalischen Hintergrund des Folgenden vgl. beispielsweise Gasiorowicz *Quantenphysik*, S. 13-19. Zur Entwicklung der Quantentheorie vgl. Jammer *The Conceptual Development of Quantum Mechanics*.

[333] Ich vereinfache die Debatte um den Schwangerschaftsabbruch hier wieder radikal.

[334] Die Änderung gewisser normativer Vorstellungen kann aber meines Erachtens durchaus dazu führen, dass wir die Situation so beurteilen.

scheidung falsch ist. Solche Situationen werden in der Moralphilosophie unter dem Stichwort »moralische Dilemmata« diskutiert.[335] Es liegt nahe, moralische Dilemmata als Anomalien unserer gegenwärtigen Moral zu deuten. Vielleicht lassen sich solche Situationen letztlich nur angemessen moralisch deuten, nachdem wir eine grundlegende Veränderung unserer Begriffe, und das heißt: unserer ganzen Sichtweise, vorgenommen haben.

Dass eine solche begriffliche Umorientierung moralische Probleme lösen kann, zeigen historische Fälle. Ein Beispiel aus der jüngeren Vergangenheit wäre etwa die Beurteilung vorehelicher Beziehungen. Auch hier standen sich zwei Wertüberzeugungen gegenüber, die klare Anwendungsfälle hatten, jedoch in bestimmten Situationen zu fundamentalen moralischen Konflikten führten. Auf der einen Seite ging es, vereinfacht gesagt, wiederum um das Recht auf freie Entfaltung der Persönlichkeit, auf der anderen Seite um Vorstellungen über zwischengeschlechtliches Wohlverhalten. Letztere waren (unter anderem) von der Überzeugung geprägt, dass Keuschheit (vor der Ehe) einen Wert darstellt. Entsprechend kam es über lange Zeit zu schwerwiegenden Konflikten. (Noch in den fünfziger Jahren wurde beispielsweise eine Frau, die es ihrer zwanzigjährigen Tochter und deren Verlobtem erlaubte, im Zimmer der Tochter zu übernachten, wegen Kuppelei verurteilt.[336]) Heute gibt es diese Form von Konflikt bei uns (beinahe) nicht mehr. Und das ist nicht darauf zurückzuführen, dass wir keine moralischen Vorstellungen mehr über zwischengeschlechtliches Wohlverhalten hätten. Vielmehr sind wir (oder doch die meisten von uns) davon abgerückt, dem Begriff der Keuschheit in diesem Zusammenhang zentrale Bedeutung beizumessen. So wie wir eine Lösung für das Plancksche Strahlungsproblem gefunden haben, indem wir eine tief liegende Überzeugung über die Natur der Energie aufgegeben (und damit den Begriff der Energie selbst verändert) haben, so haben wir hier eine Lösung für ein praktisches Problem gefunden, indem wir eine tief liegende Überzeugung über die Natur zwischengeschlechtlichen Wohlverhaltens aufgegeben (und damit auch diesen Begriff verändert) haben. Und in beiden Fällen stel-

[335] Vgl. dazu Gowans *Moral Dilemmas* sowie Mason *Moral Dilemmas and Moral Theory*.

[336] Vgl. BGHSt 6, 46. Die Straftatbestände der »Förderung der Unzucht« (§§ 180, 181 StGB a. F.) wurden erst 1974 aufgehoben.

len wir fest, dass es denjenigen, die mit der alten Vorstellung aufgewachsen sind, sehr schwer fällt, von dieser Vorstellung Abstand zu nehmen.[337]

Im moralischen Alltag geht es (zum Glück) gewöhnlich nicht um Entscheidungen, die unsere moralischen Begriffe grundlegend in Frage stellen. Häufig liefert hier unsere »moralische Theorie« ein eindeutiges Ergebnis. Und wenn nicht, besteht das Problem meistens nicht darin, dass wir mit einer moralischen Anomalie (einem moralischen Dilemma) konfrontiert sind, sondern eher darin, dass eine Situation zu komplex und unübersichtlich ist, um eindeutig moralisch beurteilt werden zu können. Was uns fehlt, ist hier nicht die moralische Theorie, sondern die Fähigkeit, diese Theorie auf einen konkreten Fall anzuwenden. Aber auch diese Schwierigkeit hat ihre Entsprechung in der Wissenschaft. Das Problem des Meteorologen besteht weniger darin, dass er nicht weiß, wie das Wetter entsteht. Vielmehr ist es hier besonders schwierig, alle relevanten Faktoren zu berücksichtigen. Wir haben es mit einem Problem der Anwendung zu tun. Ebenso sind auch die meisten Physiker nicht damit beschäftigt, neue Gesetze zu entdecken, sondern damit, als bekannt vorausgesetzte Gesetze und Prinzipien auf noch unverstandene Situationen anzuwenden.[338]

---

[337] Kuhn vertritt die Auffassung, dass ein wesentlicher Faktor beim Wechsel wissenschaftlicher Paradigmen das Aussterben der Vertreter des alten Paradigmas ist. Im Fall des Wechsels moralischer Paradigmen ist dieser Faktor besonders wichtig, da es uns noch schwerer fällt, von moralischen Vorstellungen, die wir lange hatten (und an denen wir unser Leben ausgerichtet haben), Abstand zu nehmen, als von wissenschaftlichen Vorstellungen. Vgl. dazu Kuhn *The Structure of Scientific Revolutions*, vor allem 12. Kapitel. Dass das Kuhnsche Bild der Wissenschaftsentwicklung hier besonders gut passt, ist nicht verwunderlich, wählt doch Kuhn seinerseits *politische* (und damit häufig partiell moralische) Umbrüche als Vergleichsobjekt.

[338] Im Hintergrund steht hier Kuhns Unterscheidung zwischen revolutionärer und normaler Wissenschaft. Vgl. wiederum Kuhn *The Structure of Scientific Revolutions*. In Analogie dazu könnte man auch von revolutionärer und normaler moralischer Forschung sprechen. Und das wäre nicht zuletzt deshalb angemessen, weil es bei »echten«, also politischen Revolutionen tatsächlich häufig auch um einen moralischen Begriffswandel geht.

Ob wir es bei einem bestimmten Fall mit einer echten Anomalie zu tun haben, die von uns die Änderung unserer moralischen Begriffe verlangt, oder ob der Fall nicht doch nach bekannten Mustern behandelt werden kann (und wenn ja, dann wie), ist eine Frage »moralischer Forschung«. Solche Forschung wird nicht nur in der allgemeinen und angewandten (normativen) Ethik betrieben, sondern auch in Bundestagsausschüssen, in Krankenhäusern und sogar am Stammtisch.[339] Auch viele Werke der Kunst können (teilweise) als Beitrag zur Klärung moralischer Fragen verstanden werden. Besonders literarische Werke enthalten oft »moralische Gedankenexperimente«, die eine ähnliche Funktion übernehmen können wie Gedankenexperimente in der Wissenschaft.[340] Die Art und Weise, wie wir in moralischen Fragen zu Erkenntnissen kommen, unterscheidet sich letztlich nicht grundlegend von der Art und Weise, wie wir in wissenschaftlichen Fragen zu Erkenntnissen kommen. Dementsprechend sollte es uns nicht allzu sehr wundern, dass Ergebnisse oft ausbleiben und dass man von Ergebnissen, die man erhält, oft nicht genau sagen kann, mit welcher Methode man sie eigentlich erhalten hat.

Halten wir fest: Die Beobachtung, dass moralische Erkenntnis von der gleichen Art ist wie wissenschaftliche Erkenntnis, ist nicht nur der letzte Schritt zur Auflösung des Trilemmas der Moral. Sie hilft auch, die praktisch relevante Frage, von der diese Untersuchung ihren Ausgang genommen hat, nämlich die Frage nach der Natur moralischer Erkenntnis, zu beantworten.

Damit ist allerdings nicht gezeigt, dass wir tatsächlich moralisches Wissen besitzen. All unsere Erkenntnis ist von der skeptischen Herausforderung bedroht. Der Skeptiker zeichnet sich vor allem dadurch aus, dass er unser Wissen in einem bestimmten Be-

---

339 Ich habe oben, S. 20, darauf hingewiesen, dass wir uns für die Frage der richtigen Bewertung einer Handlung nicht nur interessieren, wenn es um unsere eigenen Entscheidungen geht. Dieses Interesse deute ich als Interesse an moralischer Forschung. Und für diese interessieren wir uns vor allem, weil ihre Ergebnisse jederzeit für uns selbst relevant werden können.

340 Nicht zufällig stammen viele Beispiele, die im Zusammenhang mit dem Phänomen moralischer Dilemmata diskutiert werden, aus der Literatur: von *Antigone* bis *Sophie's Choice.*

reich *auf einmal* in Frage stellt.[341] So fragt beispielsweise der Außenweltskeptiker, welchen Grund wir haben, überhaupt irgendetwas über die Außenwelt zu glauben, der Vergangenheitsskeptiker, welchen Grund wir haben, überhaupt irgendetwas über die Vergangenheit zu glauben, der Skeptiker in Bezug auf den Geist anderer Menschen, welchen Grund wir haben, überhaupt irgendetwas über Fremdpsychisches zu glauben etc. Entsprechend fragt der Induktionsskeptiker, welchen Grund wir haben, überhaupt irgendetwas über Zukünftiges und damit über Gründe für Vorhersagen beziehungsweise Gesetze beziehungsweise natürliche Arten zu glauben. Völlig analog könnte der moralische Skeptiker fragen, welchen Grund wir dafür haben, überhaupt irgendeine moralische Überzeugung für wahr zu halten. Und es sieht ganz so aus, als müssten wir jedes Mal einräumen, dass wir keine Gründe für *all* unsere Überzeugungen aus einem Bereich auf einmal haben – woher sollten wir sie auch nehmen?

Ob es dem Skeptiker gelingt, auf diese Weise zu zeigen, dass wir letztlich kein Wissen über die Außenwelt, die Vergangenheit, Fremdpsychisches, die Zukunft (also auch über Gesetze und natürliche Arten) etc. und über richtiges Handeln haben, ist eine erkenntnistheoretische Frage, die hier nicht mein Thema ist.[342] Im vorliegenden Zusammenhang genügt es, darauf zu verweisen, dass in Bezug auf die skeptische Herausforderung *alle* Bereiche des Wissens *gleich* problematisch sind. Insbesondere ist das Phänomen moralischer Erkenntnis nicht problematischer als unsere Erkenntnis in irgendeinem anderen Bereich.

341 Darauf hat vor allem Stroud hingewiesen. Vgl. Stroud »Understanding Human Knowledge in General«.

342 An anderer Stelle argumentiere ich für die These, dass es dem Skeptiker *nicht* gelingt, all unser Wissen in Frage zu stellen. Vgl. *Das Problem des Wissens.* Dort diskutiere ich die skeptische Herausforderung am Beispiel der Außenweltskepsis. Diese Überlegungen lassen sich jedoch meines Erachtens auch auf die Induktionsskepsis und auf die moralische Skepsis übertragen.

Ein neues Rätsel der Moral?

Die Überlegungen der drei vorangegangenen Kapitel sollten deutlich machen, dass wir zu Unrecht glauben, die Moral sei von ganz anderer Art als die Wissenschaft. Tatsächlich ist wissenschaftliche Wahrheit ebenso wie moralische Wahrheit intrinsisch normativ: Beide implizieren Wahrheiten über Gründe, also über Ansprüche an unsere Vernunft. Entsprechend sind wissenschaftliche und moralische Überzeugungen für den rationalen Menschen gleichermaßen motivierend. Und auch die Art der Erkenntnis unterscheidet Wissenschaft und Moral nicht grundlegend. Dass wir diese Gemeinsamkeiten leicht übersehen, liegt daran, dass wir nur einen bestimmten Aspekt wissenschaftlicher Urteile vor Augen haben, wenn wir sie mit moralischen Urteilen vergleichen. Wir denken nur daran, dass wissenschaftliche Urteile eine (wahre oder falsche) Beschreibung der Welt geben, aber wir übersehen, dass der Wissenschaftler vor allem herausfinden möchte, welche Zusammenhänge in der Welt gesetzmäßige Zusammenhänge beziehungsweise welche Eigenschaften natürliche Eigenschaften sind. Nur auf dieser Grundlage kann er Erklärungen geben und Vorhersagen machen. Und darauf kommt es ihm an.

Führen diese Beobachtungen zur Lösung des Rätsels der Moral? Auf den ersten Blick ist das offenbar der Fall. Das Rätsel der Moral, so hatte ich gesagt, besteht darin, dass wir drei Aussagen für wahr halten, die nicht zugleich wahr sein können. Jetzt haben wir gesehen, dass tatsächlich eine dieser Aussagen falsch ist. Und wir haben auch eine Erklärung dafür, warum wir sie für wahr gehalten haben: Ein falsches (beziehungsweise oberflächliches) Bild der Wissenschaft liegt der Vorstellung zugrunde, die Wissenschaft sei von ganz anderer Art als die Moral. Insbesondere habe ich gezeigt, dass die Gründe, die für eine grundlegende Verschiedenheit von Moral und Wissenschaft zu sprechen scheinen, keine guten

Gründe sind, sondern auf Missverständnissen im Hinblick auf die Natur der Wissenschaft beruhen. Dennoch konnten die Schwierigkeiten vermieden werden, in die der Antidualist typischerweise gerät, weil er eine gemischte Strategie verfolgt. Bei meinem Ansatz wurde nämlich keine der Eigenschaften der Moral, die wir ihre Eigentümlichkeiten genannt hatten, geleugnet. Soweit ist das Rätsel also gelöst.

Allerdings ist diese Lösung noch nicht wirklich befriedigend, denn in Anbetracht der Überlegungen des dritten Teils dieser Arbeit möchte man vielleicht einen Schritt zurückgehen und das Rätsel der Moral neu formulieren. Der Grund dafür, dass wir bisher das Verhältnis von Moral und *Wissenschaft* ins Visier genommen haben, war ja, dass die Wissenschaft uns als Musterbeispiel für einen Bereich galt, der Objektivität beanspruchen kann. Wenn aber die Wissenschaft bei genauerer Betrachtung all die Eigentümlichkeiten aufweist, die uns an der Moral beunruhigen, dann wollen wir vielleicht nicht länger behaupten, dass die Wissenschaft in paradigmatischer Weise Anspruch auf Objektivität erheben kann. Die Rolle des Paradigmas für Objektivität könnte stattdessen der *Bereich des rein Faktischen*, wie wir ihn nennen könnten, übernehmen, also der Bereich alltäglicher, nicht-wissenschaftlicher Urteile über die Welt. Das Rätsel der Moral hätten wir dann von Anfang an folgendermaßen formulieren sollen:

(1) Die Moral kann Objektivität beanspruchen.
(2) Die Moral ist von ganz anderer Art als der Bereich des rein Faktischen.
(3) Nur was von der gleichen Art ist wie der Bereich des rein Faktischen, kann Anspruch auf Objektivität erheben.

Die Überlegungen des dritten Teils dieser Arbeit sind auf den Bereich des rein Faktischen nicht anwendbar. Ich bin ja davon ausgegangen, dass wir im Hinblick auf wissenschaftliche Urteile zwei »Anteile« unterscheiden können: (1) einen rein faktischen Anteil, der uns sagt, dass etwas der Fall ist, und (2) einen rein wissenschaftlichen Anteil, der uns sagt, dass das gesetzesartig ist. Die Analogie zwischen Wissenschaft und Moral beruht gerade auf dem zweiten

Anteil. Sehen wir von ihm ab, um zum Bereich des rein Faktischen zu gelangen, so verschwindet die Analogie.

Man könnte versuchen, den Ansatz zu retten, indem man die Grenzen zwischen dem Bereich des rein Faktischen und der Wissenschaft verwischt. Dazu müsste man etwa die Möglichkeit einer Unterscheidung zwischen einem rein faktischen und einem rein wissenschaftlichen Anteil eines Urteils in Frage stellen sowie behaupten, dass auch »reine« wissenschaftliche Urteile wie »Dieser Zusammenhang ist gesetzesartig« einen faktischen Anteil haben. Aber eine solche Deutung meiner These würde auf genau das hinauslaufen, was ich im Kapitel 3.1 ausschließen wollte: auf eine direkte Konfrontation mit den Thesen des (wissenschaftlichen) Realismus.[343] Die (zumindest weitgehende) Verträglichkeit meines Ansatzes mit dieser Position beruht darauf, dass ich die prinzipielle Unterscheidbarkeit zwischen dem rein faktischen und dem rein wissenschaftlichen Aspekt einer Wahrheit nicht in Frage stelle. Genau deshalb konnte ich sagen, dass es von unserer Vernunft unabhängige Fakten geben kann, dass aber wissenschaftliche Wahrheiten nicht völlig unabhängig von unserer Vernunft sind. Möchte ich daran festhalten, so muss ich auch einräumen, dass moralische Wahrheiten sich zumindest vom rein faktischen Aspekt sonstiger Wahrheiten unterscheiden, ebenso wie moralische Überzeugungen vom rein faktischen Aspekt sonstiger Überzeugungen und moralische Erkenntnis vom rein faktischen Aspekt sonstiger Erkenntnis. Kurzum: Ich muss die neue Variante von Satz (2) des Trilemmas anerkennen. Damit sind wir aber, wie es scheint, von Neuem mit dem Rätsel der Moral konfrontiert.

Allerdings sind wir in Bezug auf das neue Rätsel jetzt in einer deutlich besseren Position, als wir es vor unserer Untersuchung der Eigentümlichkeiten der Wissenschaft waren. Zwar sprechen die Ergebnisse der letzten Kapitel jetzt nicht mehr gegen die Behauptung (2). Wir können diese Ergebnisse jedoch unmittelbar einsetzen, um Behauptung (3) des neuen Trilemmas zurückzuweisen. Zunächst stellen wir dazu fest, dass die Wissenschaft sich grundlegend vom rein Faktischen unterscheidet, und zwar aus genau den Gründen, die auch für eine Verschiedenheit von Moral und rein

343 Auf einen Konfrontationskurs dieser Art begibt sich beispielsweise Goodman. Vgl. Goodman *Ways of Worldmaking*.

Faktischem sprechen – schließlich gleicht die Wissenschaft den Überlegungen des dritten Teils dieser Arbeit zufolge in allen relevanten Aspekten der Moral. Weiterhin gilt: Auch wenn die Wissenschaft nicht mehr als *Paradigma* für einen Bereich gilt, der Anspruch auf Objektivität erheben kann, so wird man deshalb doch nicht sagen wollen, dass sie *keinen* Anspruch auf Objektivität erheben kann. Denn dazu müsste man leugnen, dass die Aussage »Dies oder jenes ist ein Gesetz« wahr oder falsch sein kann,[344] dass man überzeugt davon sein kann, dass dies oder jenes ein Gesetz ist, und dass man sinnvoll davon sprechen kann, erkannt zu haben, dass dies oder jenes ein Gesetz ist.[345]

Dieser Konsequenz entgeht man nur dann, wenn man einräumt, dass die neue Behauptung (3) falsch ist: Nicht nur was von der Art des rein Faktischen ist, sondern auch die Wissenschaft kann Anspruch auf Objektivität erheben. Wenn aber Letztere Anspruch auf Objektivität erheben kann, dann kann das eben auch die Moral, die, wie wir in den letzten Kapiteln gesehen haben, unter den entscheidenden Rücksichten von der gleichen Art ist wie die Wissenschaft. Auch in der neuen Form gelingt es uns also auf der Grundlage der Überlegungen des dritten Teils dieser Untersuchung, das Rätsel der Moral aufzulösen. Wir müssen nur die Strategie wechseln, wenn nicht mehr das Verhältnis von Moral und Wissenschaft, sondern das Verhältnis von Moral und dem Bereich des rein Faktischen zur Grundlage des Trilemmas der Moral gemacht wird: von einer antidualistischen zu einer antimonopolistischen Strategie.

Auf diesem Weg kommen wir zu einem sehr ähnlichen Ergebnis wie die Ansätze, die ich im Kapitel 2.4 diskutiert habe: Wir können an der Objektivität der Moral festhalten (Behauptung (1) des neuen Trilemmas), ohne die Eigentümlichkeiten der Moral zu leug-

---

344 Man beachte: Das ist nicht das, was beispielsweise der (wissenschaftstheoretische) Instrumentalist leugnet. Dieser sagt vielleicht, dass *Gesetze* nicht wahr oder falsch sein können, nicht aber, dass Aussagen darüber, ob etwas ein Gesetz ist oder nicht, nicht wahr oder falsch sein können.

345 Blackburn vertritt allerdings auch in Bezug auf Gesetze einen Antiobjektivismus. Vgl. Blackburn *Essays in Quasi-Realism*. Aber, wie Loewer zu Recht schreibt: »But defending nomic nonfactualism would be a Herculean undertaking.« Vgl. Loewer »Humean Supervenience«, S. 181.

nen (Behauptung (2) des neuen Trilemmas), indem wir darauf verweisen, dass die Moral in einer eigenen Art und Weise Anspruch auf Objektivität erheben kann (kontra Behauptung (3) des neuen Trilemmas). Anders als der typische Antimonopolist sind wir jetzt aber dafür gerüstet, das für diese Strategie entscheidende Problem, das ich das Unbestimmtheitsproblem genannt habe, zu lösen. Die Schwierigkeit bestand ja gerade darin, dass die antimonopolistischen Erklärungen der Natur moralischer Wahrheit, moralischer Überzeugung und moralischer Erkenntnis ein Gefühl der Unbestimmtheit hinterlassen, weil es sich nur um Erklärungen »von innen« handelt. Es fehlt dem Antimonopolisten ein geeignetes Vergleichsobjekt, anhand dessen er den Status der Moral auch »von außen« verständlich machen kann. Wir verfügen jetzt über ein solches Vergleichsobjekt: die Wissenschaft. Betrachten wir mit Blick auf diese ein letztes Mal die drei für die Objektivität der Moral entscheidenden Aspekte:

Moralische *Wahrheiten* sind Wahrheiten einer besonderen Art. Aber es sind nicht die einzigen Wahrheiten dieser Art. Wissenschaftliche Wahrheiten weisen genau dieselben Besonderheiten auf. Dementsprechend können wir moralische Wahrheit nach dem Modell wissenschaftlicher Wahrheit verstehen (und umgekehrt). Wir können uns beispielsweise die eigentümliche Bezogenheit moralischer Wahrheiten auf unsere Vernunft (und damit das Phänomen externer Rationalität) durch den Blick auf wissenschaftliche Wahrheiten verständlicher machen: Wie bei diesen geht es nicht um eine Bezogenheit auf die Vernunft irgendeines bestimmten Menschen, sondern auf die Vernunft als ein idealisiertes Vermögen. Was ein Gesetz ist und was nicht, hängt nicht davon ab, was irgendjemand für ein Gesetz hält. Auch kann es uns lange Zeit (und vielleicht für immer) verborgen bleiben, dass bestimmte Zusammenhänge in der Welt gesetzmäßig sind. Entsprechend verhält es sich folglich bezüglich wissenschaftlicher Erklärungen und Bestätigungen. Ob wir eine wissenschaftliche Erklärung oder eine Bestätigung (also einen Grund für eine Vorhersage) vor uns haben, hängt nicht davon ab, ob wir die Erklärung verstehen beziehungsweise den Grund als solchen erfassen. Erklärungen können ebenso wie Gründe für Vorhersagen lange Zeit (und vielleicht für immer) unerkannt bleiben. *Insofern* sind wissenschaftliche Wahrheiten also unabhängig von uns. Dennoch: Nichts ist eine Erklärung, wenn es prinzipiell nicht verstanden werden kann, und nichts ist ein Grund für eine Vorhersage, wenn es prinzipiell nicht als solcher betrachtet werden kann. Wir könnten auch sagen: Nur das, was ein *idealer* Wissenschaftler verstehen kann, kann eine Erklärung sein, und nur das, was er als Grund für eine Vorhersage betrachten kann, kann einer sein. Dementsprechend kann auch nur das ein Gesetz sein, was von einem idealen Wissenschaftler als solches angesehen werden kann.[346] *Insofern* sind wissenschaftliche Wahrheiten also abhängig von uns.

Völlig analog verhält es sich mit moralischen Wahrheiten. Ob eine Handlung richtig ist, hängt nicht davon ab, ob irgendjemand sie für richtig hält. Und es kann lange Zeit (und vielleicht für immer) verborgen bleiben, dass eine bestimmte Handlungsweise richtig oder falsch ist.[347] Die Moral ist *insofern* unabhängig von uns. Aber auch hier gilt: Keine Handlung kann richtig sein, die prinzipiell nicht als richtig angesehen werden kann. Denn das würde wiederum bedeuten, dass es Gründe gibt, die prinzipiell nicht als solche aufgefasst werden können. Wir könnten auch das wieder so ausdrücken: Nur das, was ein *idealer* Handelnder als die richtige Handlung verstehen kann, kann die richtige Handlung sein.[348] *Insofern* ist also auch die Moral von uns abhängig.

---

[346] Man erkennt hier die Verbindung zur Ramsey-Lewis-Analyse von Gesetzen, auf die ich oben, S. 185, hingewiesen habe: Ein idealer Wissenschaftler wäre ein Wissenschaftler, der alles weiß und der dieses Wissen so einfach wie möglich darstellt. Wir haben es auch hier mit einer Erklärung »von innen« zu tun, denn der relevante Begriff der Einfachheit lässt sich wiederum nur unter Rückgriff auf den Begriff der Vernunft verständlich machen.

[347] Man denke etwa an die Beurteilung der Sklaverei noch bis in die nicht allzu ferne Vergangenheit.

[348] Hier haben wir eine der Erklärungen »von innen« vor uns, auf die ich im Kapitel 2.4 hingewiesen habe: die Idealer-Beurteiler-Theorie. Dass es im Fall der Moral verschiedene Möglichkeiten einer Erklärung »von innen« gibt, hat seine genaue Entsprechung im Fall der Wissenschaft. So wie man versucht, das Richtige mithilfe des Tugendhaften, Rationalen etc. zu analysieren, so versucht man, den Begriff des Gesetzes mithilfe der Begriffe der natürlichen Art, der Einfachheit etc. zu analysieren. Vgl. die Hinweise S. 165, 185. Im Hinblick auf die Frage der Objektivität sind in *beiden* Fällen Erklärungen »von innen« wenig erhellend.

Sowohl bei wissenschaftlichen als auch bei moralischen Wahrheiten müssen wir jedoch im Blick behalten, dass diese auch auf die Welt bezogen sind. Es sind nicht-wissenschaftliche und nichtmoralische Eigenschaften der Welt, auf deren Grundlage wir wissenschaftliche und moralische Urteile fällen. So wird in beiden Fällen die Supervenienz des Wissenschaftlichen/Moralischen auf dem Nichtwissenschaftlichen/Nichtmoralischen verständlich. Es ist eine *empirische* Gegebenheit, dass die Welt Eigenschaften hat, die dazu geeignet sind, eine Grundlage für Wissenschaft und Moral abzugeben. Die Welt könnte auch anders beschaffen sein. Eine Welt, die keine Eigenschaften hat, die wir als natürlich oder gut ansehen können, ist durchaus denkbar. Und dann wäre die Entwicklung einer Wissenschaft ebenso unmöglich wie die Ausbildung einer Moral.[349]

Moralische *Überzeugungen* stellen, wie ich in Kapitel 2.4 dargelegt habe, ein weitaus geringeres Problem für den Antimonopolisten dar als moralische Wahrheit und moralische Erkenntnis. Zwar handelt es sich um Überzeugungen eigener Art, wobei die Eigenart gerade in ihrer motivierenden Kraft besteht. Dennoch gleichen moralische Überzeugungen in sonstiger Hinsicht nicht-moralischen Überzeugungen viel mehr als beispielsweise Wünschen, und zudem ist es fragwürdig, ob Wünsche in der richtigen Weise motivierende Kraft besitzen. Die Zuordnung zur Klasse der Überzeugungen, nicht etwa zur Klasse der Wünsche, war somit nicht besonders problematisch.

Mit Blick auf die Parallelität moralischer und wissenschaftlicher Überzeugungen kann man dieses Argument noch erheblich verstärken. Wenn nämlich moralische Überzeugungen allein aufgrund ihrer intrinsischen motivierenden Kraft zur Klasse der Wünsche zu rechnen wären, dann müsste man auch wissenschaftliche Überzeugungen dieser Klasse zuordnen. Es dürfte aber auch dem hartnäckigsten Antiobjektivisten schwerfallen, wissenschaftliche Überzeugungen als eine besondere Form von Wünschen zu deuten. Auch hier gilt: Sobald moralische Überzeugungen mit ihrer Ei-

---

[349] Sowohl der Wissenschaftler als auch der Handelnde kann mit *einigen* (wissenschaftlichen beziehungsweise moralischen) Anomalien leben. Würden diese jedoch überhandnehmen, so würde sowohl das Projekt Wissenschaft als auch das Projekt Moral scheitern. Vgl. dazu Railton »The Diversity of Moral Dilemma«, S. 160-163.

genart nicht mehr alleine dastehen, verlieren sie ihren problematischen Status.

Schließlich bleibt die Frage nach der Natur moralischer *Erkenntnis*. Gerade hier hatten Antimonopolisten immer die größten Schwierigkeiten. Die Analogie zu mathematischer Erkenntnis war letztlich ebenso wenig fruchtbar wie die Analogie zur Wahrnehmung sekundärer Qualitäten. Diese Schwierigkeit können wir jetzt beseitigen. Die Überlegungen des Kapitels 3.4 machen nämlich deutlich, dass gerade die (nicht-formal-) wissenschaftliche Erkenntnis das angemessene Vergleichsobjekt für moralische Erkenntnis ist. Wie diese ist sie weder eindeutig formaler noch eindeutig empirischer Art. Wir verstehen jetzt, warum man nicht im eigentlichen Sinn sagen kann, dass man moralische Eigenschaften der Welt *sieht*, und warum wir dennoch von so etwas wie »moralischer Blindheit« sprechen wollen. Moralische Erkenntnis hat, wie wissenschaftliche Erkenntnis, etwas von beidem, von reiner Vernunfterkenntnis und von Wahrnehmung: Es geht nämlich darum, die Welt in einer bestimmten Weise aufzufassen. Im moralischen Fall geht es darum, bestimmte Eigenschaften der Welt als gut aufzufassen; im wissenschaftlichen Fall geht es darum, bestimmte Eigenschaften der Welt als natürlich aufzufassen. Um das Auffassen von Gründen (für Handlungen beziehungsweise für Vorhersagen), das heißt um die »Wahrnehmung« von Normativität, geht es in beiden Fällen.

Ich habe im Kapitel 2.4 versucht, deutlich zu machen, dass sich keine prinzipiellen Einwände gegen die antimonopolistische Strategie finden lassen, wenn man einmal vom Problem der Unbestimmtheit absieht. Es dürfte jetzt klar sein, warum ich das getan habe: Bezüglich der neuen Variante des Trilemmas der Moral möchte ich gerade eine antimonopolistische Position vertreten. Da mit dem Vergleich von Moral und Wissenschaft auch das Unbestimmtheitsproblem des typischen Antimonopolisten gelöst werden kann, finden wir so auch in Bezug auf das neue Trilemma eine befriedigende Auflösung. Ganz gleich also, ob wir das Rätsel der Moral in der »Wissenschafts-Variante« oder in der »Bereich des rein Faktischen-Variante« formulieren: Die Erkenntnis, dass die Moral in gleicher Weise wie die Wissenschaft Objektivität beanspruchen kann, erlaubt es uns, das Rätsel zu lösen.

Literaturverzeichnis

Adorno, Theodor W.; Albert, Hans; Dahrendorf, Ralf; Habermas, Jürgen; Pilot, Harald; Popper, Karl R.: *Der Positivismusstreit in der deutschen Soziologie*, München: dtv, 1993.

Ammereller, Erich: »Handeln aus Gründen«, in: Ammereller, Erich; Vossenkuhl, Wilhelm (Hrsg.): *Praktische Rationalität*, Paderborn: mentis, 2004, S. 57-83.

Anscombe, G. Elizabeth M.: *Intention*, Oxford: Blackwell, 1957.

Armstrong, David M.: *What is a Law of Nature?* Cambridge: Cambridge University Press, 1983.

Audi, Robert: »Moral Knowledge and Ethical Pluralism«, in: Greco, John; Sosa, Ernest (Hrsg.): *The Blackwell Guide to Epistemology*, Malden/MA: Blackwell, 1999, S. 271-302.

Audi, Robert: *The Good in the Right. A Theory of Intuition and Intrinsic Value*, Princeton: Princeton University Press, 2004.

Ayer, Alfred J: *Language, Truth and Logic*, London: Penguin, 1990.

Bartelborth, Thomas: *Begründungsstrategien. Ein Weg durch die analytische Erkenntnistheorie*, Berlin: Akademie Verlag, 1996.

Bayertz, Kurt: *Warum überhaupt moralisch sein?* München: Beck, 2004.

Benn, Piers: *Ethics*, London: Routledge, 1998.

Bird, Alexander: *Philosophy of Science*, London: UCL Press, 1998.

Birnbacher, Dieter: *Analytische Einführung in die Ethik*, Berlin, New York: De Gruyter, 2003.

Blackburn, Simon: *Spreading the Word*, Oxford: Oxford University Press, 1984.

Blackburn, Simon: »Supervenience Revisited«, in: ders.: *Essays in Quasi-Realism*, Oxford: Oxford University Press, 1993, S. 130-148.

Blackburn, Simon: »How to Be an Ethical Antirealist«, in: ders.: *Essays in Quasi-Realism*, Oxford: Oxford University Press, 1993, S. 166-181.

Blackburn, Simon: *Essays in Quasi-Realism*, Oxford: Oxford University Press, 1993.

Blackburn, Simon: *Ruling Passions*, Oxford: Clarendon Press, 1998.

Blackburn, Simon: »Moral Relativism and Moral Objectivity«, in: *Philosophy and Phenomenological Research* 58 (1998), S. 195-198.

Boyd, Richard N.: »How to Be a Moral Realist«, in: Sayre-McCord, Geoffrey (Hrsg.): *Essays on Moral Realism*, Ithaca, London: Cornell University Press, 1988, S. 181-228.

Brandt, Richard: »Ethical Relativism«, in: Edwards, Paul (Hrsg.): *The Encyclopedia of Philosophy*, vol. 3, New York: Macmillan, 1967, S. 75-78.

Bratman, Michael: *Intention, Plans, and Practical Reason*, Cambridge/MA: Harvard University Press, 1987.

Brink, David O.: *Moral Realism and the Foundations of Ethics*, Cambridge: Cambridge University Press, 1989.

Broome, John: »Normative Requirements«, in: *Ratio* 12 (1999), S. 398-419.

Broome, John: »Reasons«, in: Wallace, R. Jay; Pettit, Philip; Scheffler, Samuel; Smith, Michael (Hrsg.): *Reason and Value: Themes from the Moral Philosophy of Joseph Raz*, Oxford: Oxford University Press, 2006, S. 28-55.

Carroll, John W. (Hrsg.): *Readings on Laws of Nature*, Pittsburgh/PA: University of Pittsburgh Press, 2004.

Chalmers, Alan F.: *Wege der Wissenschaft. Einführung in die Wissenschaftstheorie*, Berlin: Springer, 2001.

Chang, Ruth (Hrsg.): *Incommensurability, Incomparability, and Practical Reason*, Cambridge/MA: Harvard University Press, 1997.

Chihara, Charles S.: »Quine and the Confirmational Paradoxes«, in: French, Peter A.; Uehling, Theodore E.; Wettstein, Howard K. (Hrsg.): *Midwest Studies in Philosophy, Volume VI: The Foundations of Analytic Philosophy*, Minneapolis: University of Minnesota Press, 1981, S. 425-452.

Cuneo, Terence: »An Externalist Solution of the Moral Problem«, in: *Philosophy and Phenomenological Research* 59 (1999), S. 359-380.

Czaniera, Uwe: *Gibt es moralisches Wissen? Die Kognitivismusdebatte in der analytischen Moralphilosophie*, Paderborn: mentis, 2001.

Dancy, Jonathan: *Practical Reality*, Oxford: Oxford University Press, 2000.

Dancy, Jonathan: »Pritchard on Duty and Ignorance of Fact«, in: Stratton-Lake, Philip (Hrsg.): *Ethical Intuitionism. Re-evaluations*, Oxford: Clarendon Press, 2002, S. 229-247.

Daniels, Norman: »Wide Reflective Equilibrium and Theory Acceptance in Ethics«, in: *Journal of Philosophy* 76 (1979), S. 256-282.

Darwall, Stephen: *Philosophical Ethics*, Boulder/CO: Westview Press, 1998.

Darwall, Stephen; Gibbard, Allan; Railton, Peter: »Toward *Fin de siècle* Ethics: Some Trends«, in: dies. (Hrsg.): *Moral Discourse and Practice.*

Some Philosophical Approaches, Oxford: Oxford University Press, 1997, S. 3-47.

Darwall, Stephen: »Intuitionism and the Motivation Problem«, in: Stratton-Lake, Philip (Hrsg.): *Ethical Intuitionism. Re-evaluations*, Oxford: Clarendon Press, 2002, S. 248-270.

Davidson, Donald: »Mental Events«, in: ders.: *Essays on Action and Events*, Oxford: Oxford University Press, 1980, S. 207-227.

Davidson, Donald: »Truth and Meaning«, in: ders.: *Inquiries into Truth and Interpretation*, Oxford: Oxford University Press, 1984, S. 17-42.

Devitt, Michael: *Realism and Truth*, Princeton: Princeton University Press, 1997.

Dreier, James: »Internalism and Speaker Relativism«, in: *Ethics* 101 (1990), S. 6-26.

Duhem, Pierre: *Ziel und Struktur der physikalischen Theorien*, Hamburg: Meiner, 1978.

Dworkin, Ronald: »Objectivity and Truth: You'd Better Believe It«, in: *Philosophy and Public Affairs* 25 (1996), S. 87-139.

Earman, John: *Bayes or Bust? A Critical Examination of Baysian Confirmation Theory*, Cambridge/MA: MIT Press, 1992.

Elgin, Catherine Z.: »The Relativity of Fact and the Objectivity of Value«, in: dies.: *Between the Absolute and the Arbitrary*, Ithaca, London: Cornell University Press, 1997, S. 176-191.

Ernst, Gerhard: *Das Problem des Wissens*, Paderborn: mentis, 2002.

Ernst, Gerhard: »Das Gebot der Vernunft«, in: Ammereller, Erich; Vossenkuhl Wilhelm (Hrsg.): *Rationale Motivation*, Paderborn: mentis, 2005, S. 12-28.

Ernst, Gerhard: »Das semantische Problem des moralischen Relativisten«, in: *Zeitschrift für philosophische Forschung* 60 (2006) 3, S. 337-357.

Ernst, Gerhard: »Das Amoralistenargument«, in: *Deutsche Zeitschrift für Philosophie*, Berlin 54 (2006) 2, S. 245-260.

Ernst, Gerhard: *Einführung in die Erkenntnistheorie*, Darmstadt: Wissenschaftliche Buchgesellschaft, 2007.

Ernst, Gerhard: »Moralische Erkenntnis«, in: Bohse, Helen; Walter, Sven (Hrsg.): *Sektionsvorträge der GAP 6*, Paderborn: mentis, 2007, S. 850-862.

Ernst, Gerhard: »Der Sinn für Schönheit«, in: *Grazer Philosophische Studien* 76 (2008).

Ernst, Gerhard: »Normativer und metaethischer Relativismus«, in: ders. (Hrsg.): *Moralischer Relativismus*, in Vorbereitung.

Feyerabend, Paul: *Wider den Methodenzwang*, Frankfurt am Main: Suhrkamp, 1995.

Firth, Roderick: »Ethical Absolutism and the Ideal Observer Theory«, in: *Philosophy and Phenomenological Research* 12 (1952), S. 317-345.

Fleck, Ludwig: *Entstehung und Entwicklung einer wissenschaftlichen Tatsache*, Frankfurt am Main: Suhrkamp, 1980.

Foot, Philippa: »Morality as a System of Hypothetical Imperatives«, in: dies.: *Virtues and Vices*, Oxford: Blackwell, 1978, S. 157-173.

Foot, Philippa: *Virtues and Vices*, Oxford: Blackwell, 1978.

Gasiorowicz, Stephen: *Quantenphysik*, München, Wien: Oldenbourg, 1989.

Geach, Peter: »Ascriptivism«, in: *Philosophical Review* 69 (1960), S. 221-225.

Geach, Peter: »Assertion«, in: *Philosophical Review* 74 (1965), S. 449-465.

Gettier, Edmund L.: »Is Justified True Belief Knowledge?«, in: *Analysis* 22 (1963), S. 121-123.

Gibbard, Allan: *Wise Choices, Apt Feelings*, Oxford: Clarendon Press, 1990.

Gibbard, Allan: »Wise Choices, Apt Feelings«, in: Darwall, Stephen; Gibbard, Allan; Railton, Peter (Hrsg.): *Moral Discourse and Practice. Some Philosophical Approaches*, Oxford: Oxford University Press, 1997, S. 179-198.

Gibbard, Allan: »Knowing What to Do, Seeing What to Do«, in: Stratton-Lake, Philip (Hrsg.): *Ethical Intuitionism. Re-evaluations*, Oxford: Clarendon Press, 2002, S. 212-228.

Gibbard, Allan: »The Reasons of a Living Being«, in: *Proceedings of the American Philosophical Association* 62 (2002), S. 49-60.

Gibbard, Allan: *Thinking How to Live*, Cambridge/MA: Harvard University Press, 2003.

Gibbard, Allan: »Normative Properites«, in: Horgan, Terry; Timmons, Mark (Hrsg.): *Metaethics after Moore*, Oxford: Oxford University Press, 2006, S. 319-337.

Goodman, Nelson: *Ways of Worldmaking*, Indianapolis: Hackett, 1978.

Goodman, Nelson: *Fact, Fiction and Forecast*, Cambridge/MA: Harvard University Press, 1983.

Gowans, Christopher W. (Hrsg.): *Moral Dilemmas*, Oxford: Oxford University Press, 1987.

Halbig, Christoph: *Praktische Gründe und die Realität der Moral*, Frankfurt am Main: Klostermann, 2007.

Hale, Bob: »The Compleat Projectivist«, in: *Philosophical Quarterly* 36 (1986), S. 65-84.

Hale, Bob: »Can There Be a Logic of Attitudes?«, in: Haldane, John; Wright, Crispin (Hrsg.): *Reality, Representation and Projection*, New York: Oxford University Press, 1993, S. 337-363.

Hale, Bob: »Postscript«, in: Haldane, John; Wright, Crispin (Hrsg.): *Reality, Representation and Projection*, New York: Oxford University Press, 1993, S. 385-388.

Hanson, Norwood R.: *Patterns of Discovery*, Cambridge: Cambridge University Press, 1958.

Hare, Richard M.: *The Language of Morals*, Oxford: Clarendon Press, 1999.

Harman, Gilbert: *The Nature of Morality. An Introduction to Ethics*, Oxford: Oxford University Press, 1977.

Harman, Gilbert: »Simplicity as a Pragmatic Criterion for Deciding What Hypotheses to Take Seriously«, in: Stalker, Douglas (Hrsg.): *Grue! The New Riddle of Induction*, Chicago: Open Court, 1994, S. 153-172.

Harman, Gilbert; Thomson, Judith: *Moral Relativism and Moral Objectivity*, Oxford: Blackwell, 1995.

Harman, Gilbert: »Is There a Single True Morality«, in: ders: *Explaining Value and Other Essays in Moral Philosophy*, Oxford: Clarendon Press, 2000, S. 77-99.

Harman, Gilbert: *Explaining Value and Other Essays in Moral Philosophy*, Oxford: Clarendon Press, 2000.

Harth, Manfred: »Rezension: Nico Scarano: *Moralische Überzeugungen. Grundlinien einer antirealistischen Theorie der Moral*«, in: *Philosophisches Jahrbuch* 112/II (2005), S. 492-495.

Harth, Manfred: *Werte und Wahrheit*, Habilitationsschrift LMU München, 2006.

Hempel, Carl G.: »A Purely Syntactical Definition of Confirmation«, in: *The Journal of Symbolic Logic* 8 (1943), S. 122-143.

Hempel, Carl G.; Oppenheim, Paul: »Studies in the Logic of Explanation«, in: *Philosophy of Science* 15 (1948), S. 135-175.

Hempel, Carl G.: *Aspekte wissenschaftlicher Erklärungen*, Berlin: De Gruyter, 1977.

Hobbes, Thomas: *Leviathan or The Matter, Forme, and Power of a Common-Wealth Ecclesiasticall and Civill*, hrsg. von C.B. MacPherson, London: Penguin, 1985.

Hollis, Martin: *The Philosophy of Social Science. An Introduction*, Cambridge: Cambridge University Press, 1994.

Horgan, Terry; Timmons, Mark: »Nondescriptive Cognitivism: Framework for a New Metaethics«, in: *Philosophical Papers* 29 (2000), S. 121-153.

Howson, Colin; Urbach, Peter: *Scientific Reasoning: The Bayesian Approach*, La Salle/IL: Open Court, 1994.

Howson, Colin: *Hume's Problem. Induction and the Justification of Belief*, Oxford: Clarendon Press, 2000.

Hume, David: »On the Standard of Taste«, in: ders.: *The Philosophical Works*, hrsg. von T.H. Green und T.H. Grose, Bd. 3, London 1882, S. 266-284.

Hume, David: *A Treatise of Human Nature*, hrsg. von L.A. Selby-Bigge, 2. Auflage von P.H. Nidditch, Oxford: Clarendon Press, 1990.

Jackson, Frank; Pargetter, Robert: »Confirmation and the Nomological«, in: *Canadian Journal of Philosophy* 10 (1980), S. 415-428.

James, William: *The Will to Believe and Other Essays in Popular Philosophy*, New York: Dover, 1956.

Jammer, Max: *The Conceptual Development of Quantum Mechanics*, New York: McGraw-Hill, 1966.

Johnston, Mark: »Dispositional Theories of Value«, in: *Proceedings of the Aristotelian Society* supp. vol. 63 (1989), S. 139-174.

Kiefer, Susanne: *Aspekte des moralischen Realismus*, Magisterarbeit LMU München, 2003.

Kitcher, Philip; Salmon, Wesley C. (Hrsg.): *Scientific Explanation. Minnesota Studies in the Philosophy of Science 13*, Minneapolis: University of Minnesota Press, 1989.

Kölbel, Max: *Truth Without Objectivity*, London, New York: Routledge, 2002.

Kölbel, Max: »Faultless Disagreement«, in: *Proceedings of the Aristotelian Society* 104 (2003), S. 53-73.

Kölbel, Max: »Indexical Relativism vs Genuine Relativism«, in: *International Journal of Philosophical Studies* 12 (2004), S. 297-313.

Korsgaard, Christine M.: »Skepticism about Practical Reason«, in: dies.: *Creating the Kingdom of Ends*, Cambridge: Cambridge University Press, 1996, S. 311-334.

Korsgaard, Christine M.: *Creating the Kingdom of Ends*, Cambridge: Cambridge University Press, 1996.

Korsgaard, Christine M.: *The Sources of Normativity*, Cambridge: Cambridge University Press, 1996.

Kripke, Saul A.: *Naming and Necessity*, Oxford: Blackwell, 1980.

Kripke, Saul A.: *Wittgenstein on Rules and Private Language*, Oxford: Blackwell, 1982.

Kuhn, Thomas S.: *The Copernican Revolution*, Cambridge/MA: Harvard University Press, 1957.

Kuhn, Thomas S.: *The Structure of Scientific Revolutions*, Chicago, London: University of Chicago Press, 1970.

Lauth, Bernhard; Sareiter, Jamel: *Wissenschaftliche Erkenntnis. Eine ideengeschichtliche Einführung in die Wissenschaftstheorie*, Paderborn: mentis, 2002.

Lehrer, Keith: *Theory of Knowledge*, London: Routledge, 1990.

Lewis, David: *Counterfactuals*, Oxford: Blackwell, 1973.

Lillehammer, Hallvard: »Smith on Moral Fetishism«, in: *Analysis* 57 (1997), S. 187-195.

Loewer, Barry: »Humean Supervenience«, in: *Philosophical Topics* 24 (1996), S. 101-127 [zitiert nach: Carroll, John W. (Hrsg.): *Readings on Laws of Nature*, Pittsburgh/PA: University of Pittsburgh Press, 2004, S. 176-206].

Lyons, David: »Ethical Relativism and the Problem of Incoherence«, in: *Ethics* 86 (1976), S. 107-121.

Mackie, John L.: *Ethics. Inventing Right and Wrong*, London: Penguin, 1990.

Mason, H.E. (Hrsg.): *Moral Dilemmas and Moral Theory*, New York, Oxford: Oxford University Press, 1996.

Mayr, Erasmus: *Understanding Human Agency*, Dissertation LMU München, 2007.

McDowell, John: »Might There Be External Reasons?«, in: Altham, James E.J.; Harrison, Ross (Hrsg.): *World, Mind, and Ethics. Essays on the Ethical Philosophy of Bernard Williams*, Cambridge: Cambridge University Press, 1995, S. 68-85.

McDowell, John: *Mind and World*, Cambridge/MA: Harvard University Press, 1996.

McDowell, John: »Values and Secondary Qualities«, in: ders: *Mind, Value, and Reality*, Cambridge/MA: Harvard University Press, 1998, S. 131-150.

McDowell, John: *Mind, Value, and Reality*, Cambridge/MA: Harvard University Press, 1998.

Miller, Alexander: »An Objection to Smith's Argument for Internalism«, in: *Analysis* 56 (1996), S. 169-174.

Miller, Alexander: *An Introduction to Contemporary Metaethics*, Cambridge: Polity Press, 2003.

Millgram, Elijah: »Pleasure in Practical Reasoning«, in: *The Monist* 76 (1993) 2, S. 394-415.

Millgram, Elijah: *Practical Induction*, Cambridge/MA: Harvard University Press, 1997.

Milo, Ronald: »Contractarian Constructivism«, in: *Journal of Philosophy* 92 (1995), S. 181-204.

Moore, George E.: *Principia Ethica*, Cambridge: Cambridge University Press, 1993.

Moser, Paul K.; Carson, Thomas L. (Hrsg.): *Moral Relativism. A Reader*, New York: Oxford University Press, 2001.

Nagel, Thomas: »The Fragmentation of Value«, in: ders.: *Mortal Questions*, Cambridge: Cambridge University Press, 1979, S. 128-141.

Neurath, Otto: »Pseudorationalismus der Falsifikation«, in: *Erkenntnis* 5 (1935), S. 353-365.

Newton-Smith, William: *The Rationality of Science*, London: Routledge, 1991.

Nida-Rümelin, Julian; Schmidt, Thomas: *Rationalität in der praktischen Philosophie. Eine Einführung*, Berlin: Akademie Verlag, 2000.

Nida-Rümelin, Julian: *Strukturelle Rationalität. Ein philosophischer Esssay über praktische Vernunft*, Stuttgart: Reclam, 2001.

Papineau, David (Hrsg.): *The Philosophy of Science*, Oxford: Oxford University Press, 1996.

Platts, Mark: »Moral Reality«, in: ders.: *Ways of Meaning*, London: Routledge, 1979 [zitiert nach: Sayre-McCord, Geoffrey (Hrsg.): *Essays on Moral Realism*, Ithaca, London: Cornell University Press, 1988, S. 282-300].

Platts, Mark: *Ways of Meaning*, London: Routledge, 1979.

Popper, Karl R.: *Logik der Forschung*, Tübingen: Mohr, 1984.

Putnam, Hilary: »The Meaning of 'Meaning'«, in: ders: *Mind, Language, and Reality*, Cambridge: Cambridge University Press, 1975, S. 215-271.

Quine, Willard V.O.: »Natural Kinds«, in: ders.: *Ontological Relativity and Other Essays*, New York: Columbia University Press, 1969, S. 114-138.

Railton, Peter: »The Diversity of Moral Dilemma«, in: Mason, H.E. (Hrsg.): *Moral Dilemmas and Moral Theory*, New York, Oxford: Oxford University Press, 1996, S. 140-166.

Railton, Peter: »Moral Realism«, in: ders.: *Facts, Values, and Norms: Essays toward a Morality of Consequence*, Cambridge: Cambridge University Press, 2003, S. 3-42.

Railton, Peter: *Facts, Values, and Norms: Essays toward a Morality of Consequence*, Cambridge: Cambridge University Press, 2003.

Rawls, John: *A Theory of Justice*, Oxford: Oxford University Press, 1989.

Raz, Joseph: »When We are Ourselves: The Active and the Passive«, in: ders.: *Engaging Reason. On the Theory of Value and Action*, Oxford: Oxford University Press, 1999, S. 5-21.

Raz, Joseph: »Agency, Reason, and the Good«, in: ders.: *Engaging Reason. On the Theory of Value and Action*, Oxford: Oxford University Press, 1999, S. 22-45.

Raz, Joseph: »The Truth in Particularism«, in: ders.: *Engaging Reason. On the Theory of Value and Action*, Oxford: Oxford University Press, 1999, S. 218-246.

Raz, Joseph: »On the Moral Point of View«, in: ders.: *Engaging Reason. On the Theory of Value and Action*, Oxford: Oxford University Press, 1999, S. 247-272.

Raz, Joseph: *Engaging Reason. On the Theory of Value and Action*, Oxford: Oxford University Press, 1999.

Ross, W. David: *The Right and the Good*, Oxford: Clarendon Press, 1930.

Russell, Bertrand: »On Denoting«, in: *Mind* 14 (1905), S. 479-493.

Salmon, Wesley C.: *Causation and Explanation*, New York, Oxford: Oxford University Press, 1998.

Salmon, Wesley C.: *Four Decades of Scientific Explanation*, Minneapolis: University of Minnesota Press, 1990.

Sayre-McCord, Geoffrey: »Introduction. The Many Moral Realisms«, in: ders. (Hrsg.): *Essays on Moral Realism*, Ithaca, London: Cornell University Press, 1988, S. 1-23.

Sayre-McCord, Geoffrey: »Moral Theory and Explanatory Impotence«, in: *Midwest Studies in Philosophy* 12 (1988), S. 433-457 [zitiert nach: ders. (Hrsg.): *Essays on Moral Realism*, Ithaca, London: Cornell University Press, 1988, S. 256-281].

Scanlon, T.M.: *What We Owe to Each Other*, Cambridge/MA: Harvard University Press, 1998.

Scarano, Nico: *Moralische Überzeugungen. Grundlinien einer antirealistischen Theorie der Moral*, Paderborn: mentis, 2001.

Scarano, Nico: »Metaethik – ein systematischer Überblick«, in: Düwell, Marcus; Hübenthal, Christoph; Werner, Micha H. (Hrsg.): *Handbuch Ethik*, Stuttgart, Weimar: Metzler, 2002, S. 25-35.

Schaber, Peter: *Moralischer Realismus*, Freiburg, München: Alber, 1997.

Schmidt, Thomas: »Realismus, Intuitionismus, Naturalismus«, in: Düwell, Marcus; Hübenthal, Christoph; Werner, Micha H. (Hrsg.): *Handbuch Ethik*, Stuttgart, Weimar: Metzler, 2002, S. 49-60.

Shafer-Landau, Russ: *Moral Realism. A Defense*, Oxford: Clarendon Press, 2003.

Shafer-Landau, Russ: »Ethics as Philosophy: A Defense of Ethical Nonnaturalism«, in: Horgan, Terence; Timmons, Mark (Hrsg.): *Metaethics after Moore*, Oxford: Oxford University Press, 2006, S. 209-232.

Shafer-Landau, Russ; Cuneo, Terence (Hrsg.): *Foundations of Ethics. An Anthology*, Malden/MA: Blackwell, 2007.

Sidgwick, Henry: *The Methods of Ethics*, Indianapolis: Hackett, 1981.

Sinnott-Armstrong, Walter: *Moral Skepticisms*, Oxford: Oxford University Press, 2006.

Smith, Michael: *The Moral Problem*, Oxford: Blackwell, 1994.

Spitzley, Thomas (Hrsg.): *Willensschwäche*, Paderborn: mentis, 2006.

Stalker, Douglas (Hrsg.): *Grue! The New Riddle of Induction*, Chicago: Open Court, 1994.

Stevenson, Charles: »The Emotive Meaning of Ethical Terms«, in: *Mind* 46 (1937), S. 14-31 [zitiert nach: Darwall, Stephen; Gibbard, Allan; Railton, Peter (Hrsg.): *Moral Discourse and Practice. Some Philosophical Approaches*, Oxford: Oxford University Press, 1997, S. 71-82].

Stratton-Lake, Philip: »Introduction«, in: ders. (Hrsg.): *Ethical Intuitionism. Re-evaluations*, Oxford: Clarendon Press, 2002, S. 1-28.

Stratton-Lake, Philip (Hrsg.): *Ethical Intuitionism. Re-evaluations*, Oxford: Clarendon Press, 2002.

Strawson, Peter F.: »On Referring«, in: *Mind* 69 (1950), S. 320-344.

Streiffer, Robert: *Moral Relativism and Reasons for Action*, New York, London: Routledge, 2003.

Stroud, Barry: »Understanding Human Knowledge in General«, in: ders.: *Understanding Human Knowledge. Philosophical Essays*, Oxford: Oxford University Press, 2000, S. 99-121.

Sturgeon, Nicholas L.: »Moral Explanation«, in: Copp, David; Zimmerman, David (Hrsg.): *Morality, Reason and Truth*, Totowa/NJ: Rowman and Allanheld, 1985, S. 49-78 [zitiert nach: Sayre-McCord, Geoffrey

(Hrsg.): *Essays on Moral Realism*, Ithaca, London: Cornell University Press, 1988, S. 229-255].

Tarkian, Tatjana: »Moralische Begriffe, praktische Gründe und die Amoralistin«, in: Beckermann, Ansgar; Nimtz, Christian (Hrsg.): *Argument und Analyse – Sektionsvoträge*, Paderborn: mentis, 2001, S. 618-629.

van Fraassen, Bas: *Laws and Symmetry*, Oxford: Clarendon Press, 1989.

Wiggins, David: »A Sensible Subjectivism?«, in: ders.: *Needs, Values, Truth. Essays in the Philosophy of Value*, Oxford: Blackwell, 1991, S. 185-211.

Wiggins, David: *Needs, Values, Truth. Essays in the Philosophy of Value*, Oxford: Blackwell, 1991.

Williams, Bernard: »Deciding to Believe«, in: ders.: *Problems of the Self. Philosophical Papers 1956-1972*, Cambridge: Cambridge University Press, 1976, S. 136-151.

Williams, Bernard: »Internal and External Reason«, in: ders.: *Moral Luck. Philosophical Papers 1973-1980*, Cambridge: Cambridge University Press, 1981, S. 101-113.

Williams, Bernard: *Ethics and the Limits of Philosophy*, London: Fontana Press/Collins, 1985.

Wittgenstein, Ludwig: *Philosophische Untersuchungen*, Werkausgabe in 8 Bänden, Band 1, Frankfurt am Main: Suhrkamp, 1984.

Wong, David: *Moral Relativity*, Berkeley: University of California Press, 1984.

Wong, David: *Natural Moralities. A Defense of Pluralistic Relativism*, Oxford: Oxford University Press, 2006.

Worrall, John (Hrsg.): *The Ontology of Science*, Aldershot: Dartmouth Publ. Co., 1994.

Wright, Crispin: »Realism, Antirealism, Irrealism, Quasi-Realism«, in: *Midwest Studies in Philosophy* 12 (1988), S. 25-49.

Wright, Crispin: *Truth and Objectivity*, Cambridge/MA: Harvard University Press, 1992.

Wright, Crispin: »Minimalism, Deflationism, Pragmatism, Pluralism«, in: Lynch, Michael (Hrsg.): *The Nature of Truth*, Cambridge/MA: MIT Press, 2001, S. 751-787.

Wright, Crispin: »Moral Values, Projection, and Secondary Qualities«, in: *Proceedings of the Aristotelian Society* supp. vol. 62 (1988), S. 1-26.

Wright, Crispin: *Saving the Differences. Essays on Themes from* Truth and Objectivity, Cambridge/MA: Harvard University Press, 2003.

Personenregister

Adorno, Theodor W. 172
Ammereller, Erich 158
Anscombe, G. Elizabeth M. 152
Aristoteles 14, 125
Armstrong, David M. 185, 187
Audi, Robert 143, 159
Ayer, Alfred J. 75, 79, 81, 82, 96, 101
Bartelborth, Thomas 176, 177, 184, 215
Bayertz, Kurt 12, 140
Benn, Piers 87
Bird, Alexander 185
Birnbacher, Dieter 11, 14
Blackburn, Simon 51, 76, 81, 84, 87, 90-92, 95, 98, 126-128, 226
Boyd, Richard N. 116, 121, 129, 173, 174
Brandt, Richard 103
Bratman, Michael 22
Brink, David 47, 91, 92, 96, 116, 121, 123, 126, 129, 132, 171
Broome, John 58, 205
Carroll, John W. 185
Carson, Thomas L. 63
Chalmers, Alan F. 36, 119
Chang, Ruth 20
Chihara, Charles S. 213
Cuneo, Terence 80, 92, 122, 134
Czaniera, Uwe 62, 106
Dancy, Jonathan 56, 58, 158
Daniels, Norman 216
Darwall, Stephen 46, 68, 69, 80, 85, 99, 160, 163
Davidson, Donald 55, 76
Devitt, Michael 117, 173
Dreier, James 106
Duhem, Pierre 119, 174
Dworkin, Ronald 92
Earman, John 184
Elgin, Catherine Z. 216
Feyerabend, Paul 38, 119, 123, 174
Firth, Roderick 143
Fleck, Ludwig 174
Foot, Philippa 33, 81
Frege, Gottlob 91
Gasiorowicz, Stephen 218
Gauthier, David 149
Geach, Peter 90, 91
Gettier, Edmund L. 25
Gibbard, Allan 12, 46, 80, 81, 84, 90, 92, 97-99, 128, 165
Goodman, Nelson 178, 180, 186, 213, 225
Gowans, Christopher 29, 219
Halbig, Christoph 39, 141, 158, 162
Hale, Bob 92
Hanson, Norwood R. 119
Hare, Richard M. 81, 83, 132, 134, 135, 140, 141
Harman, Gilbert 45, 81, 104, 113, 121, 122, 187, 211
Harth, Manfred 34, 39, 92, 104, 114
Hempel, Carl G. 176, 180
Hobbes, Thomas 83, 84, 149
Hollis, Martin 172
Horgan, Terry 81, 82
Howson, Colin 184, 198, 215
Hume, David 35, 47, 49, 67, 68, 83, 84, 85, 89, 126, 158, 185

Jackson, Frank 213
James, William 202
Jammer, Max 218
Johnston, Mark 162
Kant, Immanuel 14
Kepler, Johannes 36
Kiefer, Susanne 134
Kitcher, Philip 184
Kölbel, Max 104
Korsgaard, Christine 143, 149, 165
Kripke, Saul A. 126, 215
Kuhn, Thomas S. 38, 119, 123, 174, 216, 220
Lauth, Bernhard 119
Lehrer, Keith 202
Lewis, David 185, 187, 228
Lillehammer, Hallvard 134
Loewer, Barry 185, 226
Lyons, David 107
Mackie, John L. 45, 46, 58, 59, 60, 83-86, 123, 162, 210
Mason, H.E. 29, 219
Mayr, Erasmus 157, 158
McDowell, John 143, 149-151, 161, 164, 165
Miller, Alexander 46, 80, 85, 92, 122, 134, 139, 162
Millgram, Elijah 217
Milo, Ronald 165
Moore, George E. 46, 47, 61, 62, 126, 143, 158
Moser, Paul K. 63
Nagel, Thomas 213
Neurath, Otto 119
Newton-Smith, William 38, 119
Nida-Rümelin, Julian 22, 149
Oppenheim, Paul 176
Papineau, David 37, 38
Pargetter, Robert 213
Platon 25
Platts, Mark 49, 78, 152
Popper, Karl R. 119, 215
Putnam, Hilary 126
Quine, Willard V.O. 119, 187, 213
Railton, Peter 46, 80, 116, 123, 129, 171, 229
Ramsey, Frank P. 185, 187, 228
Rawls, John 165, 216
Raz, Joseph 44, 50, 158, 198, 201
Ross, W. David 143, 158-160
Russell, Bertrand 85, 86
Saint-Exupéry, Antoine de 162
Salmon, Wesley C. 176, 184
Sareiter, Jamel 119
Sayre-McCord, Geoffrey 104, 163
Scanlon, T.M. 46, 49, 123, 143, 165, 203, 205, 206
Scarano, Nico 51, 56, 80, 90, 97, 103, 106, 114, 126, 128, 152, 153
Schaber, Peter 116
Schmidt, Thomas 80, 149
Shafer-Landau, Russ 80, 92, 122, 132, 141, 143, 160
Sidgwick, Henry 143, 158, 164
Sinnott-Armstrong, Walter 47
Smith, Michael 41, 42, 52, 53, 62, 67, 68, 134, 143, 151, 152, 165
Spitzley, Thomas 201
Stalker, Douglas 187
Stevenson, Charles 46, 79, 81, 82, 102
Stratton-Lake, Philip 46, 49, 128, 158
Strawson, Peter F. 85, 86
Streiffer, Robert 105, 109
Stroud, Barry 222
Sturgeon, Nicholas L. 116, 119, 120, 171

Tarkian, Tatjana 132, 134
Thomson, Judith 104, 113
Timmons, Mark 81, 82
Urbach, Peter 184
van Fraassen, Bas 176, 185
Wiggins, David 143, 161
Williams, Bernard 60, 146-151, 196
Wittgenstein, Ludwig 69, 70, 76, 171
Wong, David 81. 104
Worrall, John 38
Wright, Crispin 38, 92, 104, 162, 166, 173

Sachregister

Agrippa-Trilemma 25-28
Amoralistenargument 131-142
Anomalie 216-221, 229
Antidualismus 80, 116-142, 169-172
Antimonopolismus 80, 143-166, 226-230
Antiobjektivimus, expressivistischer 53, 82-103
Antiobjektivismus 53, 80-115
Antiobjektivismus, relativistischer 82, 103-115
Antirealismus (siehe auch: *Antiobjektivismus*) 77, 81
Ästhetik 35
Bayesianismus 184, 213, 215
Bedeutung moralischer Ausdrücke 75, 76, 82, 83, 85-87, 90-93, 106-109, 143, 144
Benimmregeln 33
Bereich des rein Faktischen 35, 36, 224, 225
Bestätigung 179-188
Dämon, alberner 35
Deskriptiver Relativismus (siehe auch: *Meinungsverschiedenheit, moralische*) 63, 64
Dilemma der Irrationalität 202
Dilemmata, moralische 29, 218-221, 229
Direction-of-fit-Argument 152-154
DN-Modell wissenschaftlicher Erklärung 176-178, 184
Emotivismus 78, 79, 82-103, 144
Erkenntnis, begriffliche 61, 62, 70, 71, 88, 159, 211
Erkenntnis, mathematische 159-161, 229
Erkenntnis, moralische 19-28, 58-64, 100-103, 113, 114, 118-125, 150, 151, 158-164, 208-222, 230
Erkenntnis, philosophische 70, 71, 88, 160
Erkenntnis, wissenschaftliche 36-38, 118-122, 208-222, 230
Erkenntnistheorie 25, 26, 221, 222
Erklärende Kraft der Moral 121, 122, 171, 211
Erklärung, „von innen" und „von außen" 164, 165, 227, 228
Erklärung, wissenschaftliche 176-180, 183, 184, 215, 227, 228
Ethik, angewandte 22, 218-221
Ethik, antike 14
Evolutionstheorie 84
Experimentum crucis 122, 208
Expressivismus 53, 78, 79, 82-103
Externalismus (siehe auch: *Motivierende Kraft, Normativität*) 77, 131-142, 146-151
Falsifikationismus 119, 215
Fehler-Theorie 85, 86
Fiktion 34
Fiktionalismus 104
Frege-Geach-Argument 90-93, 106
Gedankenexperimente 220
Gefühle 31, 87-103, 115, 197, 198
Gefühle, ethische/moralische 96, 97
Gemischte Strategie 117, 118, 169, 170, 192, 210, 224
Geschmacksurteile 31-33, 35, 103-

115
Gesetze 176-193, 210-216, 222, 227-229
Grue-Paradox 185-187, 210, 211, 213-216
Gründe für Handlungen 41-58, 94, 95, 146-151, 156-158, 228, 230
Gründe für Vorhersagen 180-190, 194, 195, 227, 228, 230
Gründe, extern und intern 146-151
Handlungsabsicht 198
Handlungserklärung 55, 56, 93, 94, 146, 147, 153-158
Handlungstheorie 68, 75-77, 158, 206, 207
Humesche Theorie der Motivation (siehe auch: *Handlungserklärung*) 68, 153-158
Humor 34, 35, 166
Idealer-Beobachter/Beurteiler-Theorie (siehe auch: *Antimonopolismus*) 78, 143, 162, 165
Induktion, praktische 217
Induktionsproblem 185-187, 222
Inhaltsreiche Begriffe 59, 60, 190-192
Inkommensurabilität 20
Instrumentalismus 173, 174, 226
Internalismus (siehe auch: *Motivierende Kraft, Normativität*) 77, 131-142, 146-151
Intuition 59, 78, 79, 121, 158-161
Intuitionismus (siehe auch: *Antimonopolismus*) 78, 143, 158-161
Inverted-commas-use 132-133, 141
Kantianismus 143, 165
Keuschheit 219, 220
Klugheit 11, 15
Konstruktivismus 173, 174
Kontraktualismus 143, 165
Konventionen 33, 34, 103-115
Kunst 35, 166, 221
Lebenspläne 22, 23, 216, 217
Logische Positivisten 75
Mehrdeutigkeitsthese des Antiobjektivisten 86, 87
Meinungsverschiedenheit, moralische 23, 24, 63, 64, 100-103, 113, 114, 122-125, 144, 208, 209, 212
Meinungsverschiedenheit, wissenschaftliche 122-125, 208, 209, 212
Metaethik 9, 10, 45, 76-80, 84-88, 188, 189, 191
Minimalismus 81
Modaler Status moralischer Wahrheiten 51
Modaler Status wissenschaftlicher Wahrheiten 190
Moral, im engeren und im weiteren Sinn 10-15, 43, 44, 54, 136-142
Moralische Blindheit 62, 150, 230
Motivationsargument 153-158
Motivationsthese 53, 95
Motivierende Kraft 52-58, 93-96, 110-112, 131-142, 153-158, 163, 194-207, 229
Naturalismus (siehe auch: *Antidualismus*) 78, 116
Naturalistischer Fehlschluss 47, 87
Natürliche Arten und Eigenschaften 185-193, 210-216, 222, 227-229
Negative Metainduktion 38
Nondeskriptiver Kognitivismus 81

Nonkognitivismus (siehe auch: *Antiobjektivismus*) 78, 81
Nonnaturalismus (siehe auch: *Antimonopolismus*) 78, 143
Normakzeptanz 97-99
Normativität 41-49, 52, 53, 59, 89, 90, 112, 113, 122, 128-132, 135, 137-140, 146-151, 160, 161, 163, 172, 175-188, 194, 195, 211, 212, 227-230
Normexpressivismus (siehe auch: *Antiobjektivismus*) 78, 97-99
Objektivität 13, 29-39
Open-Question-Argument 46, 62, 126
Paradigmenwechsel 217-220
Paradox der Analyse 61
Phänomenologie moralischer Überzeugungen 96-99, 109, 110, 116, 144, 152, 154, 155
Positivismusstreit 172, 173
Präskriptivismus (siehe auch: *Antiobjektivismus*) 78, 79, 83
Prima-facie-Gründe 141
Prima-facie-Pflichten 159, 160
Projektionsthese 83, 84
Pro-tanto-Gründe 43, 141
Quantentheorie 217, 218
Quasi-Realismus (siehe auch: *Antiobjektivismus*) 98
Queerness-These 45, 46, 58, 59
Quine-Duhem-These 119
Rationalismus 77, 78
Rationalität, externe 48, 56-58, 89, 95, 146-151, 160, 161, 165, 192, 199, 200, 227, 228
Rationalität, instrumentelle 89, 94, 149, 160, 161, 205
Rationalität, interne 52-58, 93-96, 110-111, 139, 146-152, 160, 161, 194-207
Realismus, moralischer (*siehe auch: Antidualismus*) 77, 116
Realismus, nicht-moralischer 116, 117, 173, 192, 225
Realismus, reduktionistischer 126, 129
Recht 33, 34
Relativismus, indexikalischer 104-115
Relativismus, individueller 104, 110-113
Relativismus, kultureller/historischer etc. 104, 105, 110
Relativismus, moralischer 82, 103-115
Schizoide Einstellung 87
Schleier des Nichtwissens 165
Schwangerschaftsabbruch 22, 218, 219
Sein-Sollen-Schranke 47, 49, 50, 85, 87, 126
Sekundäre Qualitäten 161-164, 230
Semantik der Moral 75, 76, 82, 83, 85-87, 90-93, 106-109, 143, 144
Sensibilitätstheorien 77, 161-164
Skeptische Herausforderung 185, 215, 221, 222
Spracherwerb 214, 215
Standards, moralische 110-112
Subjektivismus/Intersubjektivismus 104
Supervenienz 49-52, 89, 90, 125-128, 151, 152, 161-163, 189-193, 229
Tatsache, moralische 40-52, 56-58, 89-93, 106-109, 112, 113, 125-

131, 146-152, 227-229
Teilbewertung 43, 44, 54, 140, 141
Theorieabhängigkeit der Beobachtung 119, 120
Toleranz 87
Trilemma der Moral 65-71, 93, 98, 99, 115-117, 143-145, 165, 166, 169, 170, 188, 189, 223-227, 230
Trilemma der Zwecke 24-28
Tugendethik 164, 165
Überlegungsgleichgewicht 121, 215, 216
Überzeugung, generell 203-206
Überzeugung, moralische 52-58, 93-99, 109-113, 131-142, 152-158, 229, 230
Überzeugung, wissenschaftliche 194-207, 229, 230
Überzeugungen, Wählbarkeit von 196-198
Unbestimmtheitsproblem 144-146, 151, 152, 155, 159-166, 227-230
Urteil, wissenschaftliches 182, 224, 225
Verfehlung, moralische 137, 138
Verifikationismus 75
Verlässlichkeitsargument 134
Vertragstheoretische Ansätze 143, 165
Vorhersage 176-190, 194, 195, 227, 228
Wahrheit, mathematische 160, 161
Wahrheit, minimale 81
Wahrheit, moralische 40-52, 56-58, 89-93, 106-109, 112, 113, 125-131, 146-152, 227-229
Wahrheit, wissenschaftliche 175-193, 224, 225, 227-229
Wahrheitskonditionale Semantik 76
Willensschwäche 57, 94, 95, 137, 138, 196, 197, 200-206
Wissensbegriff 25, 26, 61, 62, 203
Wissenschaftliches Weltbild 45, 84
Wissenschaftssoziologie 37
Wissenschaftstheorie 188, 189, 191
Wünsche 31, 55, 56, 87-103, 115, 152-158